부자들은
세금으로 **돈** 번다

부자들은 세금으로 돈 번다

2012년 12월 21일 초판 1쇄 발행 | 2013년 1월 18일 4쇄 발행
지은이 · 김예나

펴낸이 · 박시형
책임편집 · 김형필 | 디자인 · 이정현

경영총괄 · 이준혁
마케팅 · 장건태, 권금숙, 김석원, 김명래, 탁수정
경영지원 · 김상현, 이연정, 이윤하
펴낸곳 · (주) 쌤앤파커스 | 출판신고 · 2006년 9월 25일 제406-2012-000063호
주소 · 경기도 파주시 회동길 174 파주출판도시
전화 · 031-960-4800 | 팩스 · 031-960-4806 | 이메일 · info@smpk.kr

ⓒ 김예나 (저작권자와 맺은 특약에 따라 검인을 생략합니다)
ISBN 978-89-6570-124-8 (03320)

쌤앤파커스(Sam&Parkers)는 독자 여러분의 책에 관한 아이디어와 원고 투고를 설레는 마음으로 기다리고 있습니다.
책으로 엮기를 원하는 아이디어가 있으신 분은 이메일 book@smpk.kr로 간단한 개요와 취지, 연락처 등을 보내주
세요. 머뭇거리지 말고 문을 두드리세요. 길이 열립니다.

· 김예나 (삼성증권 세무전문위원) 지음 ·

부자들은 쎄무을 돈 빠다

쌤앤파커스

| CONTENTS |

부자가 되고 싶다면
'세금'부터 배워라

2013년 '세금 전쟁'이 예고되고 있다. 정부가 지난 8월에 내놓은 '2012년 세법 개정안'을 신호탄으로 하여 금융소득종합과세 기준을 4,000만 원에서 2,000만 원으로 하향 조정하는 한편, 주식 파생상품 등에 대한 과세 강화, 각종 절세 상품들의 축소 등을 통해 세계적인 증세 흐름에 우리 정부도 함께하고 있는 것이다. 세계 각국이 재정위기를 해결하기 위해 증세 정책을 펴고 있는 데다, 우리나라 역시 복지 세수를 확보하기 위한 여러 정책들을 쏟아내고 있는 상황에서 결국 재정수입의 확대를 위해 증세가 하나의 장기적인 흐름으로 자리 잡을 것으로 보인다.

이미 이러한 증세 흐름에 맞춰 상당수의 자산가들은 자산 관리사 등의 발 빠른 조언에 따라 새롭게 자산 포트폴리오를 구성해 절세에 대비하고 있다. 그런데 문제는 서민을 비롯한 10억 이내의 중산층들은 세금에 대한 관심과 대책이 부족하다는 것이다. 이자율은 0.1%까지도 세심하게 따지면서도 당연히 받을 수 있는 비과세나 분리과세 혜택에 대해서는 무지한 경우가 많아, 작은 것에 집착해 큰 것을 잃는 경우를 흔히 볼 수 있다. 더욱이 재산을 증여·상속하는 일이 아주 미래의 일이거나 남의 일쯤으로 여겨, 미리 대비했더라면 호미로 막을 수 있는 상황을 방치해 가래로도 막지 못하는 경우를 보며 안타까움을 느꼈다.

나는 지난 3년간 '김예나의 세테크'라는 칼럼을 통해 중앙일보에 매주 독자들과 만나왔다. 약 150회에 달하는 글들을 기고하면서 금융과 사업소득, 증여 및 상속, 양도 분야까지 폭넓은 분야에 걸쳐 다양한 절세 방법들을 소개해왔다. 이러한 과정 속에서 독자들로부터 수많은 질문과 상담 요청이 이어졌고, 이른바 부자들뿐만 아니라 일반인 역시 효과적인 자산관리를 위해 알아두면 좋을 절세 방법을 책으로 엮어내고 싶다는 바람을 가져왔다.

그런데 이 책을 쓰게 된 결정적인 계기는 포털 사이트 메인 기사로 올라왔던 내 기고 글에 대한 댓글들이었다. '증여와 상속에 대한 절세'가 주제였던 글인데, 댓글에는 '어떤 부자가 세금을 내고 증여를 하냐?' '부자들은 모두 탈세해서 세금 안 낸다.'라는 부정적인 의견들이 눈에 띄었다.

이 댓글을 본 순간 나는 망치로 얻어맞은 느낌이었다. 이미 대부분의 부자들이 합법적인 절세의 중요성을 깨닫고 이를 효과적으로 활용하고 있기 때문이다. 더욱이 세무 전문가들의 도움을 받아 사전 준비를 통해 효율적으로 자산을 관리해 점점 더 자산을 늘려가고 있는 것이 현실이다. 그럼에도 아직 일반인들은 세금에 대한 인식과 부자들의 자산관리에 대한 인식이 부족하고, 또 부정적이라는 데 약간의 답답함마저 느꼈다.

그래서 세무 전문가의 도움을 직접적으로 받기 어려운 이들에게도 자산가들의 절세 비법을 공유하도록 하고 싶다는 생각에 집필을 시작하게 되었다. 나는 삼성증권에서 대한민국의 내로라하는 거액자산가 및 CEO를 대상으로 세무 자문을 하기도 하며, 금융권 PB 등을 대상으로 연간 수십 회 이상의 세금 관련 강의를 진행하며 금융자산을 비롯한 부동산에 대한 절세, 그리고 부자라면 누구나 가장 큰 고민인 증여 및 상속까지 절세에 대한 고민을 함께해왔다. 그동안 만났던 사람들에게 세무에 대한 조언을 하면서 내 스스로도 많은 것을 얻을 수 있었다. 부자들의 종합적인 자산관리에 대한 마인드와 노력들은 그들이 부자가 될 수밖에 없는 이유를 스스로 증명하고 있었다.

나는 이 책을 통해서 가능한 한 많은 절세 사례들을 통해 일상에서 실천 가능한 세테크 방법들을 소개하고자 했다. 기존에 나온 세무 관련 서적들은 대부분 세무에 대한 지식을 전달하는 데 비중을 두는 경향이 있었다. 하지만 나는 이 책을 통해 단순한 세무지식보다는 이를 응용해 얼마나 세금을 줄일 수 있는지 그 방법을 알려주는 데 더 큰 의미를 두었다.

금융자산으로 재테크를 할 때 일반인들은 수익률을 매우 중요시 하지만 세금을 빼고 남는 실제 세후수익률에는 그다지 관심을 갖지 않는다. 그렇지만 부자들은 금융자산에 투자할 때도 세금은 얼마나 내야 하는지, 결국 손에 남은 수익이 얼마인지를 반드시 고려해서 의사결정을 한다. 해외자산에 투자할 때도 직접 해외주식을 사는 것이 유리한지, 아니면 해외펀드나 랩(Wrap)에 가입하는 것이 유리한지를 절세 측면에서 고려해 세후수익을 많이 얻는 방법대로 투자한다. 이와 같이 자산가들의 절세상품과 절세플랜을 활용한 금융자산에 대한 절세 사례들이 이 책에 담겨져 있다.

한편, 부자들은 자녀나 손자가 태어날 때도 그들에게 부를 이전해주기 위한 향후 절세 플랜부터 점검하기 시작한다. 이 책에서는 50억 원의 자산가 낼 상속세 13억 원을 4억 원 미만으로 확 줄일 수 있는 비결들을 소개했다. 또한 자산이 약 10억 원 미만인 사람이 세금을 내지 않으려면 자녀에게 증여를 하는 것이 좋을지 또는 상속을 하는 것이 좋을지에 대한 상세한 설명도 담겨 있다. 이 책은 슈퍼리치들의 자산 관리 방법뿐 아니라 슈퍼리치가 되기를 소망하는 일반인이 종자돈부터 세금을 줄이며 목돈으로 불려갈 수 있는 방법들도 함께 담았다. 재테크를 원하는 일반인과 절세가 시급하게 필요한 슈퍼리치들뿐 아니라 특히 금융업계와 자산관리업에 종사하는 사람들에게도 유익한 절세 정보가 될 수 있을 것이라고 감히 생각해본다.

경제가 발전하고 우리나라도 노령화 사회로 진입하면서 내야 할 세금이 더욱 늘어날 수밖에 없는 현실을 이제는 많은 사람들이 실감할 것이다. '세금', 이제 더 이상 내라는 대로 내고, 복잡하다고 피하기만 하기에는 자산에 미치는 영향력이 너무도 큰 분야이다. 비록 이 책 한 권에 모든 절세의 방법을 담을 수는 없었지만, 적어도 한 부분 이상을 통해서 수천만 원 이상의 절세 정보를 얻으셨으면 하는 바람을 가져본다.

마지막으로 헌신적인 지지를 보내주는 사랑하는 가족에게 진심으로 감사드린다. 사회생활을 열심히 할 수 있도록 격려하고 도움을 주시는 존경하는 부모님, 항상 내 편이 되어주는 든든한 조언자 남편, 그리고 사랑하는 언니와 시댁 어른들. 모두의 이해와 도움으로 이 책이 세상에 나올 수 있었다. 흔쾌히 추천의 글을 써주신 최기호 교수님, 정대길 전무님, 이재경 상무님, 김수연 기자님과 한은경 PB님, 그리고 번거로운 일임에도 감수를 자청해주신 박수진 회계사님께도 감사의 말씀을 드린다.

2012년 12월, 김예나

슈퍼리치, 세금과 맞서 싸우다

슈퍼리치들은 누구보다 시장상황에 대한 대처를 적극적으로 한다. 부동산 경기에 대한 막연한 상승 기대감을 떨쳐버린 지 이미 오래다. 이제 자산의 중심을 금융으로 이동하고 있다. 그런데 여기에서도 걸림돌은 바로 세금. 증세정책의 중심은 금융자산이 있기 때문이다. 자산관리에 능한 슈퍼리치들은 절세에도 역시 적극적으로 대응한다. 과세되지 않는 상품이나 세금을 적게 낼 수 있는 금융상품을 집중 공략해 새로운 금융 포트폴리오를 재빠르게 구성하는 것이다.

'부자증세' 시대,
당신의 재산은 안녕하십니까?

2012년을 지나면서 부자들의 절세에 대한 관심이 높아지고 있다. 각국이 재정위기를 해결하기 위해 증세 정책을 펴고 있는 상황이고, 우리나라 역시 세수를 확보함과 동시에 선거를 앞두고 부자증세와 관련된 여러 정책들을 쏟아내고 있기 때문이다.

정부는 빚이 늘어나면 이를 해결하기 위해 재정지출을 줄이거나 재정수입을 늘려야 한다. 그런데 재정지출을 줄여서 복지정책을 감소시키기도 현실적으로 어려울 뿐 아니라 감소한다고 해도 이는 소비지출의 위축으로 이어져 더욱 어려운 경제상황을 만들 수 있다.

결국 해결책은 재정수입을 늘리는 것, 세금을 더 거두는 것이 그 해답이 되는데 주로 소득이 많은 고소득자들에 대한 세금, 그중에서도 금융소득이 주요 증세의 타깃이 되고 있다. 사회적으로 금융소득을 불로

소득으로 보는 경향이 있는 데다가 그동안 일부 소득에 대해서 세금을 내지 않는 등 세제 혜택이 있는 분야였다. 더구나 부동산은 부동산 경기 침체를 극복하기 위해 어쩔 수 없이 거꾸로 세금을 줄이는 방향으로 정책을 확대할 수밖에 없기 때문에 금융소득에 대한 대대적인 손질이 가해지고 있는 것이 현실이다.

2011년과 2012년의 세제 개정, 그리고 2013년에 대한 세제 개정안을 살펴보면 최고세율은 높이고, 금융소득종합과세에 대한 기준을 낮추어 과세소득을 더 확보하는 한편, 절세 상품의 혜택들은 제한하는 방향으로 세제가 변화하고 있다.

상위 1%의

절세 전쟁 슈퍼리치들은 누구보다 시장 상황에 대한 대처를 적극적으로 한다. 부동산 경기에 대한 막연한 상승 기대감을 떨쳐버린 지 이미 오래다. 이제 자산의 중심을 금융으로 이동하고 있다. 그런데 여기에서도 걸림돌은 바로 세금. 증세정책의 중심에 금융자산이 있기 때문이다. 자산관리에 능한 슈퍼리치들은 절세에도 역시 적극적으로 대응한다. 과세되지 않는 상품이나 세금을 적게 낼 수 있는 금융상품을 집중 공략해 새로운 금융 포트폴리오를 재빠르게 구성하는 것이다.

'금융시장서 본 소득 상위 1%의 요즘 뇌 구조'라는 아래 신문기사의

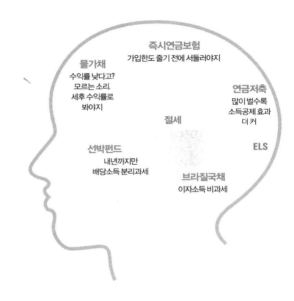

즉시연금보험
가입한도 줄기 전에 서둘러야지

물가채
수익률 낮다고?
모르는 소리.
세후 수익률로
봐야지

연금저축
많이 벌수록
소득공제 효과
더 커

절세

선박펀드
내년까지만
배당소득 분리과세

ELS

브라질국채
이자소득 비과세

금융시장서 본 소득 상위 1%의 요즘 뇌 구조
참고자료: 중앙일보 2012. 5. 21. '당할 수만은… 상위 1% 부자들 뇌구조 보니'

그림이 인상적이다. 절세가 뇌의 중심이 되고 이에 대비하기 위한 절세
상품들이 세금을 줄이기 위한 방패들로 자리 잡고 있다. 실제 2012년 한
해 동안 금융기관들은 부자 고객을 잡기 위한 절세 세미나에 거액고객들
이 다수 몰렸으며, 경기 상황이 좋지 않은 가운데서도 절세상품들은 날
이 갈수록 인기를 더하고 있다. 세제 혜택이 있는 절세상품인 그들의 방
패가 사라질지도 모른다는 불안감이 절세상품 투자에 대한 메리트를 높
이고 있는 것이다. 2012년 8월 8일, 2013년에 변화할 세법개정안이 발

표되면서 이러한 현상은 더욱 심해졌다. 우려했던 사항들이 세법 개정안에 다수 반영되었기 때문이다.

한국판 버핏세 신설,
긴장감이 커지고 있다

우리나라의 증세정책은 2011년 말 세법 개정부터 본격화되었다. 버핏세를 중심으로 부자증세 논란이 확산된 가운데 우리나라도 소득세의 최고세율 구간을 하나 더 신설한 것이다. 기존의 소득세 구간에 한 구간을 더 신설하였는데 이에 따라 최고 소득세율은 기존 35%에서 38%로 증가했다. 아래 표에서 볼 수 있듯이 세율은 소득(과세표준 기준)이 3억 원을 초과하는 사람에게만 영향이 있으므로 소득이 높지 않은 일반인과는 무관하다. 따라서 '한국판 버핏세'로 불리게 된 것이다.

과세표준(%)	세율	
	2011년	2012년~2013년*
1,200만 원 이하	6	6
1,200~4,600만 원	15	15
4,600~8,800만 원	24	24
8,800만 원~3억 원	35	35
3억 원 초과		38

소득세율 변경 추이

＊2012년 하반기에 발표된 세법 개정안에 따르면 2013년도 2012년과 동일한 세율 및 구간 유지 예정

이로 인해 소득세율의 구간은 기존 4단계에서 5단계의 누진세율로 변하게 되었다. 또한 고소득자들이 실제로 부담하게 되는 최고세율은 소득세율 38%에 지방소득세율 3.8%를 더해 총 41.8%로 증가하게 되었다.

한국판 버핏세의 신설은 법안 통과 과정에서 다소 파격적이었는데, 당초 발표되었던 '2011년 세법개정안'에는 반영되어 있지 않던 법안이 12월 마지막 주에 가서야 발의되어 12월 30일, 31일, 이틀에 걸쳐 최종 법안으로 확정되었기 때문이다.

그러나 세율표에서도 알 수 있듯이 38%의 소득세율이 적용되는 과세표준 구간이 3억 원 초과구간으로 앞의 네 구간(0~8,800만 원 이하)에 비해 소득구간의 격차가 크다. 따라서 최고세율 구간을 낮추어 보다 넓은 구간에 대해 세수를 넓혀야 한다는 주장이 2012년 동안 지속적인 화두로 떠올랐었다. 실제 정당의 조세재정 공약에서도 이러한 사안이 반영되었지만 2012년 세법개정안에 따르면 2013년에는 일단 세율과 과세표준 구간에 변화 없이 2012년과 동일하게 유지할 예정이다.

2013년 금융소득종합과세,

부담이 확대된다   정부는 2013년부터 금융소득종합과세의 기준을 2,000만 원으로 낮출 예정이다. 2012년 8월 8일에 발표한 '2012년 세법 개정안'에서 부자들의 관심이 가장 많이 쏠렸던 것이 바로 금융소득종합과세에 대한 이슈였다. 현재(2012년까지) 금융소득종합과세의 기준이 인별로 4,000만 원인데, 이 기준을 1,000만 원 하향 조정해 3,000만 원으로 낮추는 것을 개정안에 포함했다. 사실 2012년 초부터 정당들은 앞 다투어 금융소득종합과세 기준 하향을 선거 공약으로 내세워왔다. 문제는 이 기준을 2,000만 원으로 낮출 것인지, 3,000만 원으로 낮출 것인지의 차이였다. 결국 최종적으로는 2,000만 원으로 결정되었다.

이에 따라 2012년 하반기, 슈퍼리치들은 더욱 분주하게 움직이고 있다. 세법 개정안에서 금융소득종합과세에 대한 기준을 낮추는 것과 동시에 그동안 세제 혜택이 있었던 절세상품에 대한 과세를 강화하기로 했기 때문이다. 결국 세법이 개정되기 이전인 2012년 하반기를 활용해 절세상품에 대한 비중을 늘려 향후 금융소득에 대한 관리를 미리 해두려는 것이다.

특히 자금출처가 투명하지 않은 부자들은 그동안 금융소득종합과세에 해당되지 않도록 금융소득을 기준 이하로 만들기 위해 노력해왔다. 이 기준을 초과해서 종합과세 신고를 하게 되면 세금과 기타 조세 외적인 비용들도 상승하고 소득이 노출되어 세무조사의 대상이 될 수도 있다는 생각 때문이다. 심지어 금융소득을 낮추기 위해 어떤 부자들은 이자 받는 것을 거부하고 이자가 전혀 발생하지 않는 보통예금 통장으로 자금을 보관해달라고 요구하는 경우도 있다. 그런데 이 기준을 2,000

만 원 더 낮춘다면 이러한 부자들은 향후 금융소득종합과세에 해당되지 않도록 관리하는 것이 더욱 어려워질 것이다.

매년 약 4~5만 명이 금융소득종합과세 대상으로 종합소득세를 신고하고 있다. 그런데 2013년부터 2,000만 원의 기준이 적용되면 약 4배인 19만 명이 금융소득종합과세 대상에 해당될 것으로 정부는 추정하고 있다. 약 15만 명이 더 신고 대상에 포함되는 것이다.

금융소득종합과세는 이자소득과 배당소득의 금융소득을 종합소득에 합산하여 과세하는 제도로 2001년 1월 재실시된 이래 지금까지 4,000만 원의 기준이 일괄되게 유지되어왔다. 다만 2001년 시행 당시에는 개인별 기준이 아닌 부부합산과세로 연간 4,000만 원 초과 기준을 부부의 금융소득을 합산하여 적용했다. 그러다가 2002년 8월 헌법재판소의 위헌 판결에 따라 부부합산과세는 폐지되었고 현재와 같이 개인별 과세로 변경되었다. 따라서 부부합산 4,000만 원에서 개인별 4,000만 원으로, 자연스럽게 그 기준이 두 배가 된 것과 같은 효과가 나타나게 된 것이다.

따라서 판결 이후 금융소득종합과세의 기준을 인별 2,000만 원으로 낮추는 것이 타당하다는 의견이 꾸준하게 제기되어왔었다. 부부가 합산해서 4,000만 원이면, 인별로 나누면 2,000만 원의 적용이 타당하다는 것이다. 2013년의 기준인 2,000만 원은 이러한 배경 등을 감안하여 책정된 것으로 생각된다.

점점 더 혜택이 줄어드는

절세상품 2013년부터 바뀔 개정안에서는 금융소득종합과세의 기준을 낮추어 과세소득의 범위를 넓히는 한편, 기존에 부자들의 자산이 몰려 있던 절세상품의 세제 혜택을 대폭 줄이기로 했다. 그동안 실효세율의 부담이 높았던 부자들은 세금을 내지 않거나 아니면 세금을 조금 낼 수 있는 몇몇 상품에 투자를 늘려왔다. 특히 2012년 들어서 부자증세에 대한 분위기가 점점 더 고조되면서 부자들의 절세상품에 대한 수요는 급증하고 있다. 이러다 보니 자연스럽게 세수는 줄어들게 되었고, 금융소득종합과세 기준을 낮춘다고 해도 절세상품 쪽으로 자산이 몰리게 되면 세수 증대 효과를 크게 기대하기 어려울 것이다.

이에 따라 2013년부터는 이러한 절세상품에 대한 세제 혜택을 축소하거나 요건을 강화하도록 개정할 예정이다. 특히, 자산가들이 집중적으로 투자했던 저축성보험(즉시연금 등 포함) 상품과 장기채권, 물가연동국채에 대한 혜택을 줄여갈 예정이다. 개정안이 통과되어 시행되는 2013년부터는 투자할 수 있는 절세상품이 줄어들게 되므로, 개정안이 발표된 직후 2012년 하반기에는 슈퍼리치들의 돈이 더욱 이러한 절세상품들로 쏠리고 있다. 2012년 하반기를 활용해서 절세상품의 막차에 올라타려는 것이다. 부자증세와 금리하락 추세에 대비해서 자산의 투자 포트폴리오를 절세형으로 미리 바꾸려는 수요가 급증한 것이다.

주식, 신종금융상품도
세금 낸다

우리나라에서는 개인이 투자했을 때 이익을 얻어도 세금을 내지 않는 자산들이 있다. 금융상품 중에서는 주식과 파생상품 그리고 금, 그림 등의 실물자산이 그러하다. 그런데 이렇게 과세되지 않는 자산들은 통상 거액자산가들이 큰 금액을 투자하는 경우가 많다.

국가에서는 재정 확보를 위해 여러 방면으로 증세 정책을 고민하고 있는데, 그중 하나가 바로 과세되지 않고 있는 투자자산에 대한 세금을 부과하는 것이다. 소득이 있으면 세금을 내는 것이 당연한 이치인 데다 특히 고소득자들에게 혜택이 많이 돌아가는 상황이므로 세금을 거두지 않을 이유가 없기 때문이다. 금융자산 중에서는 끊임 없이 논란이 되고 있는 것이 주로 주식과 파생상품에 대한 과세이다.

주식을 거래해서 이익을 얻으면 자본차익에 대한 양도소득을 얻게 된다. 그렇지만 우리나라 세법상 소액 투자자들이 장내에서 거래하는 주식에 대해서는 소득세를 부과하지 않는다. 주식이 아닌 펀드나 ELS 등에서 운영되는 자본차익들은 과세(일부 예외 존재)가 되는데 왜 주식은 세금을 내지 않아도 될까? 이는 '소득이 있는 곳에 세금이 있다'는 기본 원칙에도 맞지 않는다. 합리적으로 생각했을 때 돈을 벌었으면 세금을 내야 한다. 따라서 주식에 대한 과세 여부는 지속적으로 논의되어온 사안이다. 다만, 경기 상황이 좋지 않은 여건에서 주식시장에 미칠 충격과 실제 세금이 얼마나 걷힐 것인지를 충분히 고려해야 해야 하므로 쉽지 않은 사안이다.

2012년 상반기 동안 주식에도 세금을 부과하자는 목소리가 높았으나 결국 하반기 발표된 세법개정안에는 포함되지 않았다. 경기 상황이 지속적으로 좋지 않아 침체된 주식시장 등을 고려했기 때문이다. 대신에 주식을 많이 보유하고 있는 슈퍼리치들에 대한 증세는 지속할 예정이다. 대주주에 대한 기준을 낮추어 과세소득을 더 확대하려는 것이다. 현재 소액 투자자가 장내에서 삼성전자 주식을 팔아서 돈을 벌었다면 이는 양도세를 내야 하는 소득은 아니다. 그렇지만 삼성전자 주식을 많이 보유해서 대주주에 해당한다면, 주식을 팔아서 돈을 벌면 세금을 꼬박꼬박 내야 한다. 본인들이 대주주에 대한 판단을 하고 알아서 양도세를 자진신고해야 하는 것이다.

그런데 이렇게 한 종목에 투자를 많이 해 대주주에 해당이 되고 세금을 내게 되는 대상이 현행법상으로는 너무 적다는 것이다. 대주주에 대한 과세 기준을 더 낮추어서 더 많은 부자들이 주식거래로 얻은 이익에 대해 세금을 내도록 한다는 것이 개정안에 포함되었고 2013년 이후부터(시행일 미정) 적용될 예정이다.

2012년 현재, 대주주에 해당하는 기준은 코스피 상장법인의 경우, 지분율 3% 또는 시가총액 100억 원 이상(코스닥 상장법인의 경우 지분율 5% 또는 시가총액 50억 원 이상)의 주식을 보유한 사람이다. 그런데 이 기준을 지분율 2% 또는 시가총액 50억 원 이상으로 더 낮출 예정이다. 코스닥 상장법인의 경우도 지분율 40% 또는 시가총액 40억 원으로 낮출 예정이다. 결국 소액투자자에게 세금을 매기는 것이 시기상조라면 대주주에 해당하는 부자들에게라도 세금을 더 걷는 것으로 결론을 내린 셈이다.

대주주 요건	기존(2012년)	개정안(2013년)
	주식양도차익 과세대상인 대주주 범위	유가증권시장 대주주 범위 확대
	• 유가증권 시장 지분율 3% 이상 또는 시가총액 100억 원 이상 • 코스닥 시장 지분율 5% 이상 또는 시가총액 50억 원 이상	• 유가증권 시장 지분율 2% 이상 또는 시가총액 50억 원 이상 • 코스닥 시장 : 지분율 4% 이상 또는 시가총액 40억 원 이상 적용시기 : 시행일 미정

주식 양도차익 과세범위 확대 예정

주식,
섣부르게 과세할 수 없는 이유

주식에 대한 과세 논란이 지속되는데 우리나라에서는 왜 주식에 대한 양도세를 쉽게 도입하지 못하는 것일까? 주식에 투자하는 사람들은 금전적으로 여유가 있는 사람들이 많고, 미국, 일본 등의 대다수 선진국들이 세금을 매기는데도 우리만 선뜻 과세하기 쉽지 않은 이유는 대략 두 가지 정도 이유가 있다. 바로 투자심리 위축으로 인해 주식시장에 미칠 파장과 양도세 부과로 증세 효과가 얼마나 있을지에 대한 실효성 때문이다.

우선 주식의 매매차익에 대해서 과세한다면 주식시장에 큰 타격을 줄 것은 자명하다. 현재 주식 매매 시에 증권거래세를 부과하고 있기는 하지만 투자자들이 거의 인식을 못하는 세금이다. 증권거래세 때문에 매매를 주저하는 투자자들은 없을 것이다. 그렇지만 양도세는 이야기가 다르다. 주식에서 돈을 벌면 세금을 내지 않아도 된다는 인식이 자리 잡고 있는 상황에서 양도세를 매긴다면 그 타격은 분명히 크다. 대표적인 예로 대만의 경우 증시가 과열되던 1989년 주식양도세를 도입한 바 있다. 그런데 양도세 도입을 발표한 날부터 한 달 사이에 증시는 37%가량 폭락했으며 대부분의 투자자들은 손절을 감행했다. 이에 따라 대만 정부는 실제 세수를 거두는 효과를 전혀 달성하지 못한 체 1년 만에 양도세 도입을 포기하게 되었으며 현재까지도 증권거래세만 부과하고 있다. 이처럼 급격한 양도세의 도입이 증시에 미칠 영향을 우리 정부 역시 고려하지 않을 수 없다. 또한 양도세의 부과가 과연 증세에 도움이 될 것인가에 대한 실효성도 의문이다. 양도소득세는 매매로 이익을 거둔 경우에 차익에 대해서 매기는 세금이며, 공정한 과세를 위해서 이익과 손실을 상계하여 순이익에 대해서 세금을 낸다. 증권거래세의 경우 투자자가 손해를 봤는지 이득을 봤는지 상관없이 일률적으로 거두는 세금인 반면에 양도세는 연간 이익과 손실을 상계하고 실제 이익을 거두었을 때만 세금을 낸다는 뜻이다. 그런데 양도세를 도입하게 되면 증권거래세의 경우 폐지를 하거나 세율을 낮출 수밖에 없을 것이다. 따라서 양도세의 도입이 전체 세수 증대에 도움을 줄 것인지는 확신하기 어렵다. 더군다나 대만의 경우처럼 양도세의 도입이 투자 심리를 약화시켜 하락장을 이끈다면 이익을 본 투자자들은 감소할 것이며 양도세의 세수도 미미할 수밖에 없을 것이다. 결국 이러한 점을 충분히 감안한다면 성급하고 급진적인 도입보다는 점진적인 세수 확대방안을 검토하는 것이 세수 증대 측면에서도 유리할 것으로 생각된다.

신종금융상품에 대한

과세 근거 신설　　　　　2012년 1월, 신종파생결합상품에 대한 과세 근거가 신설되었다. 이는 현행법상 과세되지 않는 파생상품과 다른 상품을 결합하여 비과세 상품을 만들어왔던 금융기관들에게 다소 치명적인 일이다. 그동안 파생상품을 활용해 과세되지 않던 결합상품들을 만들어 절세상품으로 많이 개발해온 관행에 비추어 이러한 가능성을 원천적으로 봉쇄하는 일이기 때문이다.

이러한 과세 신설에는 그동안에 과세당국과 금융기관, 투자자 사이에 과세 논란이 있었던 엔화스왑예금 등의 상품들이 그 배경으로 작용했다. '엔화스왑예금'은 고객이 맡긴 원화를 엔화로 환전해 예금하고, 만기가 되면 선물환율로 엔화를 다시 팔아 원금에 이익금(이자＋선물환차익)을 지급하는 상품이다. 이 상품은 외환거래로 인한 매매차익과 스왑을 활용한 파생상품의 거래 이익은 소득세법에서 과세 대상으로 정하고 있지 않다는 점을 활용하여 비과세 상품으로 만들어졌으며, 비과세라는 메리트에 거액자산가들에게 큰 인기를 누렸다. 그런데 2006년에 국세청이 이 상품의 이익도 이자소득으로 보아야 한다며 과세 처분을 내렸고, 이 상품을 판매했던 금융기관과 국세청이 수년간 다툼으로 이어졌다. 그런데 2011년 대법원은 최종판결에서 금융기관의 손을 들어주었다. 조세법률주의에 따라 엄격한 해석을 했을 때 이자소득으로 보는 것은 맞지 않다고 최종 입장을 밝힌 것이다.

판결 이후 기획재정부는 '2011년 세법개정안'에 신종파생상품에 대한 과세 근거를 신설하여 과세 대상을 확대하겠다고 발표했다. 파생상품과 이자·배당소득이 발생하는 상품이 결합된 신종파생상품에 대한 과세 근거를 신설하기로 한 것이다. 파생상품에서 발생하는 이익은 소득세 과세 대상에서 제외되어 있어, 이런 신종파생상품은 실질적인 이자·배당소득이 있음에도 과세되지 않은 점을 감안해 법적인 근거를 확실히 하겠다는 의지로 보인다. 이러한 법의 신설은 금융소득에 대한 과세 대상을 확대해 가겠다는 정부의 정책 방향으로 볼 수 있다. 실제로 파생상품을 활용한 새로운 절세 신종금융상품의 개발이 어렵게 되었기 때문이다.

절세 인사이트 Insight for Saving Tax **02**

그림도
과세가 된다!

그림이나 골동품 등을 재테크를 하거나 상속·증여를 목적으로 구입하는 경우가 종종 있다. 흔히 금이나 그림 하나 잘 사서 묵혀두었다가 팔면 수익도 나고 자녀들에게 몰래 넘겨줄 수도 있다고들 이야기한다. 아직까지는 그림이나 골동품을 사고 팔 때, 그리고 증여나 상속 시에 세제상으로 유리한 측면이 있다. 일단 2012년 말까지는 세금 부담이 전혀 없다. 그림을 판 가격과 매입한 금액의 차이가 고스란히 이익으로 남게 된다. 미술품이나 골동품에 대한 과세여부는 수년 동안 논란이 되어오다가 과세를 하는 시기가 계속 연장되어왔다. 하지만 현행법상으로 2013년부터 세금을 부과할 예정이다.

그런데 매매차익에 대해서 양도소득세로 부담하는 것이 아니라 기타소득으로 과세할 예정으로, 통상 기타소득으로 세금을 내는 것이 양도소득보다 유리하다. 왜냐하면 기타소득에는 필요경비를 80~90% 인정해 차감하기 때문이다. 10년 이상 보유한 서화를 팔 때는 90%, 그 이하일 때는 80%를 필요경비로 인정해주고 실제 지출한 경비가 이를 초과한다면 초과하는 부분도 인정을 해준다. 따라서 5억 원의 그림을 판다면, 대략 5,000만 원에서 1억 원 정도가 세금을 내는 과세표준이 된다. 세율은 소득세와 지방소득세를 포함한 22%가 적용되고 기타소득이라도 분리 과세되는 항목으로 다른 종합소득과 합산되지 않아 유리하다. 따라서 부동산이나 다른 양도세를 내는 자산들에 비해 세부담이 낮다.

또한 모든 미술품이 과세되는 것도 아니다. 점당 거래가격이 6,000만 원 이상인 사업성이 있는 미술품 등을 거래했을 때만 과세할 예정이다. 따라서 가정용으로 사용되는 도자기 등은 제외되고, 미술품을 파는 시점에 생존해 있는 작가의 그림 또한 과세 대상이 아니다. 즉 작고한 작가의 미술품 거래 시에만 세금을 내는 것이다.

원칙적으로 미술품도 증여나 상속 시에 과세 대상으로 시가로 평가한 가격으로 세금을 내야 한다. 그런데 현재는 취득세나 양도세 등의 세금을 내지 않아 거래금액이 잘 드러나지 않고 음성적으로 거래가 이루어지는 경우도 많아서 자진해서 신고하는 경우가 드물다. 다만, 거래금액이 큰 고가의 미술품 등은 유명 화랑 등에서 거래되는 경우가 많으므로 세무당국에서 거래내역을 밝혀낼 수도 있다. 또한 최근 정부는 서화나 도자기뿐 아니라 조각이나 판화 등의 현대미술품도 상속, 증여 재산의 평가 대상에 포함하는 것으로 세법을 개정하여 과세 범위를 넓히는 추세이다.

1분 절세 브리프 Tax Break Brief **01**

- 2012년을 지나면서 부자들의 절세에 관심은 더욱 급증하고 있다. 2012년부터 '한국판 버핏세' 라 불리는 최고세율 구간이 신설되었으며, 고소득자들 특히 '금융소득에 대한 증세 정책' 들이 현실화되고 있기 때문이다.

- 2013년부터는 금융소득종합과세의 기준을 연간 4,000만 원에서 2,000만 원으로, 2,000만 원 더 낮출 예정이다. 이에 따라 약 15만 명의 금융부자들이 추가로 금융소득종합과세 대상에 포함되어 향후 금융소득에 대한 관리가 더욱 어려워질 것으로 예상된다.

- 2013년부터는 절세상품에 대한 혜택을 축소하거나 또는 요건을 강화하는 방향으로 세제가 개정될 예정이다. 이에 따라 2012년 하반기는 절세상품의 막차에 올라타 향후 '절세형 포트폴리오' 로 자산을 관리하려는 부자들의 움직임이 활발하게 진행되고 있다.

- 향후 주식 거래 시 양도세를 내야 하는 대주주의 기준이 하향 조정될 예정이다. 또한 부자들이 선호하는 신종금융상품이나 그림에 대한 과세도 점차 강화되고 있다.

세금을 모르는 당신, 부자 자격도 없다

금융소득에는 이자소득과 배당소득 두 가지가 해당된다. 금융소득으로 돈을 벌면 세금을 얼마나 낼까? 일반적으로 과세되는 금융소득이라면 누구나 일단 15.4%의 세금을 내게 된다. 14%가 소득세이고 지방소득세로 10%가 가산되어 총 15.4%의 세금을 내는 것이다.

이 세금은 통상 소득을 지급하는 금융기관에서 원천징수를 한다. 원천징수라는 것은 소득을 지급하는 사람이 세금을 내야 하는 소득자 대신에 일정금액의 세금을 미리 떼어 국가에 납부하는 것이다. 금융소득이 발생하면 납세자가 일일이 세금을 따로 내는 것이 번거로우므로 통상 은행이나 증권사가 소득 중에 세금을 떼어 미리 납부한다. 따라서 투자자는 자신이 번 소득 중에서 얼마만큼을 세금으로 냈는지 인식하지 못하는 경우도 많다.

 이처럼 누구나 내게 되는 세금은 15.4%지만 연간 4,000만 원(2013년부터 2,000만 원 적용) 이상을 벌게 되면 금융소득의 고소득자로 보아 다른 소득과 합산해서 세금을 신고해야 한다. 이렇게 이자와 배당소득에 해당하는 금융소득을 근로소득이나 사업소득등과 합산해 기본세율인 6.6~41.8%의 세율로 정산해서 세금을 내는 것이 금융소득종합과세이다.

 금융소득 중에서는 종합과세에 해당하지 않는 분리과세 소득도 있고, 연간 4,000만 원을 초과하지 않더라도 무조건 종합과세로 신고해야 하는 소득도 일부 있지만, 일반적으로는 앞서 설명한 것과 같이 4,000만 원을 초과하는 경우에만 종합소득에 합산하는 조건부 종합과세의 소득이 대부분이다.

 종합소득에 해당하는 소득은 이자와 배당에 해당하는 금융소득 이외에 월급으로 버는 근로소득, 부동산임대나 자영업 등을 통해 버는 사업소득, 연금으로 나누어 받는 연금소득, 그 밖에 기타소득까지 총 6가지 소득이 있다. 금융소득이 인별로 따져 연간 4,000만 원을 초과한다면 그 초과하는 소득은 금융소득 외의 나머지 4가지 소득과 합산해서 신고를 하고 추가적인 세금이 발생한다면 세금 역시 추가로 내야 한다.

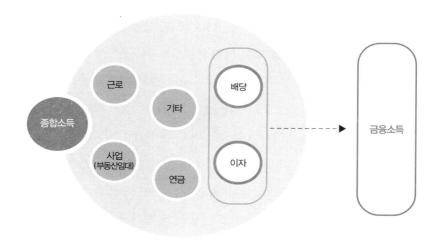

종합소득 내에서의 금융소득

금융소득종합과세,

알면 돈이다 금융부자들은 금융소득종합과세에 민감하게 반응한다. 어떤 부자들은 수익이 나지 않아도 좋으니 금융소득종합과세에 해당되지 않도록 수익률이 높을 것 같은 금융상품을 무조건 해지해달라고 요구하는 경우도 있다. 냉정하게 생각해보면 세금이야 아무리 많이 내더라도 발생한 수익금액의 최고 41.8%만 내면 되는데, 아예 수익을 얻지 않으려고 하는 것은 금융상품에 투자한 취지와는 부합하지 않는다.

그러면 금융부자들은 왜 이렇게 금융소득종합과세에 민감하게 반응

하는 것일까? 이에 대한 답은 세 가지 정도로 정리해볼 수 있다.

첫째, 세금을 많이 내기 때문에 부담된다는 것이다. 두 번째는 세금 외에도 건강보험료 등 조세 외적인 비용들이 증가한다는 것이다. 그리고 마지막으로 본인의 소득이 세무당국에 노출되어 세무조사를 받게 될 가능성이 높아진다는 것이다. 이러한 세 가지 이유로 부자들은 금융소득종합과세에 해당되지 않으려고 금융소득에 대한 관리를 철저히 한다.

국세청에 따르면 지난 2010년 기준 금융소득종합과세 대상자는 총 4만 8,907명. 특히 금융소득이 1억 원을 초과한 '금융부자'들의 숫자도 1만 명을 훌쩍 넘어서고 있다. 이들이 2010년 벌어들인 금융소득의 총합은 무려 9조 8,527억 원에 달했다. 2,000만 원으로 기준이 하향되는 2013년도부터는 금융소득종합과세 대상자가 급격하게 확대될 수밖에

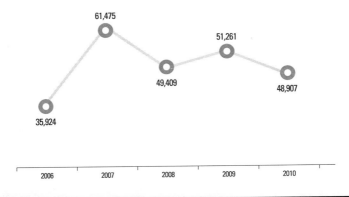

금융소득종합과세 신고자 추이
출처 : 국세통계연보 (단위 : 명)

2010년	9조 8,572억 원
2009년	8조 7,934억 원
2008년	8조 9,685억 원
2007년	9조 7,388억 원
2006년	6조 8,600억 원

금융소득종합과세 신고자들의 연도별 금융소득액 추이

출처 : 국세통계연보

없다.

이처럼 금융부자들이 금융소득종합과세를 싫어하는 이유들을 한 가지씩 자세하게 살펴보고, 합리적인 부자들이 매년 벌어들이는 금융소득을 어떻게 관리하고 있는지 관리 비법에 대해 살펴보자.

금융소득종합과세,

세금 무조건 늘지는 않는다

그렇다면 금융소득종합과세에 해당하면 세금은 무조건 늘어날까? 결론부터 말하자면 그렇지 않다.

금융소득금액의 크기와 자신의 다른 종합소득이 얼마나 있는지 여부에 따라 세금이 늘어날 수도 있지만 그렇지 않은 경우도 있다. 다음의 사례를 통해 알아보자.

전업주부인 A씨는 재작년, 자산 가치가 하락한 시기를 이용해 아버지로부터 금융자산을 증여받았다. 그런데 이 자산들로부터 작년 한 해 동안 약 8,000만 원의 금융소득이 발생했다는 명세서를 최근에 받게 되었다. 이로 인해 다음 달에 종합소득세를 신고해야 한다는데 세금 부담이 많을 것 같아 걱정스런 마음이 앞선다. 현재 대기업 간부인 남편 B씨가 매년 발생하는 금융소득으로 인해서 종합소득세를 신고하고, 상당한 세금을 추가로 납부하고 있기 때문이다.

그렇다면 A씨는 종합소득세를 신고하면서 얼마나 더 세금을 내야 할까? 의외로 A씨의 경우에는 추가로 납부해야 하는 세금은 없다. 다른 소득이 없는 A씨는 금융소득이 합산되더라도 실질적으로 적용받는 세율(한계세율)이 소득이 많은 남편 B씨와는 다르기 때문이다.

금융소득종합과세에 해당되면, 4,000만 원을 초과하는 금융소득에 대해서 종합소득세율을 적용받게 된다. 그런데 다른 종합소득이 없는 투자자라면, 4,000만 원을 초과하는 금융소득 중에 일부는 원천징수했었던 14%(지방소득세 포함 15.4%)보다 오히려 낮은 세율을 적용 받게 된다. 따라서 금융소득을 종합소득에 합산해서 세금을 재정산하더라도 연간 약 9,000만 원~1억 원까지(금융소득종합과세의 기준이 4,000만 원인 경우)는 추가로 부담해야 하는 세금이 없게 되는 것이다. 단, 미리 원천징수했던 세금보다 적게 나오는 경우에도 환급은 되지 않는다. 금융소득종합과세의 취지가 금융소득이 많은 사람들은 세금을 더 부담하도록 하는 것이기 때문이다.

반면, 연봉이 2억 원인 남편 B씨의 경우는 다르다. B씨의 경우 회사에서 받는 월급만으로도 이미 35%(지방소득세 포함 시 38.5%)의 세율을 적용 받고 있다. 따라서 4,000만 원을 초과하는 금융소득에 대해서도 역시 38.5%의 세율을 적용받게 되어 38.5%와 15.4%의 차이만큼 추가로 세금을 부담하게 되는 것이다. 물론 합산해서 과세표준이 3억 원을 초과한다면 최고세율인 41.8%의 세율이 적용될 것이다.

이처럼 금융소득종합과세로 인한 추가적인 세금 부담 여부를 파악하기 위해서는 종합소득에 포함되는 다른 소득이 얼마나 되는지, 전반적인 자신의 소득상황을 파악해보는 것이 중요하다. 막연히 세금이 증가될 거라는 생각으로 금융소득종합과세를 피하기 위해서 무리한 관리를 하는 것은 무모할 수 있다. A씨처럼 다른 종합소득이 많지 않은 투자자라면 무조건 금융소득종합과세를 피할 것이 아니라 이 한도를 오히려 적절히 활용해볼 수 있을 것이다.

그렇지만, 대부분의 부자들은 남편인 B씨와 같이 월급이나 부동산임대소득 등 다른 종합소득이 많아 금융소득종합과세에 해당되면 38.5~41.8%의 세금을 내는 경우가 많다. 따라서 금융상품에 투자 시에도 40%에 가까운 세금 부담을 충분히 고려한 의사결정이 필요하고 절세를 위한 여러 가지 방법의 관리를 적극적으로 할 수밖에 없다.

절세 전략,

세금 외 비용도 고려하라

금융부자들이 금융소득종합과세를 회피하려고 하는 두 번째 이유는 바로 건강보험료와 국민연금 등 세금 외에도 비용이 증가하기 때문이다. 특히 금융소득 외에 다른 소득이 거의 없는 전업주부의 경우에 영향을 크게 미칠 수 있다. 건강보험료는 국세청에 신고한 종합소득을 근간으로 매겨지는데 금융소득종합과세에 해당되면 본인이 스스로를 부양할 수 있는 정도의 소득이 있는 것으로 보아 남편과 별도로 보험료가 추가 부과되기 때문이다. 다음 사례를 통해 건강보험료 부담이 얼마나 늘어나는지 알아보자.

2012년 11월 건강 보험료를 납부하라는 통지를 받은 주부 A씨. 그동안은 남편에게 귀속되어 보험료를 별도로 낸 적이 없어 통지서를 보고 당황했다. 무엇인가 착오가 있을 거라고 생각하고 국민건강보험공단에 문의를 했다. 그런데 돌아온 답변은 보험료를 내야 한다는 것. 2011년에 발생한 소득이 많아서 남편과는 별도로 보험료가 책정된다는 답변이었다.

그때서야 A씨는 아차 싶었다. 남편 이름으로 투자했던 ELS와 금융상품 등의 수익이 많이 나서 자신 앞으로 증여를 했고, 그 결과 작년 금융소득이 5,000만 원이 되었다. 금융소득이 연간 4,000만 원을 초과하면 금융소득종합과세 대상이 되고, 2012년 5월에 종합소득세 신고를 했었던 것이다. 신고는 했지만, 다른 소득이 없었던 A씨는 추가로 납부할 세금은 없었다.

그런데 몇 개월이 지나 11월에 갑자기 보험료를 납부하게 된 것이다. 대략 월 18만 원가량의 보험료가 부과된 A씨는 1년 보험료를 따져보니 200만 원이 넘었다.

일단, 위의 사례가 어떻게 된 영문인지 알아보자. 국민건강보험공단에서는 국세청의 소득 신고 자료 등을 참고 하여 보험료를 책정한다. 소득뿐 아니라 재산 정도나 자동차 소유 여부, 연령 등을 종합적으로 고려한다. A씨처럼 연간 금융소득종합과세가 되는 대상자는 자산이 상당히 있는 것으로 간주하여 스스로 부양할 능력이 있는 것으로 본다. 따라서 남편에게서 독립하여 지역가입자로 전환하게 되는 것이다.

납세자들은 종합소득세 신고를 매년 5월 말까지 한다. 그리고 국세청은 신고된 자료들을 검증, 오류 작업 등을 진행해서 건강보험공단에 소득 자료를 제공한다. 그리고 공단이 이를 근거로 11월부터 보험료를 부과하므로 실제 소득연도와 보험료를 내는 기간에 다소 차이가 발생하는 것이다. 이처럼 금융소득 외에 다른 소득이 많지 않은 납세자들은 금융소득종합과세를 신고하더라도 세금은 늘어나지 않을 수 있지만, 건강보험료의 부담은 추가로 지게 되는 것이다.

위의 사례에서 A씨는 2011년 한 해에만 특정 금융상품으로 인해 소

득이 과다하게 발생한 경우였으며, 2012년에는 다시 금융소득종합과
세 대상에서 빠져, 종합소득 신고를 할 필요가 없게 되었다. 이런 경우
에 A씨가 건강보험료를 줄일 수 있는 방법은 없을까?

A씨가 미리 손을 쓴다면 반 년 정도만 보험료를 내고 나머지 반년 치
의 보험료는 내지 않을 수 있다. 2012년 소득을 신고하는 2013년 5월
말이 지난 6월부터 2012년에는 종합소득이 없다는 확인서와 '피부양자
자격신청서'를 제출해서 인정받는다면 그 다음 달부터는 보험료를 내지
않아도 된다. 즉, A씨처럼 특정 연도만 소득이 많아 보험료가 별도로 부
과되는 경우라면, 다음 연도 6월에 빨리 손을 써서 보험료 납부를 가능
한 줄이는 것이 좋다. 그대로 손 놓고 있다면 2013년 10월까지 보험
료는 계속 부과될 것이고 결국 1년 치 보험료를 다 내야 하기 때문이다.

세무조사

두려워할 필요는 없다　　　　대부분의 금융부자들은 금융소득종
합과세에 해당되면 세무조사를 받을 가능성이 높아진다고 생각한다.
틀린 말은 아니다. 자산과 소득이 많을수록 조사 가능성이 높아질 수
있으며, 특히나 자금출처가 불분명한 자산에서 얻은 소득이 많은 사람
은 금융소득종합과세에 해당하는 것을 두려워할 수밖에 없다. 만일, 세
무조사를 받게 되면 소득에 대한 자금 출처를 입증할 수 없는 경우가

많기 때문이다.

간혹 금융소득종합과세에 해당하더라도 신고를 하지 않으면 세무당국에서 본인의 소득을 알지 못할 것이라고 생각하는 경우가 있다. 그렇지만 납세자가 신고하지 않더라도 금융소득의 내역은 금융기관을 통해 세무당국에 통보된다. 금융기관은 이자나 배당소득을 지급하는 경우 지급명세서를 제출해야 하는 의무가 있기 때문이다. 이 지급명세서의 내용은 과거보다 내역이 확대되었는데 세금을 내지 않아도 되는 비과세 상품이나, 종합과세에 해당하지 않는 분리과세 상품들에 대한 지급내역 역시 2006년부터는 모두 제출하도록 의무화되었다.

다만, 세무당국에서는 부동산과는 다르게 금융재산의 잔액 내역을 모두 파악하기 어려운 경우가 많다. 부동산의 경우 취득할 때 등기를 하고 취득금액에 대한 취득세를 내지만, 금융재산은 취득 시 취득세를 내거나 등기, 등록을 하는 자산이 거의 없기 때문이다. 또한 금융실명법에 따라 개인의 금융계좌 내역과 잔액 등을 임의로 확인하기는 어렵다 (단, 탈세 혐의가 있거나 조사 대상에 선정되는 등의 경우에는 세무당국이 정당한 절차를 거쳐 금융기관에 요청하여 거래내역 및 잔액 자료를 징구할 수 있음).

따라서 금융자산에 대한 거래내역이나 잔액보다는 매년 통보되는 금융소득의 내역을 근간으로 세무조사 대상에 선정하는 경우가 많다. 만일 본인이 정당하게 신고해온 소득의 내역이 없거나 증여 또는 상속받은 재산 역시 신고되어 있지 않다면 세무조사 대상에 선정이 될 가능성이 높아질 수 있는 것이다. 즉, 과거부터 신고되어온 소득 및 재산 내역, 연령과 가족관계, 직업 등을 고려해서 너무 많은 금융소득이 발생하여 재산이 있을 것으로 추정되는 경우에는 자금출처 조사 대상의 가능성이 높아지게 된다.

대한민국에 금융소득종합과세 대상자가 5만 명을 육박하고 있으므로 단순히 금융소득종합과세에 해당된다고 세무조사 가능성이 높아졌다고 판단하기는 어려울 것이다. 또한 한 번 대상자에 선정이 되었다고 과거에 금융재산 내역이 그대로 다 노출되는 것은 아니다. 다만, 자금출처 조사에 대한 두려움이 있는 납세자라면 절세상품을 통해 금융소득을 관리하는 것이 좋은 대안이 될 수 있다.

다수의 부자들은 가족 또는 지인을 통해 차명계좌를 관리하는 경우가 많다. 과거 금융실명제가 시행되기 이전부터 관례적으로 쓰던 계좌들을 유지하는 경우도 있으며, 금융소득이나 부동산임대소득이 많아 소득세 또는 향후 증여 상속세를 줄이기 위해 다른 사람 명의의 재산을 유지하는 경우도 많다. 물론, 세무조사에 선정된 경우 중에는 가족 간에 증여에 대한 개념을 명확하게 알지 못해 본의 아니게 탈세를 하게 되는 경우도 있기는 하다. 부자들이 금융소득에 대한 관리와 절세에 유난히 집착하는 이유에는 세무조사에 대한 두려움이 있을 것이다.

세무조사 대상 선정,
국세청은 소득·지출 분석 시스템(PCI)을 활용한다

국세청 소득·지출 분석 시스템(PCI)이란 국세청에서 보유하고 있는 과세정보자료를 체계적으로 통합 관리하여 일정기간 신고소득(Income)과 재산증가(Property) 및 소비지출액(Consumption)을 비교·분석하는 시스템으로 2009년 말에 도입되었다. 쉽게 말해서 본인이 벌어서 쓸 수 있는 소득보다 많은 소비를 하고 재산이 증가한 경우에 탈루 혐의가 있다고 보아 조사 대상에 선정될 수 있다.

이는 세금 부담 없이 재산을 축적하거나 호화 소비생활을 하는 세금 탈루자에 대한 세원관리 강화를 위해 도입되었으며 특히 소득이 없는 미성년자나 전업주부 등의 경우 이에 대한 대비를 할 필요가 있다. 이 시스템은 고소득 자영업자나 거액 자산가들이 소득을 탈루하고 변칙적인 증여를 하는 경우에도 조사 대상에 선정될 수 있다는 점이 특징이다. 다만, 재산증가액을 파악하는 데 있어 여전히 금융재산과 부채의 내역을 정확하게 확인할 수 없으므로 금융정보 접근에 아직 한계가 있다.

재산증가액 부동산 주식 회원권등 + 소비지출액 신용카드 현금영수증 해외체류비 − 소득세 등 과세관청에 신고한 소득금액 = 탈루혐의금액

국세청 소득·지출 분석 시스템

슈퍼리치들의 금융소득 관리법❶

수입시기를 분산하라　　　강남 사모님인 A씨는 매년 10월이
되면 본인과 남편의 금융소득을 정산한다. 각 금융기관의 담당 PB를
통해 10월까지 발생한 금융소득을 정리하고, 12월까지 추가로 발생할
금융소득이 얼마나 될지 미리 파악해보는 것이다. 이렇게 하는 이유는
무엇일까?

연도별로 금융소득을 관리하기 위해서다. 우리나라의 소득세율이 누
진세율인 데다 금융소득의 경우 4,000만 원(2013년부터 2,000만 원 적용)
초과 여부에 따라 금융소득종합과세에 해당될 수 있기 때문에 연도마
다 관리해서 분산하는 것이 특히 중요하다. 투자한 금융상품별로 과세
되는 시기를 확인하여 연도별로 소득을 분산하면 특정 연도에 불필요
하게 과다한 세금이 지출되는 것을 막을 수 있다.

금융상품은 종류별로 소득이 발생하는 시기나 귀속되는 연도가 각기
다르다. 일정 기간마다 주기적으로 원천징수되어 소득이 분산되는 상
품이 있는가 하면 만기 시 한 번에 소득이 집중되는 상품도 있다. 따라
서 보유한 자산의 특성과 연도별로 발생할 금융소득의 규모를 대략적
으로 예상하여 시기를 조절, 연도별로 분산하는 전략도 필요하다. 특히
펀드와 같은 상품은 1년에 한 번 이상 결산이 이루어져 자신이 인식하
지 못하는 사이에 예상치 못한 소득이 발생할 수 있으므로 이러한 사항
도 꼼꼼하게 체크해보는 것이 좋다.

연말이 가까워오면 내년의 금융소득을 대비하는 전략을 생각해보는 것이 좋다. 예를 들어, 3년간 투자했던 채권의 만기일이 내년에 도래한 다면 내년에는 평년보다 이자소득이 비정상적으로 크게 발생할 수 있다. 투자자 입장에서는 3년간 투자해서 일시에 받은 이자소득이지만, 세법상의 소득시기는 이자를 지급받은 시점이 되기 때문에 한 연도에 한꺼번에 소득이 발생되는 것을 억울하게 생각할 수도 있다. 이런 경우를 대비해서 올해 소득이 비교적 적고 내년에 소득이 많이 발생할 것으로 예측된다면 연말에 일부 금융상품을 해지해서 다시 투자하는 방법으로 미리 일부 소득을 실현해놓는 것이 절세를 위해 바람직하다.

ELS(주가연계증권)도 만기에 이자를 지급하는 채권과 같이 수익이 한꺼번에 발생하는 대표적인 상품이다. 더군다나 ELS는 고수익을 추구하는 상품으로 수익률이 높기 때문에 몇 년 동안 얻은 소득이 일시에 발생해서 한 연도의 소득으로 잡히게 되면 세금 측면에서 불리하게 되는 것이다. 따라서 금융소득이 많은 경우에는 만기에 일시 지급하는 ELS를 월지급 ELS 등으로 전환하여 투자하는 것이 유리할 수 있다. 매월 소득이 발생하여 자연스럽게 수입시기를 분산할 수 있기 때문이다. 금융소득종합과세 기준이 2,000만 원으로 낮아지는 2013년부터는 특히 상품별로 수입시기에 주의를 기울일 필요가 있다.

금융상품마다
다른 수입 시기를 알아두자!

개인이 금융상품에 투자하는 경우 금융소득을 지급받는 날이 통상의 소득 시기가 된다. 즉, 이자소득이 발생하는 무기명채권이나 예·적금의 경우 이자를 지급받는 날이 소득 시기가 되고, 배당소득도 역시 지급을 실제 받은 날이 과세소득으로 잡히는 시기가 된다. 이런 경우는 소득을 얻은 시점과 세금을 내는 시점이 동일하므로 투자자들이 인식하기가 쉽다.

반면, 펀드(투자신탁)의 경우는 수입 시기가 다른 상품과 달라 주의가 필요하다. 펀드는 환매를 해서 소득을 지급받은 날에도 당연히 소득이 발생하지만, 1년에 한 번 이상은 결산을 해야 하는 의무가 있고 이때 결산을 해서 이익이 난 부분은 과세가 될 수 있다. 즉, 펀드에 투자하고 투자자는 환매를 하지 않고 계속 보유만 하고 있는 경우라도 1년에 한 번씩은 배당소득이 발생할 수 있으므로 이에 대해 미리 알아둘 필요가 있다.

소득 구분	금융상품	귀속 시기
이자소득	채권	무기명채권: 실제 지급받은 날
	예금 및 적금	실제 이자 지급 받은 날
배당소득	펀드(투자신탁)	지급일 또는 펀드 결산일
	주식	잉여금 처분에 의한 배당의 경우 잉여금 처분 결의일
	ELS	상환 조건이 달성되어 배당 지급받을 때

금융상품별 소득 수입 시기

주식에 투자해서 배당금을 받는 경우에 세법상의 수입 시기는 '잉여금 처분 결의일'이라고 표현되어 있다 잉여금 처분 결의일이라는 것은 주주총회에서 배당에 대한 결정을 하는 날이다. 12월 말 결산 법인의 경우 통상 3월에 주총을 통해 결의를 하고 4~5월에 지급하는 경우가 많아 투자자 입장에서는 지급받는 시점과 큰 차이가 없는 경우가 대부분이다. 다만, 직전 연도의 성과에 대한 배당을 그 다음 연도에 받는 것이므로 귀속연도를 착각하지 않도록 주의할 필요가 있다.

부동산 소득도
연도별로 관리하자!

금융자산뿐만 아니라 부동산도 발생하는 소득을 연도별로 관리해야 한다. 부동산을 여러 개 처분할 일이 있다면 처분 시기를 전략적으로 관리해서 세금을 크게 줄일 수 있기 때문이다. 통상 부동산과 관련한 세금 중에 가장 부담되는 세금이 양도세이다. 부동산을 오랫동안 보유하다가 파는 경우도 파는 시점에 일시에 양도소득이 발생하기 때문에 세금 부담이 크다. 이때 다음 사례와 같이 처분하는 시기를 조절할 수 있다면 쉽게 절세가 가능하다. 양도소득은 이익과 손실의 상계가 가능하기 때문에 이익과 손실을 동시에 발생하도록 하고, 이익은 다른 연도에 나누어 분산하는 것이 유리하다.

예를 들어, 은퇴를 앞둔 A씨는 부동산을 처분해 노후자금을 만들 생각이다. 살고 있는 주택 외에 주택 한 채와 상가를 모두 처분하려고 한다. 5억 원을 주고 샀던 주택의 시가는 현재 8억 원이고, 9억 원에 샀던 상가는 6억 원이 됐다. 주택에서는 3억 원 이득을 보고 상가에서는 3억 원 손실을 보게 된 셈이다. 이 주택과 상가를 모두 처분하면 세금은 얼마나 내야 할까?

세금은 A씨가 두 부동산을 각각 언제 파느냐에 따라 확연히 달라진다. 만약 A씨가 올해 안에 주택을 팔고 내년에 상가를 파는 경우를 보자. 이 경우 A씨는 일단 올해 판 주택에서 얻은 양도차익 3억 원(8−5억 원)에 대한 양도세를 내야 한다. A씨가 일반세율을 적용받는다면(장기보유특별공제 등 배제) 세금은 약 1억 원 정도 될 것이다. 이후 내년에 상가를 판다면 손실이 발생했으니 당연히 세금을 내지 않지만 손실분 3억 원에 대한 공제는 받을 수 없다. 반대의 경우도 마찬가지다. 올해 상가를 팔고 주택을 내년에 팔더라도 주택의 양도 차익에 대해서는 결국 세금을 내야 한다.

그런데 주택과 상가를 같은 해에 판다면 이야기는 달라진다. 주택을 팔아 얻는 차익 3억 원과 상가를 팔아 발생하는 손실액인 3억 원이 상계돼 세금을 한 푼도 내지 않아도 된다.

이처럼 단기간에 여러 자산을 처분하면서 양도차익과 손실이 각각 발생할 때는 양도시기를 잘 따져보는 것이 좋다. 양도세를 계산할 때 손실과 이익을 상계하는 것은 같은 연도에 한해서만 가능하기 때문이다. 결국 연도별로(1월 1일~12월 31일) 이익과 손실 나는 자산을 판다면 한 연도에 몰아서 팔고, 이익이 나는 자산을 두 개 처분해야 한다면 각각 다른 연도에 파는 것이 세금 부담을 낮추는 길이 된다.

다만 주의할 점은 같은 연도에 처분한 모든 자산의 양도 차익과 손실이 상계되지 않는다는 것이다. 양도세 신고 자산에는 부동산과 주식 등이 있는데 부동산은 부동산끼리, 주식은 주식끼리만 이익과 손실이 서로 상계된다. 같은 자산군이라도 국내와 국외에서 발생하는 자산 소득은 서로 상계되지 않는다.

슈퍼리치들의 금융소득 관리법❷

가족에게 분산하라　　　　　　사업가 A씨는 지난해 5월 한 증권사의 ELS(주가연계증권) 2억 원어치를 샀다. 당시는 코스피 지수가 쑥쑥 오르던 때. 직접 주식투자를 하려니 좀 겁이 나기도 했다. 때마침 모 증권사에서 원금 95% 보장에, 최대 수익률 40%인 1년 만기 ELS를 내놨다. 코스피 200 지수를 기초자산으로 한 ELS였다. 원금의 5%를 잃을 수도 있지만, 수익이 나면 짭짤하겠다는 생각에 투자를 했다.

그 뒤 코스피 지수가 많이 올랐다. A씨는 곧 돌아올 만기 평가일을 앞두고 수익률이 궁금해 증권사에 전화를 했다. 지금 상황이라면 30% 정도는 수익이 날 것 같다는 답이 왔다. 수익금만 6,000만 원. 지급일에 일단 세금 15.4%를 떼고 나머지를 준다고 했다. 그런데 담당 PB가 이익이 4,000만 원을 넘어 금융소득종합소득세 과세 대상이므로 내년 5월에 신고를 해야 한다는 안내도 해줬다.

사실 A씨는 이미 사업으로 버는 소득이 많고 금융소득도 4,000만 원 정도는 매년 발생하고 있다. 따라서 ELS에서 발생하는 소득은 최고 소득세율을 적용받을 가능성이 높다. 6,000만 원에 대해서 무려 41.8%에 달하는 세금을 부담해야 하는 것이다. 이때 A씨는 담당 세무사의 조언을 받아 전업주부인 부인에게 ELS를 증여했다. 소득이 전혀 없는 부인은 ELS를 상환받아도 15.4%의 세금만 되면 되기 때문이다. 부인 역시 금융소득이 4,000만 원을 넘어 금융소득종합과세에 해당되고 종합소득세 신고는 해야 하지만, 부인은 다른 소득이 전혀 없으므로 추가적으로 부담해야 하는 세금이 없다.

또한 A씨가 이전에 부인에게 증여한 적이 없으므로 이번에 ELS를 부인에게 건네는 데 따른 증여세도 없다. 증여 시점의 평가 금액은 대략 '원금 2억 원+수익금 6,000만 원 = 2억 6,000만 원'이 될 터. 이것만으로는 배우자에 대한 증여세 공제 한도인 '10년간 6억 원'을 넘지 않기 때문이다. 결국 A씨는 배우자에게 ELS를 이전하면서 증여세에 대한 부담도 없이 6,000만 원에 대한 소득세를 41.8%에서 15.4%로 크게 낮출 수 있게 되었다. 부인에게 소득이 늘어 건강보험료가 추가 발생할 수는 있지만 절세 효과가 약 1,600만 원에 달하므로 충분히 감당할 만하다.

위와 같은 절세 사례는 ELS와 같은 고수익 상품에 투자해서 수익을 얻는 금융부자들이 종종 활용하는 방법이다. 가족 명의로 투자상품을 나누어 금융소득을 분산하는 것은 절세의 좋은 방법이 된다. 소득이 높은 한 사람의 명의로 소득을 집중시키기보다는 여러 사람의 명의로 소득을 분산할 수 있으면 가족이 벌어들인 총 소득은 동일하더라도 적용받는 세율이 낮아져 세금은 크게 줄일 수 있기 때문이다.

그렇지만 이렇게 명의를 분산할 경우 반드시 증여로 인한 추가적인 문제가 발생할 수 있는지를 확인해야 한다. 증여에 대한 의사를 분명하게 표시하지 않고 단순히 계좌를 이체하여 금융상품을 운용한다면 이를 증여로 보아 증여세가 추징될 수도 있기 때문이다. 소득세를 줄이려다 오히려 증여세를 더 내야 하는 상황이 발생할 수도 있다.

따라서 일정 수준의 소득이 있는 배우자나 가족들로 분산하되, 증여세 공제 한도(배우자의 경우 10년간 6억 원, 성년 자녀는 3,000만 원)를 활용하는 것이 좋다. 공제 한도 내의 금액을 증여해서 납부할 세금이 없는 경우에는 실제로 증여세 신고를 하지 않는 경우가 많은데, 이러한 경우라도 증여세 신고를 통해 의사표시를 분명히 해야 향후 자산의 평가액이 변동하더라도 문제의 소지가 없을 것이다.

한편, 뒷부분에서 다시 언급하겠지만 소득세 부담이 많고 이전할 자산 규모도 큰 부자들은 증여세 공제 한도를 넘어서 증여세를 내더라도 증여를 서두르는 것이 나을 수 있다. 어차피 본인이 자산을 계속 보유해서 수익을 얻더라도 38.5%~41.8%에 달하는 세금을 내야 하므로, 일정 부분의 자산을 떼어 자녀에게 증여하면 장차 발생할 수 있는 증여세 및 상속세도 줄이면서 동시에 소득세도 줄일 수 있기 때문이다.

2013년,
차명계좌도 증여세가 추징된다!

재산이 많은 A씨는 가족과 친척 명의로 금융재산을 분산해서 가지고 있다. 금융소득이 높으면 세금 부담도 많고, 법인을 운영하면서 생긴 자금을 나누다 보니 생각보다 많은 돈이 타인의 명의로 되어 있는 것이다. 사실 많은 자산가가 여러 가지 이유로 A씨와 같이 '차명계좌'를 보유하고 있다. 이런 경우 세무당국의 조사를 받게 될 가능성이 높고 증여세가 추징되는 경우도 종종 있다.

그런데 차명계좌에 대한 증여추정을 더 명확하게 하고자 하는 조항이 더욱 보강될 예정이다. 2012년 8월에 발표된 세법개정안에 이러한 내용이 포함되어 있으며 2013년부터 시행될 예정이다. 따라서 향후 가족 명의로 계좌를 분산하려는 경우에 증여세가 부과될 수 있는지 면밀하게 검토할 필요가 있다.

개정안에서는 차명계좌에 대한 취득시기를 추정해 과세할 수 있도록 법으로 명확하게 할 예정이다. A씨가 아들에게 현금 5억 원을 이체해 정기예금으로 차명계좌를 운용하고 있다고 하자. 이러한 경우 현행법상으로도 아들이 취득한 것으로 보고 세금을 추징할 수 있기는 하다.

그렇지만 증여의 시기를 언제로 볼 것인지 문제가 될 수 있으며, A씨와 아들이 차명계좌라고 주장하는 경우에는 납세자와 과세당국 사이에 다툼이 되는 경우가 빈번했었다. 실무적으로 아들이 예금을 인출해 부동산을 구입하거나 사용하는 경우가 아니라면 실제 증여세를 추징하기가 어려운 경우도 많았다. 따라서 2013년부터는 이러한 경우에도 과세할 수 있는 근거를 명확하게 할 예정이다. A씨가 아들에게 자산을 입금한 시점을 아들이 재산을 취득한 때로 추정할 수 있도록 한 것이다. 아들이 예금을 인출하지 않더라도 아버지가 아들에게 자산을 입금하는 시기로 추정 가능하다. 다만, 차명계좌의 명의자가 차명재산임을 입증하는 경우에는 과세에서 제외될 수 있기는 하다.

그런데 실제 납세자가 조세회피 목적이 없으면서 차명재산임을 입증하는 것은 쉬운 일이 아니다. 따라서 단순히 금융소득을 줄이려고 가족 명의로 자산을 분산하는 경우에는 소득세를 줄이려다 오히려 더 큰 금액의 증여세가 추징될 수 있다는 점을 반드시 유념할 필요가 있다.

슈퍼리치들의 금융소득 관리법❸

절세상품에 가입하라　　　　세금에 대한 부담이 높아지고 있는 상황에서 금융부자들은 절세를 할 수 있는 근본적인 대책을 원한다. 앞서 살펴본 것처럼 수입시기를 분산하고 가족들에게 소득을 분산하는 이 두 가지 방법이 어느 정도 소득이 있는 중산층에게는 분명 의미가 있는 절세전략이다. 그렇지만 매년 금융소득을 수억 원 이상 버는 진짜 슈퍼리치들에게 앞의 두 가지 전략만으로 세금을 줄이는 것은 어렵다. 매년 소득이 꾸준히 많이 발생하는 데다 배우자나 자녀들도 소득이 많은 경우가 대부분이기 때문이다.

그렇다면 이러한 부자들에게 근본적인 대책은 무엇일까? 바로 투자를 시작할 때부터 세후수익률을 감안하여 절세상품에 투자하는 것이다. 이것이 바로 금융부자들의 가장 쉬운 절세 비결이다. 세금을 아예 내지 않아도 되는 비과세 상품이나 일정한 세율로 세금을 내긴 하지만 다른 소득과 합산해서 종합소득으로 과세되지 않는 분리과세 상품들, 이러한 상품에 투자하는 것이 바로 증세 정책에도 영향을 받지 않을 수 있는 진정한 방패막이 되어줄 수 있기 때문이다. 금융소득종합과세 기준을 낮추더라도, 다른 소득이 많이 발생하더라도, 세율이 오르더라도 구애 받지 않고 안정적인 세후수익률을 거둘 수 있는 것. 이것이 바로 금융부자들이 선호하는 투자 방식이며, 불안한 시장상황과 부자증세 논란 속에서 절세상품이 날개 돋친 듯 팔리는 이유이다.

금융시장에 다양한 절세상품이 존재하는 것처럼 보인다. 그렇지만 실제 금융부자들이 선호하고 투자할 만한 가치가 있는 절세상품은 그리 많지 않다. 절세 혜택이 있으면서 투자 시 한도에 제한이 없고 더불어 안정성까지 확보할 만한 상품을 선호하기 때문이다. 우선 부자들이 선호하는 절세상품의 기준을 살펴보자.

1. 세후수익률 측면에서 수익이 다 과세되는 예금이나 부동산 투자와 비교해 뒤쳐지지 않아야 한다.
2. 수익률에 더해 안정성을 겸비하고 있어야 한다.

3. 부자들이 자산의 일부를 구애받지 않고 투자할 수 있도록 한도에 제한이 없을수록 좋다.

   그렇다면 이러한 요건들을 갖춘 상품들은 어떤 것들이 있을까? 이러한 기준을 어느 정도 충족시키면서 금융부자들이 자산을 이동하고 있는 절세형상품은 즉시연금, 저축성보험 등 방카슈랑스 상품과 물가연동국채, 장기채권, 브라질국채 등의 채권 상품들이 대표적이다.

   다만, 한 가지 아쉬운 점은 2013년부터는 이러한 절세상품들에 대한 세제 혜택이 줄어들 예정이라는 점이다. '2012년 세법개정안'에서는 기존 절세상품에 대한 세제 혜택을 줄이거나 요건을 더 강화하는 방안들이 포함되어 있다. 이에 따라 기존 혜택이 아직 유지되는 2012년 하반기에 절세상품에 대한 수요는 더욱 늘어나고 있는 상황이다. 금융부자들이 좋아하는 대표적인 절세상품에는 어떤 것들이 있고 향후에는 어떻게 세제가 변하게 될지 구체적으로 살펴보자.

1분 절세 브리프 Tax Break Brief **02**

- '금융소득종합과세'란 금융소득(이자, 배당소득)이 인별로 연간 4,000만 원(2013년부터는 2,000만 원)을 초과하는 경우, 초과하는 금융소득과 다른 종합소득을 합산해서 종합소득세를 신고하고 세금을 내야 하는 제도이다.

- 금융부자들은 통상 다음과 같은 3가지 이유 때문에 금융소득종합과세에 해당되는 것을 싫어한다. 첫째, 세금을 많이 내기 때문에 부담된다. 두 번째는 세금 외에도 건강보험료 등 조세 외적인 비용들이 증가한다. 마지막으로 본인의 소득이 세무당국에 노출되어 세무조사를 받게 될 가능성이 높아진다.

- 금융소득종합과세 대상자라고 해서 무조건 세금이 증가하는 것은 아니다. 금융소득금액의 크기와 자신의 다른 종합소득이 얼마나 있는지 등에 따라 세금이 부담이 달라지므로, 자신의 상황을 진단해서 절세 방법을 찾아볼 수 있다.

- 금융소득종합과세에 해당되면 건강보험료와 국민연금 등 세금 외 비용이 늘어날 수 있다. 특히 건강보험료의 경우 전업주부라도 별도 소득이 있는 것으로 간주되어 지역 가입자로 자동 전환될 수 있다. 만일, 특정 연도만 소득이 많아 보험료가 별도로 부과되는 경우라면 다음 연도 5월 이후에 소득이 없다는 확인서와 '피부양자 자격신청서' 등을 통해 세금 외 비용을 줄일 수 있다.

- 금융소득종합과세에 해당된다고 무조건 세무조사를 받을 거라는 두려움에서 벗어나자. 단, 과거 신고된 소득 및 재산 내역, 연령과 가족관계, 직업 등을 고려해서 너무 많은 금융소득이 발생할 경우에 자금출처 조사 대상의 가능성이 높아질 수는 있다.

- 슈퍼리치들의 금융소득 관리법 3가지

❶ 수입시기를 분산하라_ 소득을 연도마다 관리해서 분산하는 것이 특히 중요하다. 연도별로 소득을 분산하면 특정 연도에 불필요하게 과다한 세금이 지출되는 것을 막을 수 있다.

❷ 가족에게 분산하라_ 소득이 높은 한 사람의 명의로 소득을 집중시키기보다 가족 명의로 소득을 분산할 수 있으면 가족이 벌어들인 총소득은 동일하더라도 적용받는 세율이 낮아져 세금을 크게 줄일 수 있다.

❸ 절세상품에 가입하라_ 금융부자들이 절세할 수 있는 근본적인 대책은 절세상품(비과세 또는 분리과세)에 투자하는 것이다. 증세정책에 구애받지 않고 안정적인 세후수익률을 누릴 수 있는 절세상품. 즉시연금, 저축성보험, 물가연동국채, 장기채권, 브라질국채 등이 대표적인 절세상품이다.

부자를 더욱 부자로, 환상의 절세 포트폴리오

대표적인 투자용 절세상품을 5가지 금융상품으로 추려볼 수 있다. 이 상품들은 비교적 수익성과 안정성 측면에서 우수하면서 절세의 메리트도 있어 2011~2012년을 지나면서 투자가 급격하게 늘어왔다. 이 상품들에는 세제상 어떤 장점이 있는지 하나씩 살펴보자.

장기채권 잘 쓰면

세금 8.8%(=41.8−33%) 절감한다　만기가 10년 이상이고 4% 이하의 표면금리에 매매가 자유롭지 않을 수 있는 장기채권. 얼핏 보면 정기예금에 비해 그다지 유리한 것이 없어 보인다. 그런데 금융부자들이 이러한 장기채권을 안전자산으로 선호하는 이유는 무엇일까? 채권

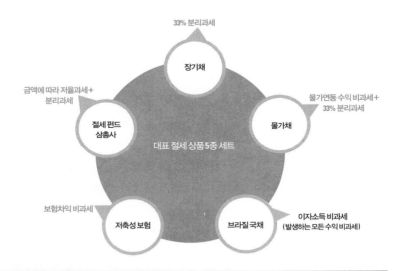

33% 분리과세

장기채

금액에 따라 저율과세+
분리과세

물가연동 수익 비과세+
33% 분리과세

절세 펀드
삼총사

물가채

대표 절세 상품 5종 세트

보험차익 비과세

저축성 보험

브라질 국채

이자소득 비과세
(발생하는 모든 수익 비과세)

금융투자를 위한 대표 절세 상품 5종 세트

이기 때문에 금리가 인하되는 추세에 추가적인 자본차익을 얻을 수 있다는 장점도 있지만 거기에 세제상의 이점이 더해지기 때문이다.

만기가 10년 이상인 장기채권은 분리과세가 가능하다. 분리과세가 가능하다는 것은 투자자에게 세제상 옵션이 하나 더 있는 셈이다. 33%(소득세 30% + 지방소득세 3%)로 세금을 내고 다른 종합소득과 합산을 하지 않아도 된다는 것이다. 33%라고 하면 매우 높은 세율 해당하는데 이것을 왜 장점이라고 할까? 33%보다 더 높은 세율을 적용받는 사람들에게는 분명히 절세 효과가 있기 때문이다.

일반적으로 채권은 이자를 받을 때 15.4%로 원천징수를 해서 세금을 낸다. 그런데 연간 금융소득(이자＋배당)이 4,000만 원을 넘는 투자자들은 4,000만 원이 초과되는 금융소득을 다른 종합소득들과 합산하게 되고 누진소득세율을 적용받는다. 따라서 소득이 많은 경우에는 41.8%에 달하는 세금을 부담할 수도 있다.

바로 이런 사람들에게 유리한 것이 장기채권의 분리과세이다. 채권 외에 다른 소득도 많이 벌어서 38.5%~41.8%에 달하는 세율을 적용받게 된다면 장기채권 이자에 대해서 33%만 세금을 내도록 분리과세 신청을 할 수 있다. 다만, 분리과세 신청은 선택사항이기 때문에 예상보다 금융소득이 적게 발생해 15.4%만 세금을 부담하는 연도에는 분리과세를 신청하지 않으면 된다.

이러한 채권의 성격을 감안할 때 대체로 장기채권에 투자하는 사람들은 항상 금융소득종합과세에 해당하고 세율도 38.5% 이상을 적용받는 금융부자들이다.

장기채권에는 대표적으로 LH공사가 발행한 장기토지주택채권이나 정부가 발행한 만기 10년 이상의 장기국고채 등이 이에 해당한다. 장기채권이라고 해서 한 투자자가 발행시점부터 만기까지 10년 이상을 반드시 투자해야 할 필요는 없다. '채권의 발행일부터 원금 전부를 일시에 상환하기로 약정한 날까지의 기간이 10년 이상인 채권'이면 장기채권에 해당하고 중도에 매매하더라도 분리과세 혜택을 받을 수 있기 때문이다. 따라서 부자들은 장기 투자에 대한 부담감 없이 투자할 수

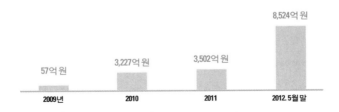

8,524억 원

3,227억 원

3,502억 원

57억 원

2009년 **2010** **2011** **2012. 5월 말**

급증하는 개인 국채투자

자료 : 금융투자협회

있고 대부분 국가나 국가기관이 발행한 채권들이므로 채권 상환에 대한 위험을 걱정하지 않고 안정적으로 투자할 수 있다.

한 가지 주의할 점은 33%로 세금을 내도록 분리과세를 적용받기 위해서는 이자 지급 시기 이전에 분리과세신청을 해야 한다는 것이다. 분리과세 신청을 하지 않은 경우 일반 채권의 이자와 같이 15.4%의 세금을 원천징수하고 종합과세 될수 있다.

2013년부터 장기채권에 대한 보유 요건 강화

2012년 세제 개편안에서는 부자들의 돈이 몰려 있는 절세상품에 대한 세제 혜택을 없애거나 혹은 요건을 추가적으로 강화했다. 여기에 장기채권도 포함되었는데 2013년 발행되는 채권부터는 보유 기간 요건을 추가할 예정이다.

앞서 언급한 것처럼 10년 이상 만기로 발행된 장기채권에서 발생하는 이자소득에 대해서 그동안에는 투자자의 보유기간과는 관계없이 33%로 분리과세를 적용할 수 있었다. 그런데 2013년부터는 3년 이상 보유한 뒤에 팔아야만 분리과세를 허용하도록 요건을 추가할 예정이다. 이는 채권의 장기투자를 유도하기 위한 것으로, 보유 요건이 추가됨에 따라 트레이딩 시점에 제한이 생길 수 있어서 장기채권에 세제적인 메리트가 감소될 가능성이 있다.

이러한 요건은 2013년 1월 1일 이후 발행되는 채권부터 적용되므로 몇 년 뒤 채권 시장에는 2012년까지 발행되어 보유 요건 없이 세제혜택을 받을 수 있는 채권과 그렇지 않은 2013년 이후 발행분이 공존하여 상대적으로 가격적인 프리미엄에 차이가 발생할 수도 있을 것이다.

장기채권,
분리과세 혜택을 제대로 누려라!

장기채권에서 절세 효과를 찾는 사람들은 세금 부담이 높은 사람들이다. 즉, 금융소득종합과세 대상자로서 종합소득의 적용세율이 38.5~41.8%에 해당되는 사람들이다. 그런데 이런 사람들도 무조건 유리한 것이 아닐 수 있으므로 분리과세 신청 이전에 꼼꼼하게 자신의 소득을 분석해볼 필요가 있다.

체크 1〉 자신의 실효세율을 확인하라.

금융소득에 투자해서 세금을 낼 때 정말 자신의 실효세율이 38.5% 이상에 해당되는지 확인해볼 필요가 있다. 앞서 금융소득종합과세에 대한 세금부담이 얼마나 늘어나는지 살펴보았듯이, 금융소득종합과세에 해당한다고 해서 무조건세율이 높아지는 것은 아니기 때문이다. 다른 소득 없이 금융소득만 있는 경

과세표준	세율 (지방소득세 포함)
1,200만 원 이하	6.6%
1,200만 원 초과~4,600만 원 이하	16.5%
4,600만 원 초과~8,800만 원 이하	26.4%
8,800만 원 초과~3억 원 이하	38.5%
3억 원 초과	41.8%

장기채권 이자의 적용세율이 38.5~41.8% 구간에 있는 경우에만 분리과세 신청이 유리

우라면 금융소득이 4,000만 원이 넘어 종합과세 되더라도 약 9,000만 원까지(2013년부터 금융소득종합과세의 기준이 2,000만 원으로 하향된다면 약 7,000만 원)는 종합과세로 인한 추가적인 세 부담이 발생하지 않기 때문에 분리과세를 하지 않는 것이 세금 측면에서 유리하다. 결국 이 경우는 9,000만 원 정도까지 단일세율로 따졌을 때 15.4%의 평균세율을 부담하는 셈이다. 단, 이 경우에라도 건강보험료 등 세금 외의 비용이 클 것으로 생각될 때는 33%로 분리과세를 선택하는 것이 유리할 수도 있다.

체크 2〉 금융소득종합과세 해당되더라도 4,000만 원을 초과하는 부분에 대해서만 분리과세를 신청하는 것이 유리하다.

실효세율이 아무리 높은 사람이라도 금융소득종합과세 시 4,000만 원까지는 15.4%의 세금만을 부담한다. 예를 들어 금융소득이 9,000만 원이라면 이 중에 4,000만 원을 초과하는 5,000만 원만 다른 소득이랑 합산되어 종합소득세율을 적용받는다. 그렇기 때문에 종합소득 대상이더라도 장기채권에 투자해서 얻은 이자소득 중에 종합과세 시 다른 소득과 합산되지 않은 4,000만 원 미만의 소득이 있다면 이 부분은 제외하고 분리과세 신청을 하는 것이 유리하다.

아래 그림과 같이 사업소득이 2억 원 있는 사람이 금융소득이 9,000만 원 있다고 가정해보자. 금융소득 중 2,000만 원은 주식에 투자해서 얻는 배당소득이고 나머지 7,000만 원은 장기채권에서 나오는 이자소득이다. 이 사람은 사업소득으로 2억 원이 있어 이미 38.5% 이상의 세율을 적용받고 있으므로, 장기채권 이자에 대해서 분리과세 신청을 하는 것이 유리하다.

그런데 이 경우에 보유하고 있는 장기채권 전체에 대해서 분리과세 신청을 하는 것이 아니라 이 중 일부는 제외하고 신청하는 것이 유리하다. 즉 2,000만 원의 이자소득이 발생하는 채권 부분은 제외하고 나머지 5,000만 원에 해당하는 부분에 대해서만 분리과세를 신청하는 방식이다. 2,000만 원에 해당하는 부분은 종합과세를 하더라도 15.4%의 세금만 내게 되므로, 굳이 33%로 분리과세 신청을 할 필요가 없고 오히려 세금을 더 많이 내는 결과를 불러온다.

다시 정리하면, 장기채권 이자 7,000만 원 중에서 2,000만 원은 분리과세 신청을 하지 않아 15.4%로 세금을 내고, 5,000만 원은 분리과세 신청을 해서 33%로 세금을 내는 것이 절세할 수 있는 길이 된다.

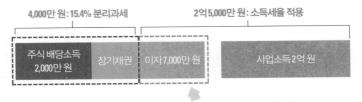

물가연동국채, 물가가 오르고 있다면

투자하라　　　　　　　　　　물가연동국채(Inflation-Linked Korean Treasury Bond, KTBi)는 원금 및 이자를 소비자물가지수에 연동시켜, 국채투자에 따른 물가변동 위험을 제거하고 채권의 실질구매력을 보장하는 국채를 말한다.

저금리 시대에 물가는 상승하고, 인플레이션을 고려하면 정기예금의 이자는 오히려 실질적으로 마이너스가 되기도 한다. 그런데 물가가 상승하면 오히려 수익이 증가하는 채권이 있다. 자산이 많은 슈퍼리치들은 경기침체로 묶여 있는 부동산과 낮아지는 금리를 생각하면서 인플레이션을 헷지할 수 있는 금융상품이 있다는 것만으로도 매력을 느낀다. 그런데 여기에 더해 일부 수익은 비과세, 그리고 과세되는 이자소득도 종합과세에 합산되지 않고 분리과세까지 되니, 거액자산가들에게 꾸준한 인기를 누리고 있다. 바로 물가연동국채에 대한 이야기이다.

물가연동채권은 원금 및 이자액을 물가에 연동시켜 지급하는 정부가 발행한 채권이다. 이 채권에 투자하면 크게 세 가지 측면의 수익을 얻을 수 있다. 채권의 쿠폰, 즉 약정된 표면금리에 대한 이자수익을 얻을 수 있으며 금리변동에 따른 채권 가격 자체의 자본차익을 기대할 수 있다. 여기에 한 가지 더 특별한 것은 물가가 상승하면 추가적인 상승분에 대해 이익이 발생해 원금이 상승하는 효과를 얻을 수 있다. 즉, 표면금리가 약 1.5~2.75% 정도로 일반 채권에 비해서 낮은 대신 물가상승분에 대한 수익을 추가로 얻는 것이다.

　그런데 이러한 수익 중에서 세금은 표면금리에 대해서만 내면 된다. 금리 변동에 따른 채권 가격의 차이, 즉 자본차익으로 얻는 수익은 개인들에게는 과세 대상이 아니며, 물가와 연동되어 얻는 추가적인 수익도 채권의 특성에 따른 원금 상승분으로 보아 세금을 매기지 않는 것이다. 결국 투자자 입장에서는 전체 얻는 수익 중에서 일부만 과세되는 소득으로 잡히고 여기에 대해서만 세금을 내면 되기 때문에 세제상의 이익이 크게 된다. 물가상승률이 높아질수록 비과세수익이 증가하여 투자수익률이 좋아지게 되는 것이다.

　여기에 한 가지 더 세제상의 장점이 있는데, 그것은 물가연동국채가 대부분 10년 이상의 만기로 발행된 국채이므로 앞서 설명한 장기채권에 해당되어 분리과세가 가능하다는 점이다. 얻는 수익 중에 세금을 내는 소득이 적다는 것과 그 과세소득마저도 금융소득종합과세에 해당하지 않도록 분리과세(33%)를 신청할 수 있다는 것. 이 두 가지가 결합되어

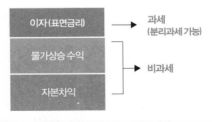

물가연동국채의 소득별 과세 여부

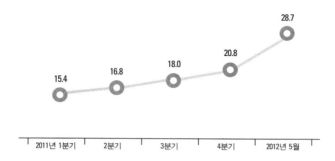

15.4	16.8	18.0	20.8	28.7
2011년 1분기	2분기	3분기	4분기	2012년 5월

물가연동국채 개인보유 비중

자료 : 기획재정부 (단위 : %)

세금을 많이 내는 거액 자산가들에게 큰 장점이 된다. 또한 정부가 발행하는 국채인 만큼 안정성에 대한 요건도 충분히 갖추고 있는 셈이다.

물가연동국채에 대한 거액자산가들의 관심은 매 분기마다 늘고 있는 투자액을 통해 알 수 있다. 그런데 이처럼 관심이 물가연동국채에 쏠리자 정부에서 이에 대한 제동을 걸고자 원금 상승분에 대한 비과세 혜택을 없애는 안을 검토 중이라는 소식이 2012년 상반기에 꾸준히 들려왔다. 결국 이러한 보도들이 현실화되어 2012년 세법 개정안에는 원금 상승분에 대해서 향후 세금을 부과할 것이라는 내용을 포함시켰다.

2015년부터 발행되는 채권부터 비과세 혜택 중단

정부는 세수를 증대시키는 방안을 검토하면서 부자들의 돈이 쏠려 있는 물가연동국채의 비과세에 대해서도 재검토했다. 그동안에는 물가상

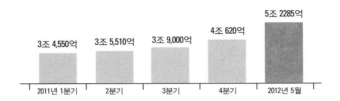

5조 2285억

4조 620억

3조 9,000억

3조 5,510억

3조 4,550억

| 2011년 1분기 | 2분기 | 3분기 | 4분기 | 2012년 5월 |

물가연동국채 상장잔액

자료 : 기획재정부 (상장 잔액 : 원)

승분을 이자소득이 아닌 원금으로 보아 과세하지 않았지만, 이를 이자
소득으로 볼 수 있는지 점검한 것이다.

결국 검토 결과 2년의 유예기간을 두고 물가연동국채의 비과세 혜택
을 없애기로 했다. 세법 개정안에 따르면 2015년 1월 1일 이후 발행되
는 채권부터는 원금상승분도 이자소득으로 보아 과세 대상소득에 포함
하기로 한 것이다.

2년 동안 유예기간을 주고 또 과세를 채권 발행분부터로 적용하면서
기존 물가연동국채의 투자자들은 한숨을 쓸어내렸다. 이자소득 발생
시기 기준이 아니라 채권 발행분 기준이므로 기존 투자자와 2014년 발
행분까지 채권에 투자하는 사람들은 비과세 혜택을 그대로 볼 수 있기
때문이다. 따라서 오히려 개정안이 발표된 이후 물가연동국채에 대한
관심은 더욱 커지고 있다.

2015년 이후 발행된 채권은 세제 혜택이 없는 반면, 이전 발행물은 세제 혜택을 그대로 가지고 있게 되므로 중장기적으로 채권을 투자하는 사람들은 향후 채권 가격에 절세 효과로 인한 프리미엄이 있을 가능성도 고려하게 된 것이다.

한편, 재정부는 세제 개정과는 별도로 2012년 6월부터 개인투자자의 물가연동채 입찰 참여를 허용하고 물가연동채 발행예정금액의 20% 이내에서 개인에게 우선 배정하는 등 개인의 물가연동채 투자 활성화 방안을 추진해오고 있다.

부자들을 유혹하는

브라질국채

2011년 하반기 이후 부자들의 관심이 브라질국채로 다시 쏠리기 시작했다. 10%에 달하는 고금리의 채권 이자와 채권에서 발생하는 수익 전체가 비과세라는 메리트가 결합되면서 저금리와 부자증세 시대에 적합한 투자처로 부각이 된 것이다.

브라질국채는 2008년 초에 비과세상품으로 국내에 처음 소개된 바 있다. 당시에도 높은 금리와 비과세 상품으로 큰 인기를 누렸으나 헤알화에 대한 환율리스크 등으로 주춤하다가 2011년 이후 투자가 더욱 활성화되어 현재는 삼성증권, 미래에셋, 동양종금 등 여러 판매사들을 통해 투자가 가능하게 되었다.

이 채권의 장점은 일단 약 10%에 달하는 이표를 지급하는 채권인 데다가 무엇보다도 이자수익에 대해서 세금을 전혀 내지 않아도 된다는 점이다. 즉 세전이 아니라 세후로 10%의 수익을 거둘 수 있다는 말이다. 일반 과세되는 채권에서 최고세율을 적용받는 고소득자들이 10%의 세후수익을 거두려면 약 16% 이상에 달하는 이자수익을 받아야 한다. 따라서 세후로 10%의 소득을 얻을 수 있다는 것은 국내 과세채권과 비교했을 때 월등한 수익률을 기대할 수 있게 한다. 물론, 실제 수익률로 이어지게 하기 위해서는 환율이나 거래세, 금리 변화에 따른 채권 가격 등을 충분히 고려한 뒤 투자할 필요가 있다.

브라질국채, 세금 한 푼 안 내는 이유

브라질국채에 투자하면 세 가지 이익을 얻을 수 있다. 약속된 표면이자에서 발생하는 이자수익과 외화채권의 특성에서 오는 환차익, 그리고 금리변동에 따른 채권 가격에서 오는 자본차익(capital gain)이 그것이다. 물론 환차손이 발생할 수도 있고 자본차손이 발생할 수도 있지만, 투자를 하는 목적은 이익을 얻기 위한 것이므로 일반적인 상황을 이익이 나는 경우로 가정해서 설명해보자.

개인이 채권에 투자해서 얻는 자본차익과 환차익은 브라질채권 외에 다른 채권에 투자해도 마찬가지로 과세되지 않는 이익이다. 개인에게는 소득세법상 열거되지 않은 소득이므로 특별히 브라질국채만의 특징은 아니다. 하지만 고금리 이자는 이 채권이 더 특별할 수 있도록 해준다. 통상 채권에서 발생하는 이자소득은 세금을 내야 하는 소득이다. 그렇다면 브라질국채에서 발생하는 이자수익은 왜 비과세인지 궁금할 수 있다.

브라질국채는 세제적인 측면에서는 매우 운이 좋게 비과세되는 채권이다. 우리나라와 브라질과의 조세협약에 따르면 타국의 비거주자가 국채를 투자하는 경우 상대방의 국가에서는 과세권을 갖지 않도록 되어 있다. 따라서 우리나라 사람이 브라질국채에 투자하는 경우 국내(우리나라)에서는 이자소득세를 부과하지 못하게 된다. 반대로 브라질 거주자가 우리나라 국채에 투자해도 마찬가지가 된다.

그렇다면 브라질 내에서 채권에 대해서 이자소득세를 부과할 수 있지 않느냐는 의문이 들 수 있다. 통상 소득이 발생하는 국가에서도 조세협약상의 이자소득세율만큼은 세금을 부과하는 것이 일반적이기 때문이다. 그런데 브라질은 외국인의 국채 투자를 유치하기 위해서 외국인의 국채 투자에 대해서는 면세하기로 방침을 정하고 있다. 즉, 브라질 내국세법에 따라 브라질에서 과세되지 않고, 우리나라에서는 한국과 브라질의 조세협약에 따라서 양 국가 모두에서 비과세가 된 매우 드문 비과세 상품이다.

법인에도 세제 혜택이 있는 브라질국채

부자들 중에 상당수는 법인을 운영하고 있는 CEO들이다. 이들은 개인 자금뿐 아니라 법인자금의 운용에도 관심이 많을 수밖에 없다. 그런데 브라질국채는 법인이 투자했을 때도 세제상의 혜택이 있는 매우 드문 상품이다.

통상 절세상품이라고 하는 것은 개인 투자 시에 해당하는 말이다. 법인세법의 경우 개인 소득세법과는 달리 포괄주의로 웬만한 소득이 모두 과세된다. 예를 들어, 주식의 매매차익이나 채권의 매매차익, 환차익 등도 다 법인세로 결국 세금을 내게 된다. 그런데 브라질국채에서 발생하는 이자소득은 예외적이다. 법인 역시 '한국·브라질 조세협약' 상의 거주자에 해당되고 법인이 받는 이자소득 역시 우리나라에서는 과세권이 없다. 따라서 법인 투자 시 10~22%에 달하는 법인세를 안 내도 되는 절세상품이 된다.

다만, 한 가지 주의할 점은 이자소득에 대해서 세금을 안 내기 위해서는 법인세 세무조정 시 이에 대한 혜택을 챙겨야 할 필요가 있다. 세무조정 시에 세금을 안 내도록 이자소득에 대한 '익금불산입' 조정을 해야 한다. 약간 이해하기 어려운 용어일 수 있는데, 법인의 경우 통상 회계장부를 기준으로 세무상의 이익을 조정한다. 이때 브라질국채에서 받은 이자수익은 회계상 이익에 해당하므로 장부에 이익으로 계상이 되어 있다. 따라서 이를 세무상의 이익에서는 빼야 세금을 내는 과세소

개인

	브라질 ---→	한국 ---→	두 나라 반영 후
이자수익	과세 제외	과세 제외	과세 제외
환차익	과세 제외	과세 제외	과세 제외
자본차익	과세 제외	과세 제외	과세 제외

법인

	브라질 ---→	한국 ---→	두 나라 반영 후
이자수익	과세 제외	과세 제외	과세 제외
환차익	과세 제외	과세	과세
자본차익	과세 제외	과세	과세

브라질국채의 소득 구분에 따른 세제혜택

득에 포함되지 않는다는 뜻이다. 법인의 재무담당자는 이를 유의해서 법인세 조정 시 반영하는 것이 유리하다.

소득세는 없는데 다른 세금이?

브라질국채에서 얻는 소득에 대해서 개인들이 세금을 안 내도 되는 것은 분명하다. 그런데 현재 브라질국채에 투자할 때 내야 하는 세금이 하나 있기는 하다. 바로 거래세다. '토빈세'라고도 하는 이 세금은 채권 투자를 위해 헤알화로 환전할 때 브라질 정부가 환전금액의 6%를 금융거래세로 징수한다. 즉, 1억 원을 투자하면 600만 원은 일단 거래세로 떼고 나머지 9,400만 원만 원금으로 채권에 투자가 된다는 뜻이다.

이 거래세는 브라질국채가 처음 국내에 소개되어 투자되었을 때는 부과되지 않던 세목이다. 그런데 브라질 정부가 달러화 유입이 과도해 헤알화의 절상이 심각하다고 판단해 2009년부터 주식과 채권 등의 투자 시에 거래세를 부과하기 시작했다. 2009년 10월에는 2%로 부과되었던 거래세가 1년 만인 2010년 10월에 4%에서 불과 2주 만에 6%로 인상되어 현재까지 6%의 세율로 부과되고 있다.

거래세의 6%는 실상 큰 금액이다. 원금을 기준으로 6%는 일단 손실이 나서 투자가 되는 것이기 때문이다. 따라서 거래세를 이자수익이 상쇄할 수 있는 기간을 충분히 생각해서 투자하는 것이 필요하다. 즉 1년이내의 단기 투자보다는 1년 반 이상 정도로 중장기 투자가 바람직하다. 환율이나 금리의 변화가 크게 없다면 2년 치 이자를 받아도 약 20%의 수익을 거둘 수 있기 때문에 6%의 거래세는 감안할 수 있는 투자가 되기 때문이다.

또한 중장기로 투자했을 때 6개월 또는 1년마다 지급되는 이자를 재투자하는 것도 적극 고려해볼 수 있을 것이다. 이자가 재투자되는 것은 헤알화로 다시 환전되는 것이 아니기 때문에 거래세를 전혀 부담하지 않아도 된다. 따라서 단기 자금이 필요한 것이 아니라면 이자를 국내로 지급받는 것이 아니라 그대로 브라질채권에 재투자하는 것이 수익률을 높일 수 있는 방법이 될 수 있다.

세제 혜택에 앞서 리스크도 함께 고려해야

브라질국채는 이처럼 금리와 세금 측면에서 매력적인 상품이지만 수익률이 높은 상품인 만큼 이에 따르는 리스크도 반드시 고려해야 한다. 채권의 안정성을 검토하기 위해서는 브라질국채인 만큼 브라질 국가 자체의 재정건전성 등에 대해서 고려해야 하고 무엇보다 해외채권인 만큼 환율 리스크도 감당할 수 있어야 한다. 환차익을 볼 수도 있지만 환율변동성이 큰 경우 환차손이 발생할 수 있기 때문이다. 따라서 금리 정책과 브라질 통화인 헤알화에 대한 환율의 방향성을 감안하여 매수 타이밍을 잘 잡아야 할 필요가 있다.

브라질은 인구규모 세계 5위 경제규모 세계 7위로 철광석, 커피, 주석 등의 원자재를 세계 1위로 수출하고 있는 경제 대국이다. 또한 세계 5위의 외환보유고와 낮은 재정적자 등으로 국가 신용등급이 지속적으로 상승 중이다. 따라서 전문가들은 브라질국채 투자 시 원금 상환에 대한 불확실성이 비교적 낮은 것으로 예측하고 있다.

브라질국채 투자 시 투자자들이 불안해하는 요인은 원금 상환에 대한 불확실성보다는 환율 리스크다. 환차손이 크게 발생한다면 고금리의 이자를 모두 잃을 수 있고 원금 손실 가능성도 존재하기 때문이다. 헤알화와 원화는 높은 상관관계를 보이고 있으며 원-헤알화의 변동성도 축소되고 있는 추세이기는 하지만, 브라질국채 투자 시 환율에 대한 전문가의 조언을 구하는 것이 현명하다.

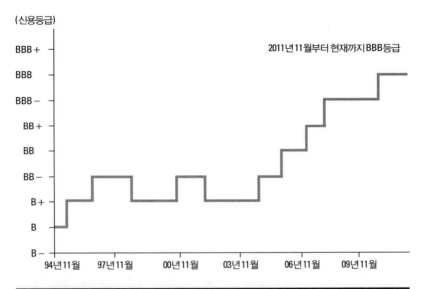

브라질(S&P)신용등급 추이

자료 : 블룸버그

한편, 브라질채권은 월지급식 상품으로 출시되어 중산층 투자자들이 은퇴 이후 월급 대신 받는 상품으로도 인기를 누리고 있다. 이자율이 높고 비과세 채권인 만큼 은퇴자산 중 일정 금액을 포트폴리오에 편입하여 중장기적으로 투자한다면 괜찮은 수익률을 기대할 수 있기 때문이다.

브라질 물가연동국채도 고려할 만…

브라질국채의 인기에 더해 물가상승지수에 따라 원리금이 상승하는 브

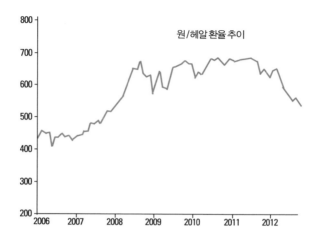

원-헤알화 환율 장기 추이

자료 : 블룸버그

라질 물가연동국채도 부자들에게 절세상품으로 인기를 더하고 있다. 표면 이자 수익률은 브라질국채가 10%인데 비해 브라질 물가연동국채는 6% 대로 더 낮지만 물가연동지수(IPCA지수)에 따라 원금과 이자가 변동될 수 있다. 따라서 앞서 소개한 우리나라 물가연동국채와 같이 물가상승에 따른 추가 수익을 기대할 수 있다.

물가상승으로 얻는 수익과 이자 수익은 브라질국채와 마찬가지로 모두 과세되지 않는다. 또한 헤알화 가치가 하락해서 물가가 상승하는 경우 환차손의 일부를 물가상승분으로 헷지할 수 있다는 것이 장점이 될 수 있다. 다만, 물가와 헤알화가 동반해서 하락한다면 원금 손실의 위험도 커지므로 이에 대한 리스크는 고려할 필요가 있다.

브라질국채의 비과세 혜택 축소, 쉽지 않다

절세상품은 대부분 세제 혜택이 없어질 가능성이 존재한다. 앞서 세법 개정안에서도 향후 장기채권과 물가연동국채 등 절세상품의 세제 혜택이 점점 축소될 것이라는 내용을 살펴본 바 있다.

브라질국채에 대해서도 이러한 우려가 있기는 하다. 한·브라질 조세협약 및 브라질 내국조세의 변경 등으로 인하여 과세채권으로 전환될 수 있다. 그런데 우리나라에서 이자소득에 대해서 과세하려면 한·브 조세협약이 변경되어야 하는데, 이는 우리나라의 세법이 변경되는 것처럼 쉬운 일은 아니다. 통상 조세조약이 변경되려면 양국 국회의 결의를 거쳐야 하는 경우가 많으며 실제로 한국과 브라질뿐만 아니라 타 국가들과도 조세협약의 일부 조항이 개정되는 일은 극히 드문 일이다. 따라서 부자들이 브라질국채에 투자하는 데 이자소득세를 거둘 수 없다고 해도 우리나라 정부가 과세권을 확보하기가 쉽지는 않을 것으로 보인다.

한편, 브라질 정부에서 브라질의 세법을 바꾸어 외국인의 투자에 대해서 소득세를 부과할 가능성이 있을 수 있다. 현재는 외국인의 국채투자에 대해서 전혀 소득세를 부과하고 있지 않지만 외국인 투자가 증가한다면 소득세를 부과할 수도 있을 것이다. 브라질 정부 입장에서 외국인의 투자 자금이 늘어 환율 변동이 심할 경우 환율 안정화를 위해서라도 소득세를 부과할 가능성이 없지는 않다. 다만, 이보다는 앞서 언급한 환전 시 부과하는 거래세를 부과하는 것만으로도 통화를 조절하는 것이 효과적이므로 별도의 소득세가 생길 가능성은 크지는 않다.

또한 소득세를 부과한다고 해도 한국과 브라질의 조세협약 제 11조에 따라 이자소득에 대한 제한세율이 15%로 정해져 있다. 즉 15% 이상으로 세금을 거두지 못한다는 의미이다. 따라서 15%의 세금을 뗀다고 해도 수익률이 일부 떨어질 수는 있겠지만, 우리나라에서 여전히 과세권이 없다면 금융소득종합과세에 합산되지는 않을 것이고, 41.8%를 통상 부담하는 부자들에게는 15%의 세금은 감당할 만한 수준의 세율로 여전히 절세 효과는 뚜렷하다.

강남부자들은 브라질국채로 증여재산을 불린다

강남의 K 여사는 만 20세가 된 아들에게 1억 3,000만 원 증여하고 브라질채권을 매수했다. 그녀는 왜 1억 3,000만 원을 증여했을까? 1억 3,000만 원을 증여하면 이 중에 3,000만 원은 자녀에 대한 증여세 공제가 되어 세금을 내지 않아도 되기 때문이다. 결국 1억 원만 과세 대상이다. 1억 원에 적용되는 세율은 10%이므로 낼 세금은 1,000만 원이 된다. 여기에 증여세를 신고기한(증여한 달의 말일로부터 3개월) 안에 신고하면 10% 신고세액공제를 받을 수 있다. 따라서 10%를 빼면 900만 원만 증여세로 납부하면 된다.

위에서 계산한 것과 같이 증여세 공제를 받은 후 1억 원까지는 10% 세율이 적용된다. 1억 원을 초과해서 5억 원까지는 20%, 5억 원을 초과해서 10억 원까지는 30%, 10억 원에서 30억 원까지는 40%, 30억 원을 초과하면 50%의 세율이 적용된다.(200쪽 표 참조) 따라서 10% 세율을 적용받는 구간까지만 잘라서 증여한 것이다. 물론 증여할 금액은 부모의 재산 상황과 연령 등에 따라 달라져야 한다. 그런데 일반적으로 강남의 중산층이라 하더라도 20% 이상의 세금을 증여세로 내는 것이 다소 부담스러울 수 있고, 10% 정도는 세금을 부담할 만한 수준으로 여기는 경우가 많다. 10% 부담한 세금을 2년 이상만 잘 투자해 운용하면 세금을 낸 금액을 다시 회복할 수 있기 때문이다.

그렇다면 K 여사는 왜 브라질국채를 증여한 재산을 운용할 상품으로 선택한 것일까? 부모가 증여할 때는 통상 증여를 받은 자녀가 증여한 재산을 종자돈으로 해서 크게 키우길 바라는 마음을 가지고 증여한다. 따라서 증여하는 재산의 수익률이 높기를 기대하는 것은 당연하다. 세금까지 내고 준 재산이니 그러지 않는 것이 더 이상한 일이다.

부동산과 더불어 금융재산을 증여하는 일이 많아지고 있는데, 금융재산의 경우 증여 절차가 간편한 것은 물론 적은 재산도 쉽게 증여가 가능하기 때문이다. 특히 자녀가 취득하면서 취득세를 부담할 필요가 없기 때문에 더욱 각광받고 있다. 이런 중장기적인 증여를 생각한다면 수익률이나 세제 절감상의 효과를 한꺼번에 누릴 수 있는 브라질국채는 그야말로 안성맞춤이다. 앞서 설명한 것처럼 처음 투자할 때 딱 한 번의 거래세 부담만으로 이자가 나올 때마다 재투자를 한다면 추가적인 거래세에 대한 부담은 없이 복리효과까지 누릴 수 있는 것이 장기적인 관점과 수익률 측면에서 다른 상품보다 유리한 점이 많다.

부자들은 저축도

비과세로 한다(저축성보험)　　앞서 말한 브라질국채나 물가연동국채보다 금융부자들이 더 큰 자산을 맡기던 대표적인 상품이 저축성보험이다. 정기예금에 가입해서 4%대의 이자를 받는다고 해도 이 중 38.5~41.8%를 세금으로 내야 하므로 사업비를 떼고 수익률이 변동될수 있지만 세금을 전혀 내지 않는 저축성보험에 가입하는 것이 정기예금에 대한 대안이 된다는 판단에서다.

　보험은 크게 보장성 보험과 저축성 보험으로 나누어볼 수 있다. 보장성 보험은 어떤 사건이 일어날 경우를 대비해 가입하는, 말 그대로 보장을 받기 위한 보험이다. 상해보험, 암보험, 건강보험, 의료실비보험 등이 보장성보험에 해당된다. 보장성보험도 일부는 만기에 보험료를 돌려받을 수 있는 상품도 있다. 다만 통상 원금 이상을 돌려받지는 못한다. 반면 저축성보험은 만기에 보험료보다 더 많은 금액을 돌려받기 위해 저축 및 투자를 목적으로 가입하는 보험이다. 변액연금보험, 변액 유니버셜보험, 즉시연금 등이 이에 해당한다.

저축성보험의 최대 장점은 10년 이상 유지 시 보험 차익이 비과세된다는 것이다. 보험 차익이라는 것은 보험계약 만기에 받는 보험금에서 납입료 등을 공제한 차익이다. 그런데 이렇게 원금을 초과해서 수익을 얻더라도 10년 이상 유지한 저축성보험의 차익에 대해서는 세금을 한 푼도 내지 않아도 된다. 소득세법에 따르면 10년 미만의 저축성보험의 보험 차익에 대해서는 과세가 되지만 10년 이상의 보험 차익은 과세 대상에서 제외하고 있기 때문이다.

보험인 만큼 초기에 부담하는 사업비 비용이 크긴 하지만, 수익률이 시장금리를 반영해 장기 투자 시에 정기예금에 뒤지지 않는 수익을 얻는 구조이므로 10년 이상을 보고 투자하는 상품으로는 사업비를 어느 정도 상쇄할 수 있다. 무엇보다 세금을 전혀 내지 않아도 되므로 금융 소득에 대해서 높은 세금을 부담하는 거액자산가들에게는 절세 효과가 클 수밖에 없다. 또한 인당 가입할 수 있는 한도에 제한이 없기 때문에 일부 금융부자들은 정기예금의 대안 상품으로 100억원 이상의 자금을 일시에 가입하기도 한다.

더구나 10년 이상 투자해야 하는 장기상품이기는 하지만 원금의 일정 범위까지는 중도에 인출이 자유롭게 가능하므로 장기 투자에 대한

급증하는 1인당 즉시연금 가입 금액

출처 : 7대 상위 보험사 자료 취합

부담도 거의 없다. 상품에 따라 다르기는 하지만 통상 원금의 10~20%의 최소 예치금액을 유지한다면 중도 인출이 자유로운 편이다. 또한 원금의 1~2배 정도 추가 납입이 가능하기도 해서 유동성을 확보하는 데도 용이하다.

예를 들어, 저축성보험에 10억 원을 가입하고 돈이 필요할 경우 최소 예치금액인 1~2억 원가량을 남겨두고 8억 원가량을 인출해서 썼다가 여유가 생기면 다시 넣어두고 많게는 20~30억 원까지 추가 불입도 가능하다. 이러한 특징을 살리면 특정 금액을 유지하면서 평생 본인의 비과세 통장으로 활용할 수 있으며 증여나 상속을 통해 자녀들에게까지 물려줘 자녀 역시 평생 비과세 통장을 가질 수 있게 되는 셈이다.

2013년 즉시연금 사라진다(막차타기)

저축성보험은 그야말로 부자들을 위한 상품이라고 해도 과언이 아니다. 보장성보험은 일반인들도 만일의 사고를 대비해 가입하는 경우가 많지만, 저축성보험은 주로 부자들이 세제 혜택을 받기 위해 거액을 투자하는 경우가 많다. 따라서 저축성보험 차익에 비과세 혜택을 주는 것이 맞는지에 대한 논란은 계속되어왔다.

사실 미국 등 많은 국가들이 장기 저축성보험의 차익에 대해서도 과세를 하고 있다. 원금 이상의 수익을 거두면 과세소득으로 인정하는 것이 추세다. 우리나라 역시 비과세되는 저축성보험에 대한 세제 혜택을 받기 위한 요건을 강화해왔다. 세제 혜택을 받기 위한 유지 요건을 5년에서 7년으로 10년으로 계속 연장하고 있는 것도 바로 그 추세를 반영한 것이라 할 수 있다. 그런데 결정적인 사항이 2012년 세법 개정안에 반영되었다. 중도 인출을 할 경우는 비과세 혜택을 받지 못하도록 법을 개정하여 즉시연금과 같은 상품에 실질적인 세제혜택을 없앨 예정이다.

개정안에 따르면 기본적으로는 10년 이상 유지하는 저축성보험에 대한 비과세 혜택은 그대로 유지되고, 개인별로 금액상 한도를 정하지는 않았다. 그렇지만 중요한 몇 가지 사항을 개정했는데, 저축성보험을 10년 경과 전에 중도 인출하는 경우 비과세를 배제하기로 한 것이다. 계약 기간이 10년 이상이더라도 10년이 경과하기 전에 인출하는 납입보험료 또는 수익 모두에 대해 비과세 혜택을 받을 수 없도록 한 것이다.

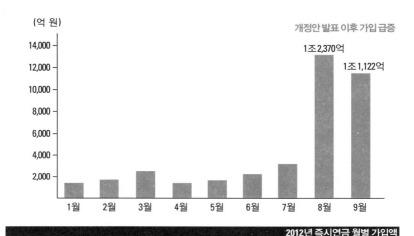

2012년 즉시연금 월별 가입액

출처: 생보사 상위 3사(삼성, 한화, 교보) 취합

기존에는 확정 지급형보험에 대해서만 중도 인출의 경우 비과세를 배제하였던 것을, 모든 유형의 저축성보험을 대상으로 확대하기로 한 것이다. 결국 10년 이전에 중도 인출을 하도록 설계된 즉시연금 등도 개정 이후에는 세제 혜택을 받을 수 없게 될 예정이다. 즉시연금이라는 상품의 이름은 법이 바뀐 이후에는 거의 무의미해질 것으로 생각된다. 실질적으로 확정 지급형에 가입하는 사람은 소수였고 대부분은 중도 인출이 가능한 즉시연금이나 저축성보험으로 활용해왔기 때문에 실질적인 비과세 효과가 크게 제한되는 것이다.

또한 한 가지 관련 조항이 더 추가될 예정인데 저축성보험에 대한 계약자의 명의를 변경 시에 각 계약자 별로 계약기간을 새로이 계산하도록 하는 것이다. 앞서 설명했듯이 저축성보험은 부모가 가입하고 자녀에게 증여 또는 상속해서 비과세 통장으로 많이 활용을 해왔다. 그런데 개정이 되면 이렇게 활용하는데도 더 오랜 시간을 투자해야 한다. 부모가 자녀에게 증여를 해서 명의가 변경되는 경우, 자녀는 부모가 보험에 계약한 시점부터가 아니라 본인이 명의를 이전 받은 시점부터 10년 이상을 중도 인출 없이 유지해야 비과세 혜택을 받을 수 있게 된다.

결국 중도인출 제한과 명의이전에 대한 요건을 추가하면서 부자들이 활용하던 실질적인 절세방안이 크게 축소될 것으로 예상된다. 시행일은 개정안에 명확하게 표시되지 않았으나 2013년 1월 1일 이후일 것으로 추정되며, 시행령이 시행되는 이후 가입분부터 적용될 예정이다.

개정안이 발표된 후 2012년 하반기에 즉시연금 등 저축성보험에 가입하는 투자자들은 더욱 크게 늘어났다. 상품의 가입 기준으로 법이 다르게 적용되므로 법이 개정되어 세제 혜택이 제한되기 이전에 미리 발을 담그려 하는 이유 때문이다. 또한 실제 공급보다 수요가 초과되어 일부 보험사들은 판매를 스스로 중단하기도 했고, 일부는 인당 가입한도를 정해서 제한적으로만 가입을 받고 있다. 금리가 하락하면서 보험사들이 운용에 어려움을 느끼고 있는 상황에서 수요가 너무 많이 몰리게 된 탓이다.

특이한 이름의 절세 대안 상품을

주목하라(절세형 펀드 삼총사) 　부자들이 자산의 일부를 분산해 투자하면서 절세가 가능한 펀드들이 있다. 바로 인프라펀드와 유전펀드, 선박펀드가 이러한 펀드들이다. 이름도 생소한 이런 펀드들은 틈새 시장에 자리잡고 있는데 무엇보다 세제 혜택이 있어 부자들에게 절세형 대안상품으로 인기가 높다.

이 세 가지 펀드들은 모두 발생한 배당소득이 금융소득종합과세에 포함되지 않는다는 큰 장점이 있다. 배당소득을 얻어도 금융소득종합과세에 해당되어 40% 가까이 세금으로 내는 금융부자들에게 이 펀드는 아무리 많은 소득을 얻더라도 최대 15.4%만 세금을 내고 종합소득에 합산되지 않기 때문에 큰 혜택으로 다가올 수 있다.

다만, 이러한 펀드들은 일정 기간 동안만 거주자들에게 세제 혜택을 주는 경우가 많다. 조세특례제한법상 세제 혜택을 정해놓고 1~3년 정도 혜택 기간을 정해놓는다. 물론 기간이 다하면 일몰이 연장되는 경우도 많다. 인프라펀드의 경우 현행 세법상에 2012년 말까지 받는 배당소득에 대해서만 분리과세 혜택이 가능하다. 개정안에서는 당초 세제 혜택을 2년 더 연장하기로 하였으나 결국 법으로 확정되지 못하여 2012년 말로 세제 혜택이 종료될 것으로 예상된다.

통상 이러한 펀드는 리스크가 큰 편이기 때문에 부자들도 재산에 많은 비중을 편입하기보다는 일정 부분을 포트폴리오에 포함하는 편이다.

구분	인프라펀드	유전펀드	선박펀드
세제혜택	2012년 말까지 받는 배당소득 분리과세	2014년 말까지 받는 배당소득 분리과세	2013년 말까지 받는 배당소득 분리과세
세율	액면가 기준 : 1억 이하 5.5% 1억 초과 15.4%	액면가 기준 : 3억 이하 5.5% 3억 초과 15.4%	액면가 기준 : 1억 이하 5.5% 1억 초과 15.4%
상품	맥쿼리인프라 등	ANKOR 유전 해외 자원개발	아시아1호 등

절세형 펀드 3총사

선박펀드 등의 경우에는 항상 상품을 파는 것이 아니라 일정 기간만 투자자를 모집해 사모 형식으로 펀드를 판매하는 경우도 있으므로 관심이 있는 투자자의 경우 미리 거래하는 증권사나 은행의 담당 PB 등을 통해 정보를 얻을 수 있도록 하는 것이 필요하다.

슈퍼리치들의
골드러시(Gold Rush)

금은 부자들이 좋아하는 대표적인 상품이다. 금덩이나 금괴를 몰래 사서 비자금으로 사용하거나 아니면 자식에게 몰래 주는 편법적인 이야기는 드라마나 영화 등을 통해 흔히 보는 광경이다. 그런데 그런 이유 이외에도 금은 안전자산에 대한 선호 현상과 세제상의 이점이 있기 때문에 새로운 투자처로 부자들의 관심을 끌고 있다. 아직까지는 금으로 돈을 벌면 양도세를 내지 않아도 되기 때문이다. 또한 부자들만이 아니라 일반인들 역시 일부 자산을 실물 자산에 투자하고 싶어 하는 경향이 있는데, 금은 금융기관을 통해서도 소액으로 투자가 가능하기 때문이다.

금에 투자하는 방법은 다양한데, 많은 부자들은 금을 거래하는 데 정말 세금을 내지 않아도 되는지 궁금해한다. 그렇다면 금은 어떻게 투자를 하고 투자 방식에 따라 세금은 얼마나 내야 하는지 조금 더 자세히 살펴보기로 하자.

A씨는 평소 금이나 원유 등 상품 투자에 관심이 많다. 증시가 불안하고 마땅한 투자처를 찾기 쉽지 않은 요즘, 일부는 이러한 상품에 투자하는 것도 대안이 될 수 있다고 생각한다. 물론 금도 가격이 많이 올랐다가 조정을 받고 있어 부담스러운 면도 있지만, 그림이나 금과 같은 실물로 수익을 얻으면 세금이 없다고 들었다. 그리고 실물을 거래하는 것보다 좀 더 손쉽게 금융기관을 통해 금 관련 상품에 투자할 수 있다는데, 이때는 세금을 얼마나 내야 하는지 알고 싶다.

금에 투자하는 방법은 금 실물에 직접 투자하는 것과 금펀드나 금계좌(골드뱅킹), 금 ETF 등의 금 관련 상품에 투자하는 방법이 있다. 금 실물은 금은방 등의 귀금속 판매소를 통해 직접 구입하거나 금융기관에서 '골드 바' 등을 구입해서 보관을 맡길 수도 있다. 이렇게 금 실물

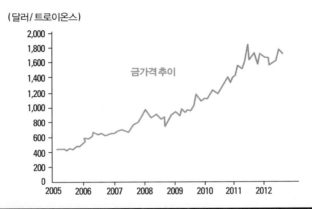

(달러 / 트로이온스)

금가격 추이

최근 금값 변동 그래프

자료 : 블룸버그

을 직접 사는 경우에는 금 가격이 많이 상승해도 매매해서 얻는 차익에 대해서 세금을 전혀 내지 않아도 되므로 유리할 수 있다. 단, 양도세에 대한 부담은 없지만 금을 살 때 구입한 가격의 10%에 해당하는 부가 가치세를 부담해야 한다는 점을 투자 시 고려해야 한다.

금 가격과 연동해서 수익을 낼 수 있는 금 관련 상품들도 다양하게 투자가 가능하다. 대표적인 방법은 '골드뱅킹'이라는 금 계좌를 통해 거래하는 것인데 비교적 소액으로도 투자가 가능하고 대부분 실물로 인출도 가능하다. 그렇지만 골드뱅킹에 투자해서 이익을 얻는 경우는 실물과는 다르게 배당소득세를 15.4% 내야 한다. 세무당국에서는 골 드뱅킹을 금 실물을 직접 거래하는 것이 아니라 '기초자산인 금 가격 변동에 연계해 이익을 얻는 증권 또는 증서'라고 판단해 여기에서 얻는

투자방법	과세	비고
금 실물	매입 시 부가세(10%) 부담, 자본차익에 대해서는 과세 제외	국제 인증기관을 통해 공인된 금 실물(골드바 또는 코인)을 구입 가능. 주로 장기보유나 상속·증여 목적으로 많이 투자
금 계좌 (골드뱅킹)	자본차익에 대해 배당소득세(15.4%), 실물 인출 시 부가세(10%) 부담	은행 계좌 또는 신탁에 금을 적립하는 형태로 투자. 1만 원 단위의 소액 거래나 수시입출식 투자도 가능. 주로 적립식 투자나 시세차익 목적으로 투자
금 펀드	자본차익에 대해 배당소득세 부과(15.4%)	주로 전세계 금 관련 주식에 투자하는 주식형펀드로 개별기업 리스크 및 증시와의 연동으로 금값과 차이를 보일 수 있음
금연계 DLS		금 시세를 기초자산으로 하는 파생결합증권으로 다양한 조건의 상품을 발행
금 ETF	국내상장 ETF는 배당소득세(15.4%), 해외상장 ETF는 양도세(22%) 부과	금 시세에 연동된 인덱스펀드로 증권거래소에 상장. 1주 단위로 매매가 가능하며 트레이딩 목적의 투자가 활발함

다양한 방식의 금투자와 과세 체계

수익을 배당소득으로 보고 세금을 부과한다.

사실 골드뱅킹은 과거 수년간 금에 직접 투자하는 것으로 판단해 비과세 상품으로 인기를 얻기도 했다. 그런데 2010년 세무당국이 세금 부과를 결정하면서 판매사들과 수년간 다툼이 있어 왔다. 2012년 7월 초 조세심판원은 세무당국의 손을 들어줘 배당소득으로 보는 것이 타당하다고 판결한 바 있다. 금융기관이 이 결과에 승복하지 못해 다시 대법원 판결을 기다려야 할 여지가 남아 있기는 하지만, 현재 판매사들은 과세 상품으로 분류해 세금을 원천징수하고 있다. 한편, 골드뱅킹에서 금 실물을 인출하는 경우에는 실물 투자와 동일하게 10%의 부가가치세를 부담해야 한다.

금 관련 ETF(상장지수펀드, 국내 상장된 경우)와 금 펀드, 금 연계 DLS에 투자해도 이익을 얻으면 골드뱅킹과 동일하게 배당소득세(15.4%)를 내야 한다. 배당소득은 금융소득에 해당하므로 연간 4,000만 원 이상 금융소득이 있어 금융소득종합과세에 해당하는 사람들은 세금 부담이 더 늘어날 수 있다. 한편, 해외 상장된 금 ETF를 매매해서 수익을 얻으면 배당소득으로 과세되는 것이 아니라 해외주식과 동일하게 22% 세율로 양도소득세를 부담하게 된다.

- 금융부자들이 관심을 갖는 대표적인 투자용 절세 상품은 장기채권, 물가연동국채, 브라질국채, 저축성보험(즉시연금), 절세형펀드 등이 있다.

- 장기채권: 만기가 10년 이상인 장기채권은 33%로 분리과세가 가능하여, 높은 세율을 적용받는 투자자들의 세금 부담을 줄여줄 수 있다. 다만, 절세 효과를 확실하게 누리기 위해서는 분리과세를 신청할 때도 33% 이하로 낮은 세율을 적용받는 이자 부분은 구분해서, 분리과세 신청 시 제외할 필요가 있다.

- 물가연동국채: 물가가 상승하면 수익을 더 많이 얻을 수 있는 물가연동국채는 물가 상승으로 인한 수익에 대해서 세금을 전혀 내지 않고, 또한 장기채권에 해당되어 33% 분리과세가 가능하다. 다만, 2015년 이후 발행되는 채권부터는 비과세 혜택이 사라질 예정이다.

- 브라질국채: 브라질국채는 약 10%에 달하는 이자수익과 환차익, 자본차익. 얻을 수 있는 모든 수익에 대해서 세금을 내지 않아도 되는 가장 확실한 절세상품이라고 할 수 있다. 다만, 최초 투자 시 6%의 토빈세를 부담해야 하고, 환율 변동에 대한 리스크 등을 충분히 감안한 투자가 필요하다.

- 저축성보험(즉시연금 포함): 저축성보험은 10년 이상 유지 시 투자해서 얻는 보험차익에 대해서 세금을 전혀 내지 않아도 되는 대표적인 절세상품이다. 세제 혜택이 크게 축소될 것이라는 개정안의 발표에 따라 2012년 하반기 금융부자들의 관심이 저축성보험에 크게 쏠리게 되었다.

- 절세형 펀드 삼총사: 인프라펀드와 유전펀드, 선박펀드는 투자자가 얻는 배당소득에 대해서 낮은 세율로 세금을 내고 종합과세에 합산되지 않는다는(분리과세) 세제 상의 장점이 있다. 단, 세제 혜택이 한시적일 수 있고, 공급에 따라 항상 펀드 투자가 가능하지는 않을 수 있으므로 투자 시 이러한 점들을 충분히 고려할 필요가 있다.

- 금 투자: 금은 부자들이 관심을 갖는 대표적인 상품 중 하나이다. 최근 몇 년간 금값이 지속적으로 상승하고 있는데 금을 투자하는 방식에 따라 세금을 내는 방식도 다를 수 있다. 골드바, 골드뱅킹, 금펀드, 금 ETF 등 금융기관을 통한 다양한 투자도 가능하다.

확실한 노후, 안전한 부의 이전, 보험에서 답을 찾다

금융부자들 중에는 일시에 수십억 원의 보험을 가입하거나 매월 수천만 원을 보험료로 납입하는 경우도 심심치 않게 볼 수 있다. '보험' 하면 사업비를 많이 떼어 좋지 않다는 여러 가지 편견들이 있기도 하지만 투자와 증여 및 상속 측면에서 세제상의 장점이 있어 잘만 활용하면 다른 금융상품보다 뛰어난 절세 효과를 거둘 수도 있다.

재테크에 누구보다 밝은 부자들이 최근 들어 많은 자산을 보험에 투자하는 데는 이유가 있다. 앞서 살펴본 저축성보험처럼 비과세 효과를 누리기 위한 투자용도 있을 수 있고, 상속에 대비하기 위해 목돈을 상속형으로 설계하기도 한다. 금융부자들의 보험 활용 노하우를 살펴보도록 하자.

종신보험으로

상속세 재원을 마련한다　　우리나라 사람들의 자산 포트폴리오를 보면 대부분의 자산이 부동산에 편중되어 있는 경우가 많다. 부자나 그렇지 않은 사람이나 예외가 거의 없다. 2012년 7월 KB금융지주 경영연구소는 「2012 한국 부자 보고서」를 발표했다. 이에 따르면 한국 부자는 평균 144억 원의 총자산을 보유하고 있는 것으로 나타났는데, 총자산 구성에서 평균적으로 부동산 자산이 58%를 차지하고 있는 것으로 나타났다.

특히, 부동산 부자들의 경우 자산 비중에서 부동산의 쏠림 현상이 커서 상속세를 대비하기 위한 유동성 자산의 확보가 필수적이다. 그리고 이때 주로 가입하는 것이 종신보험이다. 종신보험은 사망 시에 사망보험금을 보장받을 수 있도록 설계해서 상속세의 재원 마련으로 확실하게 대비할 수 있다.

최근 들어 부동산 경기가 상황이 좋지 않지만, 여전히 부자들의 관심 1순위는 부동산 투자다. 그런데 이러한 관심이 상속 시에 안타까운 결과를 낳는 경우도 많다. 다음 사례를 통해 살펴보자.

자수성가한 부자 A씨는 안락한 노후를 보내기 위해 자산 200억 원을 들여 임대수익이 많이 발생하는 빌딩 한 채를 구입했다. 자산의 대부분을 빌딩에 투자한 것이다. 수천만 원의 임대료로 편안한 노후를 보내다가 빌딩을 자식들에게 상속시키기 위해서다. 그런데 나이가 많았던 A씨는 3년 뒤에 지병으로 사망하게 되었다.

사망일로 상속이 개시되었는데 A씨의 아들, 딸들은 상속세를 신고하면서 큰 문제에 부딪히게 되었다. 아버지 재산이 부동산 한 채만 있다는 것이 문제였다. 물론 상속받을 재산이 많다는 것은 좋지만 약 90억 원에 달하는 상속세가 문제였다. 당장 부동산을 팔자니 부동산 경기가 좋지 않아 덩치 큰 빌딩이 쉽게 팔리지도 않을 것이고, 부동산 중 일부를 물납하려고 해보았지만, 시세보다 낮게 평가되어 이만저만 손해가 아니었다. 결국 상속인인 아들과 딸은 본인들의 재산을 있는 대로 모아 상속세 중 일부를 충당하고 나머지는 부동산을 담보로 대출을 받기로 했다. 경기가 좋지 않으니 이자 비용에 대한 부담도 상당했다. 남들은 겉보기에 부자 아버지 두어서 많은 재산을 상속받아 좋겠다고 했지만, 실상은 상속세를 납부하고 자녀 5명이 부동산 하나를 구분해서 등기해 취득세도 부담해야 하고, 이자 비용도 각자 나누어 내야 하니 복잡하고 실속이 없게 되었다.

이와 같은 사례들은 생각보다 많이 발생한다. 또한 비상장법인을 운영하는 기업의 CEO들 역시 유사한 상황에 많이 부딪히는데 자수성가한 CEO들의 경우 법인에 출자한 자산 외에 개인자산이 많지 않은 경우도 많다. 이런 경우 상속이 개시된다면 상속세에 대한 부담으로 기업이 매각되거나 회사가 결국 문을 닫게 되는 최악의 경우도 발생할 수 있다. 그래서 CEO들의 경우는 상속을 대비해서 CEO 플랜을 통한 상속세 재원 마련에 대비하는 경우가 많다.

이렇게 종신보험을 통해 상속을 준비하면 상속세 재원 마련 이외에도 다른 장점이 있다. 일단 보험의 경우 본인이 사망하는 경우 피보험자와 수익자의 변경을 통해 자녀에게 자연스럽게 이전하는 효과를 누릴 수 있다. 따라서 상속재산 분할에 있어서 불필요한 분쟁을 최소화할 수 있고 상속세 절감효과도 일부 누릴 수 있다. 상속이 발생해 보험금이 지급되면 이 보험금은 상속재산에 포함된다. 그리고 보험금 역시 금융재산이므로 금융재산 상속공제를 받을 수 있다. 금융재산 상속공제란 상속재산에 포함된 순금융재산의 20%(2억 원 한도)를 공제할 수 있고 이를 상속재산에서 차감해 세금을 줄이는 효과를 가져온다.

금융재산 상속공제
- 순금융재산의 가액이 **2,000만 원 이하인 경우** : 당해 순금융재산의 가액
- 순금융재산의 가액이 **2,000만 원을 초과하는 경우** : 당해 순금융재산의 가액×20%, 단, 최소 2,000만 원~최대 2억 원

종신보험 가입 시
증여 문제도 체크하라　　부모가 보험료를 불입하고 자식이 보험을 수령하는 경우에 과세관청에서 이를 포착하기가 쉽지 않다고

생각하는 사람들이 의외로 많다. 통상 보험은 가입과 실제 수령하는 시기가 10년 이상의 장기인 경우가 대부분이기 때문에 수령할 무렵에는 문제가 없을 것으로 생각하는 경향이 있다. 그런데 원칙적으로 어떤 사람이 대가 없이 다른 사람으로부터 경제적 이익을 얻는 경우 증여 또는 상속으로 간주되는 만큼 보험에 가입할 때는 여러 상황 등을 꼼꼼히 따져보는 것이 좋다. 최초 보험을 계약할 당시 보험금을 누가 수령할 것인지를 미리 따져보고, 불입자와 수익자를 지정하는 것이 필요하다.

부모가 자식 명의로 보험에 가입하는 경우도 흔하다. 이 경우에도 계약자와 피보험자, 수익자가 모두 다를 경우 실제 보험료를 낸 사람이 보험금을 받는 사람에게 증여한 것으로 간주될 수 있다. A라는 사람이 아버지에게서 받은 돈으로 증여세 신고를 하지 않고 보험료를 냈다고 해보자. 불입을 계속하다가 보험 기간이 만료돼 만기환급금을 받으면 보험의 증여 시기를 만기로 해 환급금 전액에 대해 증여세를 내야 한다는 판례가 있다. 특히 자금 출처를 입증할 소득이 없는 미성년자들의 경우 특히 주의할 필요가 있다.

만약 중간에 보험 계약자를 바꿔 불입한다면 어떻게 될까? 아버지가 5년 동안 보험료를 내고 아들이 5년을 불입한 뒤 아들이 보험금 전액을 받았다고 해보자. 이때도 실제 받은 보험금 중에서 아버지가 낸 금액에 해당하는 비율은 증여재산으로 간주될 수 있다. 보험을 통해 절세를 하고 싶다면 사전 증여를 하고 그 자금으로 자녀가 보험료를 내도록 하는 것이 현명하다.

여기서 한 가지 주의할 점은 사전 증여를 한 돈으로 자녀가 불입하였다고 하더라도 사고가 발생하여 보험금을 수령하여 재산가치가 증가하는 경우에는 추가적인 증여로 간주될 수 있다. 실제 불입한 금액보다 더 큰 금액을 보험금으로 수령하면 보험 차익 상당액을 증여한 것으로 보고 과세할 수 있는 것이다. 이 점은 사실, 펀드나 주식 등 다른 금융 자산과는 다른 관점에서 보고 있으므로 실무적으로 쉽게 납득이 가지 않는 부분이기도 하다. 만일 증여받은 재산으로 주식에 투자해서 몇 배의 수익을 얻는다면 이 투자수익을 증여로 보아 별도로 증여세를 추징하지 않는다. 그렇지만 보험의 경우 부모로부터 정당하게 증여받은 재산으로 보험료를 불입해도 부모의 기여로 인해 보험 차익이 발생했다고 보아 별도의 증여세를 추가 징수할 수 있다는 것이 현재 세무당국의 견해이다. 따라서 보험은 다른 금융자산과는 또 다르게 증여세 문제에 별도로 조심해야 할 필요가 있으며 보험 만기를 가능한 한 여유 있게 설정하고 증여 시기도 미리 염두에둘 필요가 있다.

이미 보험료를 대신해서 납부하고 있는 부모들이 종종 증여의 시기와 세무당국에서 증여세를 추징할 수 있는 제척기간에 대해서 문의하는 경우가 있다. 통상 보험의 경우 증여의 시기는 보험의 만기 또는 보험 사고가 발생한 날을 기준으로 한다. 따라서 불입 당시에 문제가 발생하지 않는다고 안심해서는 안 된다. 제척기간은 최초 불입일을 기준으로 판단하는 것이 아니라 보험금의 지급일로부터 통상 15년이 지나야 만료되기 때문이다. 정확하게 하자면 증여세 신고 납부 기간인 약 3개월을 고려해서 15년 3개월 정도가 지나야 하는 것이다. 최초 불입 시점부터 생각한다면 상당히 긴 시간 동안 마음을 졸여야 할 수도 있는 난감한 상황이 될 수 있다.

종신보험을 가입할 때

유의해야 할 것들   B씨는 집안의 가장으로 불의의 사고에 대비해 가족들을 위해 종신보험에 가입했다. 자신을 계약자이자 피보험자로 설정하고 수익자로 아내와 자녀들을 지정했다. 그런데 이러한 경우 본인이 사망해 가족들이 상속인으로 보험금을 받게 된다면 이는 상속재산에 포함돼 상속세 대상이 된다. 결국 보험금의 일부는 보험금에 대한 상속세로 지급되어야 하는 것이다.

그런데 똑같은 상황에서 애초에 보험을 다른 방식으로 설계했더라면 보험금이 상속재산에 포함되지 않을 수도 있었다. 아내가 맞벌이를 하거나 소득이 있어 보험금을 낼 능력이 있다면 남편을 피보험자로 해 종신보험에 가입할 수 있을 것이다. 계약자와 실제 불입자가 아내가 되는 것이다. 이 경우에는 남편이 사망해 아내가 보험금을 받더라도 상속재산으로 보지 않고 보험료 불입도 아내가 했기 때문에 증여로 간주되지 않는다.

　반대로 남편도 같은 방법으로 아내를 피보험자로 해 보험에 가입할 수 있다. 남편과 아내 모두 보험료를 낼 능력이 있다면 종신보험은 자신을 피보험자로 하는 것이 아니라 상대를 피보험자로 해 계약하는 것이 세금 측면에서 유리할 수 있다. 미성년자나 소득이 없는 자녀의 경우 보험을 불입할 능력이 없어 추가적인 증여 문제가 발생할 수 있지만, 소득이 있는 배우자의 경우 상대방에 대한 보험 설계가 가능하므로 이를 적극 활용할 필요가 있다. 현실에서는 가장인 남편이 통상 아내나 자녀들을 수익자로 해서 가입하고 불입하는 경우가 많다. 그렇지만, 요즘은 맞벌이 부부가 각자 불입 능력이 있는 경우가 많으므로 가능하면 불입자와 수익자를 일치하게 보험에 가입하는 것이 유리하다.

　다시 말하면, 보험금은 일반적으로 계약자와 피보험자가 같은지 여부를 따져 상속 재산으로 포함시킬 수 있으며, 불입자와 실제 보험금을 수취하는 수익자가 다르다면 증여 또는 상속으로 볼 수 있으므로 이 점을 미리 신경 써서 설계하고 가입해야 유리하다.

종신보험금 수령 시 과세 여부

보험,
국세청에서 얼마나 알고 있을까?

보험을 자녀 앞으로 가입해서 증여나 상속의 탈세 목적으로 활용하는 경우가 종종 있다. '10년 정도 있다가 나중에 자녀가 받으면 세무당국에서는 모르겠지?'라는 생각으로 가입하는 것이다. 사실 과거에는 이러한 점을 일부 보험 영업자들이 마케팅으로 활용하기도 했다.

그런데 정말 보험금을 장기간 묵혀두었다가 나중에 받으면 세무당국에서는 알수 없을까? 더 이상 그렇지 않다. 보험금을 지급하는 기관에서 보험을 해약하거나 중도 인출하는 경우 등에 지급명세서를 제출하도록 되어 있으므로 언제 보험금을 지급받더라도 세무당국에서는 알 수 있다.

2007년 말 세법 개정으로 보험금 지급명세서 작성 대상은 확대되었다. 보험의 해약 환급금 및 중도 인출금에 대한 자료도 지급명세서에 포함되었고, 보험금 (해약 환급금 및 중도 인출금 포함) 지급액이 1,000만 원 이상인 경우에만 지급명세서를 제출하던 것을 보험금 누계액이 1,000만 원 이상으로 확대해 제출하도록 한 것이다.

이로 인해 보험계약을 중도 인출하거나 해약해서 중도 인출금과 해약 환급금을 증여하거나 보험금 지급액을 1,000만 원 미만으로 축소시키기 위해 연금 또는 정기금 등으로 분산하여 지급하는 편법이 원천적으로 어렵게 됐다. 앞서 언급한 것과 같이 보험의 증여 시기는 통상 보험금 지급일로 보기 때문에 세무당국은 지급 내역을 토대로 탈세 혐의를 파악할 수 있을 것이다. 다음 양식에서 보듯이 지급명세서를 통해 보험금 계약일, 계약자(불입자) 및 수취인 등을 상세 내역을 알 수 있다.

한편, 비과세로 세금을 내지 않는 저축성보험의 차익 역시 지급 내역이 세무당국에 보고된다. 2008년 2월부터는 소득세가 비과세되거나 분리 과세되는 경우에도 지급조서를 제출하도록 하고 있기 때문이다. 따라서 부자들이 많이 투자하는 저축성보험과 비과세채권의 이자소득 역시 세금을 내지 않는다고 세무당국에서 발생한 소득 내역을 모르는 것은 아니라는 점을 기억해두자.

[참고 7] 보험금지급명세서

보험금 지급명세서

평생 비과세 통장으로

상속하라   저축성보험은 부자들이 선호하는 대
표적인 투자용 비과세 상품으로 앞서 소개한 바 있다. 보험 하면 주로
불의의 사고나 상속 등을 대비하기 위한 경우가 많지만, 저축성보험은
10년 이상 유지하면 비과세 요건을 갖추는 절세 효과까지 염두에 두
고 투자하는 것이다. 그런데 이러한 저축성보험은 상속 목적으로 투자
하는 경우도 종종 있다. 본인들이 누리던 비과세 효과를 자식들에게도
물려주기 위해 활용하는 것이다.

저축성보험은 10년 이상 투자해야 하는 장기상품이기는 하지만, 원
금의 일정 범위까지는 중도에 인출할 수도 있으며 원금의 1~2배 정도
추가로 납입할 수 있어 유동성을 확보하기도 쉬운 편이다. 이런 특징을
살리면 특정 금액을 유지하면서 평생 비과세 효과를 누릴 수 있다. 그
리고 상속으로 이러한 혜택을 자녀에게까지 물려줄 수도 있다.

앞서도 이야기 했듯이 저축성보험에 대해 세금을 부과하지 않는 현
행 세법은 2013년부터는 중도 인출 시 비과세 혜택이 축소될 예정이
다. 그리고 법 개정 이후에는 명의자 변경 시에 명의을 이전받은 사람
역시 10년을 보유하고 인출해야 세제 혜택을 받을 수 있도록 요건이 강
화될 예정이다. 따라서 세제 혜택이 그대로 유지되는 2012년 하반기를
활용해서 본인이 가입해두었다가 향후 계약자 및 수익자 변경을 통해
보험을 이전하는 것도 좋은 방법이다.

만일 사전에 증여를 하지 않더라도 상속으로 자연스럽게 보험을 물려받을 수도 있다. 이를 상속받은 상속인이 통장을 해지하지 않고 유지한다면 상속인 역시 이를 투자용 비과세 통장으로 활용할 수 있는 것이다. 다만, 가끔 오해하는 경우가 있는데 여기서 비과세는 소득세에 대한 비과세이다. 자녀가 증여나 상속을 받을 때 보험 평가액에 대해서 증여세 또는 상속세는 당연히 부담해야 한다.

연금보험 정기금 평가로

상속 재산 줄인다　　　　　　현금성 자산이 많고 특히 나이가 많은 부자는 상속세에 대한 고민이 많다. 금융재산 내역이 다 공개되어 있는데 향후 상속재산을 줄일 만한 방법이 딱히 없기 때문이다. 이런 경우에 많이 활용하는 것이 연금보험에 가입해 정기금 평가 방법으로 상속재산을 줄이는 것이다.

예를 들어, 종신형 연금보험을 피보험자를 자녀로 해서 가입하는 것이다. 계약자와 수익자는 부모가 되어 실제 연금 불입은 부모가 한다. 일부 연금을 부모가 수령하다가 유고했을 때 상속인이 연금을 받을 권리를 상속받게 된다. 이러한 경우 상속형이라면 일반적으로 상속 시에 일시금으로 보험금을 지급받기 때문에 일시금 자체가 상속재산가액이 된다.

그런데 일시금이 아니라 연금으로 향후 일정 기간 동안 지급받는 권리를 상속받게 될 경우 평가하기가 어려울 수 있다. 따라서 세법에서는 방법을 정해두고 있다. 상속세라는 것이 상속 개시 시점을 기준으로 납부하는 것인데, 연금은 향후 중장기 동안 여러 번에 나누어 지급받게 되므로 먼 미래에 받는 지급액을 그대로 합산하게 되면 합리적이지 못하다. 그렇게 때문에 상속 개시 이후 받게 될 연금을 현재가치로 할인해서 이를 합산하여 평가하도록 한 것이다.

예를 들어, 부자 아버지가 딸을 피보험자로 해서 매년 5억 원씩 연금을 수령하는 종신형연금보험을 가입했다고 가정하자. 아버지가 계약자이자 수익자가 되어 일부 연금을 수령하다 사망했고 상속이 발생했다. 당시 딸의 나이는 60세로 기대 여명을 80세로 가정했을 때 딸은 향후 20년 동안 매년 5억 원씩 연금을 지급받을 수 있는 권리를 상속받게 되었다. 이때 연금의 상속재산가액은 얼마일까? 명목상으로 계산해보면 매년 5억 원씩 20년 동안 지급받게 되므로 100억 원의 가치로 평가된다. 그런데 이를 세법에서 정하고 있는 현재가치로 환산(고시이자율: 6.5%)해서 계산하면 약 55억 원으로 평가된다. 100억 원의 재산이 거의 반으로 줄어들어 평가되는 것이다.

5억 원×11.01851* = 5,509,255,000원
*고시 이자율 6.5%로 계산한 연금의 현재가치

상속재산이 많아 과세표준이 30억 원을 넘는 경우에는 상속세율 50%를 적용받는데, 대부분의 부자들은 보험 외의 재산만으로도 이미 50% 세율을 적용받게 된다. 따라서 보험 수령액 100억 원을 55억 원으로 줄여서 45%의 재산가액을 줄인다면 약 22억 5,000만 원(=45억 원×50%)의 세금을 절세할 수 있게 되는 셈이다. 또한 이렇게 현재가치로 평가된 금액에서 2억 원은 금융재산 상속공제(순금융재산의 20%, 2억 원 한도)로 추가로 공제받을 수 있다. 이러한 세제상 메리트로 인해 금융부자들은 상속과 증여에 대비해 일부 재산을 연금보험을 활용하기도 한다.

물론, 장점만 있는 것은 아니다. 몇 가지 제약이 따르므로 이를 주의해야 한다. 일단 연금으로 지급받기로 한 경우 일시금으로 받을 수 없거나 손해가 생길 수 있다. 따라서 일시금으로 받아 다른 자산에 투자해서 얻을 수 있는 수익에 대한 기회비용도 고려해야 한다. 그리고 자녀를 피보험자로 종신 연금보험을 가입한 경우 기대여명을 가정해 향후 연금 지급받는 시기를 정하고 상속재산으로 평가하는데 상속받은 자녀가 이보다 일찍 사망하게 되면 손해가 발생할 수 있다. 지급받지도 못한 연금에 대해서 세금을 미리 낸 결과가 될 수 있다는 말이다.

한편, 일부 부자들은 연금으로밖에 수령할 수 없다는 제약조건이 특히 마음에 들어서 연금보험으로 증여나 상속을 하기도 한다. 미래에 대한 불확실성으로 자녀에게 불의의 사고가 발생하거나 사업이 망하는 경우 등에도 평생 생활비 정도는 보장해주고 싶은 마음이 있기 때문이

본인 명의의 연금보험 가입
생존 시 연금을 수령하다가 상속발생 시 자녀 등에게 연금으로 자산 이전

계약 당시			상속 발생 시	
계약자	본인		계약자	자녀(배우자)
피보험자 (보험대상자)	자녀(배우자)		피보험자 (보험대상자)	자녀(배우자)
수익자	본인		수익자	자녀(배우자)

연금보험을 활용한 상속세 절세

다. 특히 자녀 중에 아들보다는 딸 앞으로 연금을 준비해두는 경우가 많다. 그리고 자녀가 아니라 평생 같이 고생한 아내를 위해서도 이러한 보험상품을 많이 가입하는데, 대부분 본인 사망 이후에도 아내가 안정적인 생활을 보장받기를 원하기 때문이다.

연금보험은 상속뿐만 아니라 증여 시에도 자주 활용된다. 아버지가 종신형 또는 상속형 연금보험을 가입해서 계약자와 피보험자를 본인으로 하고 수익자를 자녀로 해서 보험료를 납입하는 것이다. 연금이 개시되어 자녀가 연금을 지급받는 시기(연금 개시)에 증여재산을 평가해서 증여세 신고 및 납부를 하게 된다. 이 경우도 역시 상속 시와 마찬가지로 향후 지급받을 연금의 현재가치로 평가해서 증여재산가액을 확정하게 되므로 현재가치로 할인되는 만큼 평가액이 낮아지는 효과를 얻을 수 있다.

세법에서 정하는
정기금 평가 방법

세법에서는 연금보험에 대한 평가를 유기, 종신, 무기 정기금의 세 가지로 구분해 평가하도록 정하고 있다. 그런데 무기정기금은 현존 사례가 거의 없으며 특정 기간이 정해진 유기정기금과 사망 시까지 연금을 지급하는 종신정기금이 대표적인 연금보험으로 설계되어 활용되고 있다.

- **종신 정기금** : 그 목적된 자의 통계법 제18조에 따라 통계청장이 승인하고 고시하는 통계표에 따른 성별, 연령별 기대 여명의 연수까지의 기간 중 각 연도에 받을 정기금액을 기준으로 재정경제부령 정하는 바에 의하여 계산된 금액의 합계액

- **유기 정기금** : 그 잔존 기간에 각 연도에 받을 정기금액을 기준으로 재정경제부령이 정하는 바에 의하여 계산한 금액의 합계액에 의한다. 다만, 1년분 정기금액의 20배를 초과할 수 없음

유기정기금과 종신정기금은 아래와 같은 산식에 의해서 환산한 금액의 합계액으로 평가된다.

$$\frac{\text{각 연도에 받을 정기금액}}{(1+\text{이자율})^n} \text{의 합계액}$$

n : 평가 기준일부터의 경과 연수
이자율 : 금융기관 보증 3년 만기 회사채 유통 수익률을 감안하여 국세청장이 고시하는 이자율
2010년 9월 기준 국세청장 고시이율은 연 6.5%(2013년 7월 31일까지)

임원을 위한 퇴직 플랜,

CEO 플랜   기업을 운영하는 임원이나 CEO라면
'CEO 플랜'이라는 용어를 누구나 한 번쯤은 들어봤을 것이다. CEO
플랜이라는 것은 넓게 보아 회사의 CEO(임원)들의 퇴직금을 보험상품
을 활용해서 리스크를 낮추고 절세를 추구하는 것이다. 회사에 기여도
가 높은 CEO나 임원의 퇴직금을 보험이라는 상품을 통해 회사의 비용
으로 보장하고 만일의 상황을 대비할 수 있도록 하는 금융회사나 보험
회사의 마케팅이라고 할 수도 있다. 즉, CEO 플랜이라는 것은 특정 보
험을 가리키는 명칭이 아니라 일반적으로 법인이 저축성보험을 가입해
CEO(임원)에 대한 퇴직 플랜을 보장하는 것을 말한다.

그런데 이러한 CEO 플랜이 일부 영업사원들을 통해 불완전하게 판
매되거나 특별한 절세 효과가 있는 것처럼 과대포장되는 사례도 적
지 않다. 그리고 세무당국 역시 이러한 영업행위에 대한 부정적인 인
식을 가지고 과거 여러 차례 견해를 달리하는 유권해석을 내리기도 했
었다.

실제로 2010년에는 CEO 플랜에서 가장 중요한 포인트라 할 수 있
는 수익자를 법인에서 개인으로 변경하는 문제에 대해 퇴직금이 아닌
근로소득으로 보는 것이 맞다는 해석을 내린 바 있다. 그러나 2011년
3월 말경 새로운 유권해석을 통해 퇴직 시 보험계약을 변경하는 경우
퇴직금으로 볼 수 있다 하여 CEO 플랜이 지속 가능하게 되었다. CEO

플랜이 어떠한 장점이 있는지, 어떻게 CEO들이 활용해 세제상의 혜택을 누릴 수 있는지 간단하게 살펴보자.

앞서 이야기한 것처럼 중소기업의 CEO들은 본인에게 만일의 상황이 발생할 경우 회사가 문제없이 존속할 수 있도록 준비하기를 원한다. 그리고 자녀나 전문경영인을 통해서라도 가업승계가 원활하게 이루어지기를 바라는 마음도 간절하다. 이러한 니즈를 CEO 플랜(보험)을 활용해 일부 충족할 수 있다.

CEO 플랜의 과정을 도식화하면 다음과 같다.

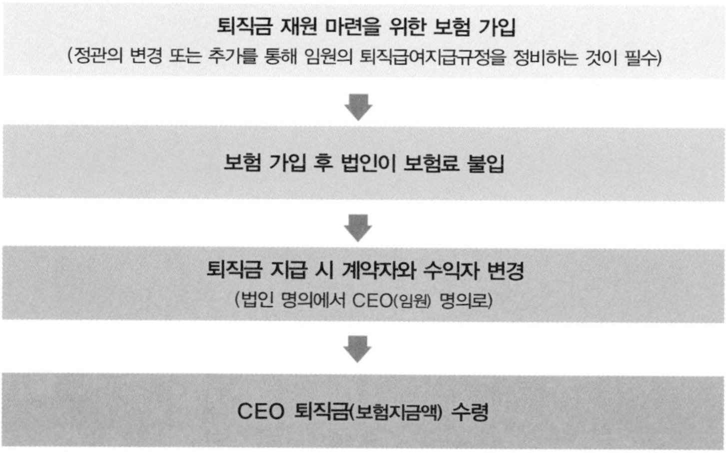

퇴직금 재원 마련을 위한 보험 가입
(정관의 변경 또는 추가를 통해 임원의 퇴직급여지급규정을 정비하는 것이 필수)

⬇

보험 가입 후 법인이 보험료 불입

⬇

퇴직금 지급 시 계약자와 수익자 변경
(법인 명의에서 CEO(임원) 명의로)

⬇

CEO 퇴직금(보험지금액) 수령

CEO 플랜의 과정

그렇다면 CEO 플랜을 통해서 어떤 절세 효과를 누릴 수 있을까? 크게 법인 측면에서의 법인세, CEO 입장에서의 소득세와 상속증여세를 살펴볼 필요가 있다.

퇴직소득으로 절세 효과(소득세 측면)

CEO가 회사로부터 수입을 얻을 때는 어떠한 방법이든지 합법적으로 세금을 내야 한다. CEO로서 근로의 대가를 받을 때는 근로소득(급여, 상여 등)이나 퇴직소득(퇴직금)으로 구분해서 세금을 내야 하며 주식을 보유한 오너인 CEO의 경우 주주로서 이익을 지급받는다면 배당소득(배당금)으로 세금을 내야 한다. 그런데 이렇게 회사를 통해 소득을 얻을 때 가장 적게 세금을 낼 수 있는 방법은 단연 퇴직급여(퇴직소득)이다.

CEO 플랜을 통해 보험금을 퇴직 시 퇴직소득으로 지급받으면 다른 소득으로 분류되는 것보다 세제상의 장점이 많다. 물론, 가입 당시는 보험의 계약을 법인이 하고 퇴직금 지급 이전에 계약자와 수익자를 CEO 앞으로 변경해 퇴직소득으로 인정받아야 하며, 계약 변경과 퇴직금 지급방법 지급률 등이 합법적인 절차를 거쳐 정관에 반영되어 있어야 한다.

근로소득으로 분류될 경우 CEO나 임원의 경우 기본적으로 지급받는 연봉이 높기 때문에 보험금이 근로소득으로 더해진다면 38.5~41.8%에 달하는 높은 소득세율을 적용받을 가능성이 매우 높다. 또한 배당금을

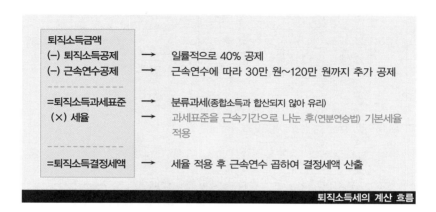

받아 배당소득으로 분류되는 경우 역시 금융소득종합과세에 해당되는 CEO들은 세금 부담이 높아진다. 배당소득 역시 다른 금융소득과 합산되어 연간 4,000만 원(2013년 부터는 2,000만 원 적용)이 넘을 경우 금융소득종합과세에 해당되고 4,000만 원을 초과하는 소득은 월급 등 다른 종합소득과 합산되어 최대 41.8%의 세금까지 부담할 수 있는 것이다. 반면에 퇴직소득의 경우 퇴직소득공제와 연분연승법의 적용으로 근로소득이나 배당소득과 비교 시 훨씬 적은 세금을 부담한다.

위의 퇴직소득세의 계산 흐름을 보면 퇴직소득의 세제상 유리한 점을 쉽게 알 수 있다. 일단 퇴직소득은 공제금액이 크다. 일률적으로 40%를 공제해주고 근속연수가 길수록 추가 공제가 더해진다.

그리고 무엇보다는 연분연승법의 적용이 유리하다. 퇴직소득이라는 것은 근속 기간 동안에 매년 더해져서 퇴직 시 한꺼번에 지급받는 세금이다. 그런데 이러한 소득이 퇴직 시에 한꺼번에 실현된다고 해서 바로 세율을 적용한다면 부당하게 높은 세율을 적용 받을 수밖에 없다. 따라서 산출된 과세표준을 근속연수로 나눈 후에 세율을 적용하는 것이다. 일단 낮은 세율을 적용 받게 되고 이렇게 낮은 세율로 구해진 세금에 다시 근속연수를 곱하여 최종적으로 부담하는 세금을 구하게 된다.

예를 들어, 20년 근속한 임원이 10억 원을 퇴직금으로 지급받는 경우를 보자.

다음 표와 같이 세금을 구해보면 10억 원을 지급받으면서 공제를 받고 근속연수 20년으로 나누면 과세표준은 2,940만 원에 불과해서 세

```
      1,000
(-)    400 (기본공제)
(-)     12 (근속연수공제)
──────────────────
       588 → 29.4 (20년으로 나눔)
          × 세율 적용 (6.6~16.5%)
       3.6
          × 20 (근속연수)
      73.3 → 최종세금 부담액
```

(단위: 100만 원)

퇴직소득세 계산 사례

＊20년 근속한 임원이 10억 원의 퇴직금을 지급받는 경우

율(소득세+지방소득세)을 제일 낮은 두 구간인 6.6~16.5% 구간을 적용받는다. 그리고 여기에 20년 치를 다시 곱하면 7,330만 원이 최종 부담세액이다. 그럼 이를 실제 지급받는 10억 원 대비해서 실효세율을 구해보면 얼마나 나올까? 7.3%에 불과하게 된다는 것을 알 수 있다. 실제 부담하는 세율이 7.3%라는 말이다. 이와 같은 사례에서 볼 수 있듯이 대부분의 기업 임원들이 퇴직금을 지급받는 실효세율은 10%를 넘지 않는 편이다. 위의 사례는 퇴직금 10억 원으로 큰 금액을 수령하는 경우이지만, 일반적인 경우에는 3%대의 실효세율을 적용받는 경우가 많다.

이처럼 퇴직소득을 지급받으면 부담하는 세율이 낮으므로 근로소득이나 배당소득과 비교해 현저하게 낮은 세금의 혜택을 누릴 수 있다. 같은 소득일 경우에 임원 및 CEO 입장에서 퇴직소득으로 지급받는 것이 유리하다는 것을 알 수 있다. 따라서 CEO 플랜을 통해 지급받는 보험금 역시도 퇴직소득으로 인정을 받을 수 있을 때 소득세 절감효과를 누리는 것이 좋다.

2013년부터 바뀌는
퇴직소득 세제

2012년 8월 8일 발표된 세법 개정안(9월 24일 수정안 반영)에 따르면 2013년부터 퇴직소득세에 대한 세제가 강화될 예정이다. 앞서 설명한 것처럼 현재는 퇴직소득이 다른 소득에 비해 세부담이 크게 낮은 편이다. 받은 퇴직금에다 기본적으로 공제도 많고, 특히 근속기간으로 나누어 세율을 적용했기 때문에 3%대의 실효세율만을 부담하는 사람들이 많다. 이렇다 보니 퇴직금을 연금으로 받기보다는 퇴직할 때 일시금으로 받고 퇴직소득세로 세금 부담하는 것이 더 유리하게 된다.

개정안에 따라 크게 바뀌는 것은 연분연승법으로 퇴직 소득에 대한 과세표준에 세율을 적용할 때 기존보다 5배 높게 환산해서 구간을 적용하는 것이다. 이렇게 과세표준에 5배를 곱해서 세율을 적용하게 되면 연소득이 높은 상태에서 퇴직하는 퇴직자들의 세금 부담이 크게 늘어나게 된다. CEO 플랜을 적용하는 임원 및 CEO들의 경우, 통상 급여 수준이 높은 편이므로 법 개정에 따라 퇴직소득에 대한 세부담이 늘어날 것으로 예상된다. 다만, 이렇게 세제가 바뀐다고 해도 대략 연봉 5,000만 원 이하의 퇴직자들은 큰 영향은 없을 것이다. 방식을 바꾸어도 여전히 최저세율 구간에 해당되기 때문이다.

이렇게 바뀐 세제는 2013년에 일해서 쌓이는 퇴직금분부터 적용될 예정이다. 따라서 2012년까지 근무한 기간에 대한 퇴직금에 대해서는 퇴직 시점과 상관없이 2012년 기준을 적용 받을 수 있다. 예를 들어, 2013년에 퇴직하는 사람이라면 2012년까지 쌓인 퇴직금은 2012년의 세제를 적용하고 2013년 초부터 퇴직 시점까지 일한 것에 대한 퇴직금만 바뀐 세제를 적용하므로 법이 바뀐다고 해서 갑자기 세금부담이 크게 늘어나는 것은 아니다.

결국 현재 일하고 있는 근로자와 임원들은 향후 퇴직 시에 현행 세법과 2013년에 변경되는 세법을 근무 기간으로 나누어 적용받으므로 두 가지를 모두 알아둘 필요가 있다. 큰 틀에서 보면 퇴직소득세에 대한 부담은 높이고 연금소득에 대한 세금부담은 낮아질 예정이므로, 퇴직과 노후 준비 시에 이를 미리 고려하여 연금과 퇴직금 수령의 적절한 포트폴리오 구성이 필요하다.

절세 인사이트 Insight for Saving Tax **11**

2012년 임원 퇴직소득 한도 규정 신설

앞에서 살펴본 것처럼 퇴직소득은 다른 소득에 비해 세금 부담이 상대적으로 덜하다. 이를 활용해 기업들은 정관 변경 등을 통해 지급률을 과도하게 높여 CEO와 임원들의 퇴직금 지급을 늘리기도 한다. 지급률에 대한 최대한도가 법으로 정해져 있지 않았으므로 정관에 의해 적법한 절차만 거친다면 5~10배수 이상의 지급도 가능했기 때문이다.

하지만 정부는 이의 과도한 남용을 막고자 2011년 말 세법 개정에서 임원의 퇴직금 지급 규정에 대한 한도를 신설했다. 한도 신설을 통해 지급률을 법적으로 정한 것은 아니지만, 법에서 정한 한도를 초과할 경우 퇴직소득이 아닌 근로소득으로 보아 세금 부담을 가중한 것이다. 즉, 한도를 초과해서도 정관 등에 따라 지급은 가능하지만 퇴직소득으로 인정받을 수 있는 한도가 제한된 것이다.

$$\text{임원퇴직소득 한도액} = \text{퇴직한 날부터 소급해서 3년 동안 지급받은 총급여의 연평균 환산액} \times \frac{1}{10} \times \text{근속연수}^* \times 3\text{배}$$

* 근속연수 : 2012년 1월 1일 이후의 근속연수

한도는 위의 산식에서 보는 것과 같이 3배까지 가능한데, 이를 12개월 중 1개월 치 월급을 퇴직금으로 받는 일반 직원들의 퇴직금과 비교해보면 결국 3.6배수의 지급률까지를 퇴직소득으로 한도를 정하게 된 것이다. 단, 이는 2012년 1월 1일 이후 근속 분부터 적용되는 것으로 2011년까지의 쌓인 퇴직금의 경우 그대로 인정해준다.

이렇게 2012년부터 임원 퇴직금에 대한 한도가 생긴 만큼, CEO 플랜의 퇴직소득 절감 효과도 이 한도 내에서만 의미가 있게 되었다. 과도하게 보험금으로 지급받는다고 해도 한도를 초과하면 근로소득으로 세금을 더 부담할 수밖에 없기 때문이다.

CEO 플랜, 법인세, 그리고

증여 및 상속세 절세 효과   간혹 CEO 플랜을 통해 보험에 가입한 법인은 이를 비용으로 인정받기를 원한다. 비용으로 인정될 경우 손익이 줄어들고 결국 법인세 절세가 가능하기 때문이다.

하지만 CEO 플랜 시 주로 가입하는 투자형(적립) 보험의 경우 불입 시점에는 비용이 아닌 자산으로 처리된다. 따라서 이를 실질적인 통한 절세 효과는 없다. CEO 플랜을 구상하면서 퇴직금을 정비하는 과정에서 일부 비용절감 효과를 볼 수는 있지만, 근본적으로 기대하는 불입 시점에 보험금의 비용 처리는 불가하다.

CEO들이 CEO 플랜에 가입하는 가장 절실한 이유는 상속, 증여에 대비하기 위함일 것이다. 불의의 사고 시 최소한의 상속세 재원을 마련하거나 CEO 플랜을 통해 세금을 절약하기 위해서다. 그런데 보험 영업을 위해 CEO 플랜을 권유하는 금융권 종사자들 중에서도 상당수는 절세 효과를 제대로 이해하지 못하는 경우가 있다. 어떻게 절세 효과를 볼 수 있을까?

일단 CEO 플랜을 통해 상속을 대비할 때 상속세 절감효과가 있는지를 살펴야 한다. 만일 해당 CEO가 사망한다면 회사는 CEO 플랜에 의해 퇴직금을 CEO의 가족들에게 지급한다. 그런데 이렇게 지급받는 퇴직금은 상속재산에 포함된다. 예를 들어, 10억 원을 지급받는 데 50%의 상속세(CEO의 경우 대부분 다른 자산과 기업지분으로 인해 50% 세율을 적용받음)를 내고 나면 실제 상속재원은 5억 원밖에 남지 않게 된다. 따라서 상속재원의 의미가 퇴색될 수 있다. 만일 이러한 목적이라면 CEO 개인의 사망을 대비한 종신보험으로 가입하는 것이 더 효과적일 수 있다. 또한 상속받게 될 기업의 가치 측면에서도 크게 절세 효과는 없다. 회사가 보험금을 수령해 퇴직금으로 지급하기 때문에 순자산가치나 손익에 큰 영향을 미지치 않기 때문이다.

그렇다면 어떻게 CEO 플랜을 통해 상속 및 증여세를 절감할 수도 있을까? 한 가지 사례를 들면, 임원의 퇴직금을 중간정산한 이후 주식을 증여하는 방법을 생각해볼 수 있다. 주식을 증여할 때 절세를 위한 가장 중요한 포인트는 기업 가치를 줄이는 것이다. 순자산가치와 순손익가치, 특히 순손익가치가 낮아질 경우 비상장기업의 기업가치는 자연스럽게 낮아진다. 이를 위해서 임원의 퇴직금을 중간정산할 경우 그동안 인정받지 못했던 비용을 퇴직급여로 인정받을 수 있어 주식평가액이 크게 낮아질 수 있다. 따라서 자녀에게 가업승계 시 CEO 플랜이 진정한 상속 및 증여세의 절감 효과를 누리기 위해서는 중간정산 등을 통한 증여세 측면을 활용하는 것이 필요할 수 있다. 단순히 상속 시 발생하는 퇴직금을 재원으로 활용하는 것만으로는 특별히 상속세 절세 효과를 얻을 수 있다고 보기는 어렵다.

하지만 문제는 2012년 7월 26일부터는 특별한 사유 몇 가지를 제외하고는 중간정산을 법으로 허용하지 않기로 제한했다. 결국 중간 정산이 어렵다면 향후 CEO 플랜으로 증여 및 상속세의 절감효과 얻는 데 제한이 있을 것으로 생각된다.

CEO 플랜 가입 시 주의할 점들

❶ 법인이 계약자와 수익자인 경우 보험료는 불입하는 시점에 비용처리가 되는 것이 아니라 자산으로 계상된다. 따라서 법인세의 절감 효과는 거의 없다.

❷ 법인세법에서 정한 퇴직금 한도를 초과해서 지급하는 경우 회사에 정관에 적법하게 반영이 되어 있어야 하고 정관을 초과해서 퇴직금을 지급하면 퇴직소득이 아니라 근로소득으로 인정되고 법인도 비용으로 처리가 불가능하다.

❸ 정관들에 관련 규정 없이 임의로 법인계약을 개인 명의로 변경해서 지급한다면 법인세법상 부당행위계산의 부인 규정에 해당될 수 있으며, 퇴직소득이 아니라 근로소득으로 과세될 수 있다.

❹ 보험계약에서 발생하는 보험차익은 법인세법상 과세소득으로 법인이 지급받으면 세금을 내야한다(10년 이상 유지한 저축성보험의 보험차익에 대해 세금을 내지 않는 것은 개인에게만 적용된다).

- 부자들은 보험을 활용해 다양한 절세플랜을 실행하기도 한다. 소득세를 줄이기 위한 투자용 보험, 자녀들에게 부를 이전하기 위한 증여와 상속용 보험, 그리고 CEO 플랜까지. 다양한 보험 절세방법들을 효과적으로 활용하기 위해서는 보험 설계 및 가입 단계부터 주의가 필요하다.

- 보험, 어떤 경우에도 보험의 불입자와 수익자가 다른 경우에는 증여 또는 상속 문제가 발생할 수 있다. 따라서 자녀 또는 배우자 앞으로 보험금을 주고 싶다면, 가입 시부터 불입자를 소득이 있는 자녀나 배우자가 직접 불입하도록 하는 것이 좋다.

- 세무당국은 금융사가 제출해야 하는 '보험지급명세서'를 통해서 보험의 불입자와 수익자를 확인할 수 있다. 세금을 내지 않는다고 해서 세무당국이 보험과 같은 비과세 상품들의 정보를 알 수 없는 것은 아니다.

- 금융부자들은 저축성보험을 본인의 자산 투자용 비과세 상품으로도 활용하지만, 자녀에게 절세 효과를 물려줄 계획으로 가입하는 경우도 있다. 자녀들이 받아서 본인과 같이 평생 비과세 통장으로 활용이 가능할 수 있기 때문이다. 단, 자녀에게 넘겨줄 때 증여세 또는 상속세는 부담해야 한다.

- 부자들은 자녀들에게 연금을 받을 권리를 물려주면서 상속재산을 줄이기도 한다. 자녀가 일시금이 아니라 연금으로 분할하여 일정기간 동안 지급받을 수 있다면 이에 대한 세법상 정기금 평가가 가능하므로 이를 통해 상속재산이 절반으로 줄어들 수도 있기 때문이다. 단, 일시금으로 수령 시 손해가 발생할 수 있다는 점, 투자에 대한 기회비용, 기대 여명으로 인한 상속재산 평가의 유불리 등을 종합적으로 고려할 필요가 있다.

- CEO 플랜은 기업의 CEO 또는 임원들이 퇴직금의 재원을 보험상품으로 활용해 위험을 줄이고 절세할 수 있는 방안이다. 다만, CEO 플랜에 대한 법인세 또는 상속 및 증여세에 대한 장점이 과도하게 포장되어온 경향도 있으므로 이에 대한 경계도 필요할 수 있다.

진짜 부자는
절세하면서 주식투자한다

2012년 5월, 한 종목 주식으로 대박이 나 부자가 된 A씨는 한 증권사의 전문가들에게 자산관리 컨설팅을 받기로 했다. 최근 보유한 주식이 20배 이상 올라 100억대 자산가가 되기는 했지만 자산이 모두 주식 한 종목에 편중되어 있어 이를 리모델링할 필요가 있기 때문이다.

원래 A씨는 평범한 회사원으로 한 상장 대기업 B에 20여 년간 종사해왔다. 그런데 본인이 일하는 회사를 누구보다 잘 알았던 그는 B기업의 전망을 매우 높게 평가했고 월급을 받을 때마다 본인이 일하는 회사의 주식을 사서 모으게 되었다. 몇 년간 꾸준히 샀는데 대부분 한 주당 1~2만 원의 단가로 취득할 수 있었다. 그런데 정말 이 기업의 주가가 최근 3년간 무려 20배 가까이 주가가 상승했고 주당 25만 원까지 치솟게 되었다.

덩달아 A씨는 이 종목을 100억 원 가까이 보유하게 된 것이다. 주식으로 100억 원 가까이를 벌게 되었고 더군다나 주식으로 돈을 벌었으니 세금을 한 푼도 안내도 된다니 정말 큰 행운이었다.

A씨는 주가가 오르자 지난해 말부터 조금씩 주식을 처분하기 시작했고 2012년 1분기에 약 20억 원어치의 주식은 처분했다. 향후에도 주식을 처분해서 자산을 좀 더 다양하게 분산하고 안정적인 포트폴리오로 운영하고자 투자 전문가를 만나 상담을 하게 되었다. 더불어 자산이 많아지자 자식들에게 증여와 상속을 준비해야 한다는 생각이 들어 세무 전문가도 동석하여 상담을 진행했다. 일단 투자전문가는 보유하고 있는 주식이 최고가를 경신하고 안정세로 접어들었으니 분할 매수해서 자산을 채권과 저축성 보험, 펀드 등으로 나누어 투자하는 것이 바람직할 것이라는 의견을 제시했다.

세무전문가와는 딸과 아들에게 장차 증여를 어떻게 해야 할지 상담을 했다. 그런데 세무 전문가가 지난해 연말에 B종목의 주식을 얼마나 보유했었는지 묻는 것이다. A씨는 자신이 보유했던 B종목의 주식은 지난해 연말 종가로 계산해보았고 약 90억 원가량 된다고 대답했다.

그러자 세무 전문가는 혹시 가족 중에 B종목의 주식을 보유하고 있는 사람이 있는지 다시 물어왔다. A씨는 좀 의아했지만 자신의 아내도 주식을 보유하고 있다고 대답했다. 아내 역시 맞벌이로 계속 일을 해왔고 아내에게도 월급을 받을 때마다 남는 돈은 B종목의 주식에 투자하도록 권유해왔다는 것이다. 그래서 아내 역시 현재 상당 금액의 주식을 보유하게 되었다고 했다. 세무 전문가는 그럼 지난해 말 종가 기준으로 A씨의 아내는 얼마의 주식을 보유했는지 물었고 A씨가 계산을 해보더니 아내 역시 약 20억 원의 주식을 보유했었다고 대답했다.

세무 전문가는 그렇다면 연말 기준으로 A씨와 아내가 보유한 B종목의 주식의 합계가 110억 원가량으로 100억 원을 초과해서 주식을 팔때 세금을 내야 하는데 사실을 알고 있는지 물었다. 지난해 연말 기준으로 유가증권 시장의 종목을 100억 원을 넘게 보유했기 때문에 대주주에 해당이 되고 대주주에 해당이 되면 세금을 내야 한다고 설명했다. 당장 1분기에 매매했던 주식 20억 원의 매매차익에 대해서 양도세를 내야 한다는 것이었다.

1주당 단가를 1만 원 정도에 취득해서 25만 원가량에 팔았으니 주식을 판 20억 원 대부분이 주식의 매매차익이 되고 여기에 22%에 해당하는 금액은 양도세를 내야 한다는 것이다. 대략 계산해보니 4억 원 정도는 5월 말까지 양도세를 신고하고 세금도 납부해야 한다고 조언해주었다. 5월 말까지 며칠 남지 않았으니 그 사이에 준비해서 신고를 하고 세금까지 납부하지 않으면 6월 1일부터는 세금에 가산세가 붙게 된다는 것이었다.

이 이야기를 들은 A씨는 황당하기만 했다. 본인이 알기에 주식을 거래해서 이익을 얻으면 소득세를 한 푼도 내지 않는 것으로 알고 있었기 때문이다. 주식으로 돈을 많이 벌어서 행운이라고 생각하고 거액의 돈이 생겨 좋은 일에 쓰도록 기부도 할 생각이었지만, 막상 4억 원의 세금을 내야 한다고 생각하니 기가 막혔다.

더군다나 올해 주식을 팔게 되면 그 주식의 매매 차익은 1분기에 팔았던 것과 마찬가지로 대주주에 해당하기 때문에 발생하는 차익에 대해서는 무조건 세금을 내야 한다는 것이다. 지난해 연말 기준으로 100억 원을 넘으면 1년 동안은 대주주에 해당하기 때문이다.

결국 B종목의 주가가 더 이상 오르기는 어렵다고 판단해 주식의 대부분을 팔아서 포트폴리오를 다양하게 분산하려고 했던 자신의 계획을 올해 안에 실현하기가 어려워졌다. 워낙 싸게 주식을 샀기 때문에 판 금액의 22%를 세금으로 내야 하니 올해 세금을 내고 주식을 팔아야 하는지 아니면 올해는 대주주에 벗어나도록 관리를 해서 내년에 세금을 내지 않고 주식을 팔아 포트폴리오를 조정할 것인지 큰 고민이 생기게 되었다. 내년이 되면 다시 B종목의 주가가 빠져서 더 싸게 주식을 팔아야 할 수도 있는데 안타깝기만 하다.

지난해 연말에 대주주에 대한 절세 방법을 미리 알았더라면, 10억 원 정도만 팔아서 100억 원 미만으로 주식 보유량을 줄이고 대주주에 해당되지 않도록 관리했을 것이라는 안타까움이 컸다. 그렇게 했더라면 올해 한 해 동안 세금 부담은 전혀 없이 주식을 팔 수 있었을 것이다.

　위의 사례는 실제 필자가 겪었던 경험으로, 세금에 대한 지식 부족으로 미리 주식을 관리하지 못한 안타까운 사례였다. 그나마 다행이었던 것은 1분기에 처분했던 주식의 양도세를 5월 말까지(주식의 경우 양도세 신고는 처분한 날이 속하는 분기 말일로 2개월 내에 신고·납부해야 함) 신고하고 세금을 내야 하는데 상담했던 날이 5월 20일경이어서 가산세까지는 내지 않아도 되었다는 것이다. 또한 앞으로 대주주 자격으로 주식을 매도할 때 세금을 부담해야 한다는 사실을 알게 되었으므로, 향후 주식 매도에 대한 의사결정을 할 때 세금을 감안해서 정확한 의사결정을 할 수 있다는 것이다.

　실제로 최근 몇 년 사이에 주식 변동에 대한 자금출처 조사 등이 증가했고 대주주에 해당됨에도 양도세를 내지 않아 세금을 추징당하는 사례들이 크게 증가하고 있다. 가장 큰 문제는 본인이 대주주에 해당되어 세금을 내야 한다는 것조차 모르고 있다가 몇 년이 지나 세금은 물론 가산세까지 가산된다는 점이다.

　무신고에 대한 가산세와 납부지연가산세가 3년 정도 지나 합산되는 경우 본 세금에 50% 이상의 가산세가 추가되는 사례도 종종 발생한다. 또한 대주주의 경우 통상 양도 차익도 커서 수십억 원의 세금이 추징되는 사례도 종종 있다. 양도세의 경우 국가에서 세금을 고지하는 것이 아니라 투자자 본인이 해당 여부를 판단하고 알아서 세금을 자진신고하고 납부해야 하는 항목이기 때문에 투자자 스스로 각별한 주의가 필요하다.

진짜 부자들은

보유 주식을 적극적으로 관리한다

위의 사례에서 A씨는 한 종목의 주식을 이렇게 많이 보유하게 된 것이 처음이었기 때문에 주식을 관리하는데 세금에 대한 문제도 조심해야 한다는 점을 알기 어려웠을 것이다. 그런데 한 종목의 주식을 많이 보유하고 있는 부자들은 대주주에 대한 기준을 명확하게 알고 적극적으로 보유 주식에 대한 관리를 한다. 특히 연말에만 관리를 잘해도 다음 연도 한 해 동안 세금 부담 없이 자유로운 매매가 가능하기 때문에 연말이 다가오면 주가의 흐름을 살펴서 미리 보유한 주식가액을 조정한다.

부자들은 기업에 대한 정보를 얻을 기회가 많고 본인이 기업을 운영하지 않더라고 지인이 경영하는 회사 등에 투자해서 이익을 보는 경우도 많다. 또한 삼성전자나 NHN 등의 대기업 주식을 장기적인 관점에서 매력 있는 주식으로 보고 투자를 해서 대주주가 되기도 하고, 특히 대기업의 임원으로 스톡옵션을 받아 행사하고 그 기업의 대주주가 되는 사람도 있다.

투자자가 주식을 일정 금액 또는 일정 지분율 이상을 보유하게 되면 세법상 대주주로 분류한다. 그리고 대주주에 해당되면 소액주주와는 다르게 주식의 매매차익에 대해서 양도세를 내야 한다. 따라서 주식 부자들은 대주주의 기준을 명확하게 알아두고 관리하는 것이 절세를 위해 필요하다.

대주주의 기준은

지분율과 금액으로 결정된다 보유한 한 종목에 대해서 다음 요건
중 어느 하나에 해당되는 경우에는 대주주에 해당되어 주식을 팔 때 양
도세를 내야 한다. 지분율 요건과 시가총액 요건으로 따지며 둘 중 하
나만 해당이 되어도 대주주가 된다.

> ❶ **지분율 기준** : 주권상장법인은 해당 법인 주식 합계액의 3%(코스닥상장법인은
> 5%) 이상을 소유한 경우
> ❷ **금액 기준** : 주권상장법인은 보유 주식의 시가총액이 100억 원(코스닥상장법
> 인은 50억 원) 이상인 경우

주의할 점은 앞서 살펴보았듯이 이 기준은 2013년 이후(시행일 미정)
부터는 더 낮아질 예정이다. 주권상장법인(KOSPI)의 경우 지분율 2%
또는 시가총액 50억 원 등으로 더 낮추고, 코스닥상장법인의 경우 지
분율 4% 또는 시가총액 40억 원으로 낮추어 적용할 예정이므로 참고
해야 한다.

이 같은 기준이 적용되는 시점은 직전 사업연도 종료일로, 일반적으
로 12월 결산 법인들이 대부분이므로 직전 연도 말일이 된다. 이러한
기준을 적용할 때 주의할 점은 본인 주식뿐만 아니라 특수 관계자의 주
식을 모두 합해서 적용한다는 점이다. 위의 사례에서도 A씨의 경우 직
전 연도 말로 100억 원 미만의 주식을 보유했지만 특수 관계자인 아내

가 보유한 주식까지 합산해서 대주주에 해당하게 되었다. 따라서 보유한 종목의 주식을 가까운 친척 등 특수 관계자들이 보유하고 있는지 반드시 확인해야 할 필요가 있다.

금융부자들은 어떻게 주식을 관리할까? 한 종목의 주식을 수백억 원 가지고 있는 사람이라면 사실 대주주의 기준을 벗어나기 어렵다. 그렇지만 대주주 기준의 범위에 가깝게 주식을 보유하고 있는 경우라면 연말에 적극적인 관리를 통해 대주주에서 벗어날 수 있다. 대주주에 해당되면 다음 연도 한 해 동안은 무조건 대주주에 해당되기 때문에 그 종목을 팔아서 얻는 이익은 세금을 내야 한다. 그런데 주식을 팔아 대주주 기준에서 벗어나면 다음 한 해 동안은 전혀 세금을 내지 않아도 된다. 기준에 따라 누진적으로 세금이 늘어나는 것이 아니라, 세금을 내느냐 전혀 안 내느냐는 '모 아니면 도'가 된다.

예를 들어, A씨와 같이 연말에 110억 원의 주식을 보유하는 경우 약 10억 원 이상의 주식을 여유 있게 팔아 100억 원 미만으로 주식 보유량을 낮춰둘 필요가 있다. 주식이 결제되는 데 2~3일 정도 시간이 소요되기 때문에 넉넉하게 주식을 팔아놓을 필요가 있다는 점을 주의해야 한다. 연도 마지막 거래일에 주가가 갑자기 치솟을 경우라도 100억 원을 초과하게 될 위험을 줄여놓는 것이 좋다.

위의 사례는 금액 기준을 초과해서 대주주에 해당된 경우이지만, 지분율을 초과해서 대주주에 해당하는 경우도 있다. 이때는 더욱 관리가 필요하다. 지분율의 경우는 연말에만 기준을 따지는 것이 아니라 기 중에도 항상 따지기 때문이다.

금액의 기준은 항상 따질 수가 없다. 시가가 계속 변동하기 때문에 투자자가 동일 주식 수를 보유하더라도 의도치 않게 대주주에 해당될 수 있기 때문이다. 따라서 세법에서는 직전 사업연도 말을 기준으로만 금액적인 기준을 적용하는 것이다. 그렇지만 지분율의 경우에는 투자자의 의지에 따라 늘이고 줄일 수 있으므로 지분율 기준을 초과하게 되면 그 순간부터 그해 말까지는 대주주에 해당된다. 즉 전년도 말에 관리해서 3% 미만의 지분을 보유했더라도 올해 추가로 주식을 취득해 보유 지분이 3%를 넘으면 넘는 시점 이후부터 연말까지 파는 주식에 대해서는 대주주에 해당되어 양도세를 내야 하는 것이다.

그렇다면 대주주가 양도세를 내야 한다면 세금 부담은 얼마나 될까? 일단 양도세이므로 기본적으로 주식을 판 가격에서 취득한 가격과 기타 수수료 등을 제외하고 실제 얻은 차익에 대해서만 세금을 계산한다. 그런데 모든 경우 A씨처럼 22%의 세금을 내는 것은 아니다. 보유한 종목이 대기업 주식인지, 중소기업 주식인지, 또는 대주주인지 아닌지, 대주주라면 단기 보유한 주식인지 1년 이상 보유한 주식인지 등에 따라 소득세율은 10~30%로 다양하다. 여기에 소득세율에 따른 지방소득세 10%를 가산하면 실제 부담세율은 11~33%가 된다.

다음 그림에서 보듯이 일반 투자자가 소액주주로 장내에서 거래하는 경우는 세금을 내지 않는다. A씨는 대주주에 해당하면서 대기업의 주식을 1년 이상 보유하고 팔았으므로 20%의 양도세를 부담하고 여기에 2%의 지방소득세를 더해서 22%의 세금을 부담하게 된 것이다.

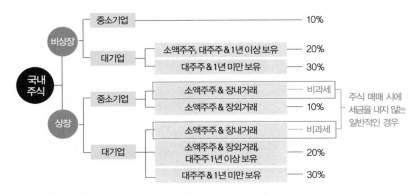

국내 주식 양도 시에 세금을 내야 하는 경우와 세율

절세 인사이트 Insight for Saving Tax **13**

주식 거래에서
양도세를 내야 하는 경우

주식 양도세는 대주주만 내야 하는 것일까? 대주주가 아니더라도 주식을 팔아서 얻은 이익에 대해서 세금을 내는 경우가 있다. 소액으로 주식을 거래하더라도 세금을 내야 하는 경우가 있으므로 일반 투자자 역시 반드시 알아둘 필요가 있다.

주식 거래를 해서 양도세를 내는 경우는 주로 아래와 같은 네 가지 경우에 해당된다. 특정 회사의 주식을 많이 보유한 대주주 이외에도, 상장주식을 장외에서 거래하거나, 비상장주식을 거래하는 경우, 해외주식(국외자산)을 양도하는 경우가 그렇다. 이 네 가지 중 하나에 해당되는 경우라면 세무서에서 별도의 세금 고지서가 통지해주는 것이 아닌 만큼 투자자가 알아서 직접 양도세 신고를 하고 세금을 내야 한다.

주식의 매매차익에 대하여 세금(양도세)을 내야 하는 경우

❶ 투자자가 대주주인 경우

❷ 비상장주식을 매도한 경우

❸ 장외에서 거래할 경우

❹ 해외주식을 거래할 경우

국내 주식 거래로 인한 양도세는 양도한 날이 속한 분기 말부터 2개월 이내에 예정신고(해외주식의 경우는 2012. 1. 1. 이후 양도분부터 예정신고 의무 면제)를 해야 한다. 예를 들어, 9월 11일 거래했다면 양도한 날이 3분기에 속하기 때문에 11월 말까지 신고하면 된다. 양도세 신고와 납부에 주의를 기울이지 않고 그냥 지나치면 무신고에 대한 가산세 20%, 세금 미납에 따른 가산세가 연 10.95% 부과될 수 있으므로 주의해야 한다.

주식매수청구권 행사 때

양도세를 고려하라 투자자들이 특히 모르고 지나갈 수 있는 점은 주식매수청구권을 행사하는 경우이다. 보유하고 있는 종목의 기업이 합병이나 분할 혹은 자사주 소각 목적 등으로 주주들에게 주식매수청구권을 부여하는 경우가 있다. 그런데 이때 주주로서 주식매수청구권을 행사해서 기업에게 직접 팔게 되면 이는 장외에서 거래한 것으로 보아 양도세 과세 대상이 된다. 상장주식을 매수 청구하더라도 방식이 장내에서 거래한 것이 아니기 때문이다.

따라서 주식매수청구권에 대한 의사결정을 할 때는 양도세까지 고려한 의사결정이 필요하다. 통상 주식매수청구권을 행사할 때 기업은 시장에서 형성된 가격보다는 조금 높은 가격을 제시한다. 장내에서 파는 것과 비교해서 양도세 등의 추가적인 비용을 부담해야 하므로 이를 고려해서 가격에 반영하는 것이다. 투자자 입장에서는 장내에서 매도하는 시장 가격과 매수청구 단가를 비교하되, 매수청구 시에는 본인이 부담하게 되는 양도세까지 고려해서 비교할 필요가 있다. 양도세에 대한 부담이 비교적 낮아 주식매수청구를 선택하게 된다면, 양도세는 부과되는 세금이 아니라 본인이 직접 양도세를 신고하고 납부해야 한다는 점도 고려해두어야 한다.

한편, 주식매수청구권을 행사할 때 양도세 부담이 큰 경우 이를 줄이기 위해 청구권 행사 이전에 일단 장내에서 매도한 다음에 다시 매수를 하여 취득가액을 높이는 경우도 있다. 거래량이 많은 종목이라면 거래세나 수수료를 부담하더라도 양도세의 절감 효과가 클 수 있기 때문이다.

해외투자 시에도
절세를 고려하라

금융자산이 많은 거액자산가 A씨는 수 년 전부터 해외투자를 해오고 있다. 글로벌 경기가 전반적으로 좋지 않아 이익을 볼 때도 손실을 볼 때도 있지만, 포트폴리오 분산 차원에서 우리나라에만 올인할 수는 없다는 생각이다. 미국과 유럽 일부 국가에도 투자하고 있고 홍콩과 중국 주식에도 관심이 있다.

하지만 2012년 들어서는 무엇보다 그리스 주식에 관심을 갖고 은행주에 투자해 상당한 이익을 보고 팔았다. 지인들의 추천으로 재정위기 상황에 있는 그리스 주식에 과감히 투자해 단기간에 수익을 얻은 것이다. 한국의 외환위기 때 주가 폭락을 오히려 투자의 기회로 삼았던 것과 2008년 글로벌 금융위기에 미국 주식에 투자해 이익을 본 경험을 토대로 이번에는 부자들의 관심이 그리스로 향하게 되었던 것이다.

통상 부자들이 해외주식을 거래할 때는 세금도 부담해야 하고 수수료도 국내 주식보다 비싸고 무엇보다 환율 리스크까지 감당해야 하므로 쉽게 단기간 매매를 하는 것보다는 장기적으로 투자하는 편이다.

그렇다면 해외 금융자산으로 포트폴리오를 분산할 때 금융부자들은 어떤 투자방식을 선호할까? 해외주식에 투자하는 방법은 유망한 종목을 골라 직접 투자하거나 해외펀드 또는 랩(wrap) 등에 가입할 수도 있다. 투자 운용방법을 결정할 때 자금 규모나, 투자 주식에 대한 정보, 그리고 수수료 및 거래의 편의성도 중요시 하지만 부자들은 세금을 얼마나 내야 할지도 미리 고려한다. 어떻게 투자하느냐에 따라 세금을 내는 방식과 세금 부담률에 차이가 있기 때문이다.

해외투자 시 부자들은 펀드보다 직접 투자를 선호한다

부자들은 통상 금융소득이 많아 금융소득종합과세에 해당되고 38.5~41.8%에 달하는 소득세를 부담하게 되어 투자 시 세금에 민감하다. 해외주식에 투자할 때도 세금 부담이 적은 방법을 찾게 되는데

어떤 투자 방식이 유리할까?

　세금 측면만 보면 해외펀드보다는 직접 투자나 랩에 가입하는 것이 유리할 수 있다. 만일 금융소득이 많은 금융부자가 해외펀드에 투자한다면 펀드에서 발생하는 소득은 모두 배당소득으로 분류되고 이미 최고세율로 소득세를 내고 있어 펀드에서 얻는 이익도 38.5~41.8%에 달하는 세금을 부담하게 된다.

　반면에 해외주식의 개별 종목에 직접 투자하거나 랩에 가입해서 소득을 얻는 경우는 다르다. 직접 투자 시 얻는 주식 매매 차익은 금융소득이 아닌 양도소득으로 분류되고 22%(소득세＋지방소득세)의 단일세율이 적용된다. 해외 랩에 가입하는 경우도 주식을 직접 보유하는 것으로 보아 동일하게 양도소득으로 분류된다. 따라서 부자들에게는 세율 측면에서 해외펀드가 실질적으로 세금을 더 많이 부담하게 되는 것이다.

　반면에 금융소득종합과세 대상이 아닌 투자자에게는 반대의 결과가 나타난다. 해외펀드에 투자해 이익을 얻는 것이 세제 측면에서 더 유리하다. 금융소득종합과세에 해당되지 않으면 해외펀드의 배당소득은 원천징수했던 15.4%의 세금만 부담하기 때문이다. 이처럼 상품 투자 시에도 본인의 소득과 실제 부담하는 세율에 맞도록 상품을 고르는 것이 중요하다. 부자들에게 적용되는 절세 방법이 일반 투자자들에게는 세금을 더 내는 결과가 될 수도 있다.

해외주식 양도세, 다음해 5월까지 양도세 신고해야 한다

해외주식의 직접 투자나 랩에서 발생하는 양도소득도 직접 신고와 납부를 자진해야 한다. 2012년부터는 해외주식 거래로 발생하는 양도소득에 대해서는 예정신고의무가 폐지되어 신고에 대한 부담이 다소 줄어들었다. 국내주식을 거래해서 양도세를 내야 하는 투자자는 분기 말일로부터 2개월 안에 예정신고를 해야 하지만 해외주식은 납세자에게 과중한 부담을 줄여주기 위해 예정신고를 생략하고 확정신고 납부의무만 이행하면 된다. 따라서 매년 발생한 이익과 손실을 상계해서 그 다음해 5월에 확정신고를 하면서 세금을 납부하면 된다.

해외주식 양도세 신고는 환율 계산 등이 다소 복잡해서 일반 투자자들이 직접 신고하기 어려운 측면이 있고 신고대행을 맡길 경우 수수료가 부담될 수도 있다. 그럼에도 해외주식에 대한 거래대금이 큰 부자들은 세금을 적게 내는 절감효과가 더 크기 때문에 수수료를 조금 더 부담하더라도 펀드 등을 통한 간접투자보다는 직접투자를 선호하게 되는 것이다. 참고로 해외주식에 대한 양도세 신고 시 적용환율은 체결된 시점이 아니라 결제일 기준의 환율이 적용된다.

부자들이 스톡옵션을 저점에서

행사하는 이유　　　　스톡옵션(주식매수선택권)은 회사의 임직원에게 자사 주식을 특정한 행사 가격으로 살 수 있는 권리를 부여한 것이다. 통상 행사 가격을 시가보다 낮은 수준으로 부여하기 때문에 주가가 상승하면 차익이 발생해서 임직원들은 상당한 차익금을 남길 수 있다. 스톡옵션이 일부 임원들의 전유물이라고 생각할 수 있지만 실제 꽤 많은 기업의 임직원들이 스톡옵션을 행사해서 차익을 얻는다.

「시사저널」에 따르면 2011년 9월 30일 기준으로 국내 100대 기업(시가총액 기준) 가운데 임직원에게 스톡옵션을 부여한 기업은 35개이다. 행사 기간 내에 스톡옵션을 행사해 주식을 싼 값에 매입한 임직원은 5,179명이었다. 조사 대상 35개 기업 가운데 시가가 행사 가격보다 낮아 임직원이 스톡옵션 행사로 차익을 볼 수 없는 기업은 6개 기업에 불과했으며, 나머지 28개 기업의 임직원 5,117명은 권리를 행사해 상당한 시세 차익이나 미실현 이익을 얻은 것으로 나타났다. 행사 임직원 수가 가장 많은 곳은 신한금융지주(2,186명)였으며, 삼성전자(1,537명), 셀트리온(288명), 삼성물산(187명), 삼성전기(177명) 등이 그 뒤를 따랐다.

이렇게 스톡옵션을 부여받은 사람들은 언제 옵션을 행사해서 차익을 얻을까? 통상 주식시장이 강세를 보이거나 특정 기업의 주가가 최고가를 경신하는 경우 스톡옵션을 행사하는 사례가 많다. 행사하는 가격 대비 주가가 상승해야 행사를 했을 때 차익을 많이 얻을 수 있기 때문이다. 삼성전자 주식이 100만 원을 돌파한 2011년 말에 스톡옵션을 행사한 삼성전자 임원들이 많았던 것도 이러한 이유이다. 그런데 이렇게 주가가 상승했을 때 스톡옵션을 행사하는 것이 더 많은 이익을 가져다줄까? 결론부터 말하자면 꼭 그렇지는 않다. 금융재산이 많아 여유 있는 부자들의 경우 주가가 오를 때가 아니라 오히려 하락했을 때 스톡옵션을 행사한다. 바로 행사 차익의 38.5~41.8%에 달하는 세금을 아낄 수 있기 때문이다.

슈퍼리치들의 스톡옵션 행사 전략

스톡옵션을 보유하는 다수의 사람들은 주로 한 가지 방법만을 알고 있다. 바로 주가를 전망해서 고점이라고 판단되는 순간에 행사하는 것이

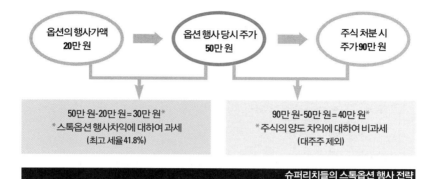

슈퍼리치들의 스톡옵션 행사 전략

다. 고점에 가까운 시기에 스톡옵션을 행사하고, 행사 이후 바로 주식을 처분해 세금을 정산하고 이익을 남기는 것이다. 행사 차익은 주식 가치가 높을 때 크게 발생하므로 이는 당연한 전략이다.

그런데 이렇게 행사하는 것이 스톡옵션으로 가장 많은 이익을 얻을 수 있는 유일한 방법은 아니라는 점을 알아둘 필요가 있다. 여유가 많은 부자들은 일반적인 상식과는 반대로 고점이 아닌 저점에 행사해서 차익을 더 많이 남긴다. 바로 스톡옵션을 저가에 행사하여 주식으로 보유하다가 고점에 주식을 매도하는 전략이다.

부자들이 저점에서 스톡옵션을 행사하는 이유는 단 한가지이다. 세금을 줄여서 세후 수익을 극대화하기 위한 것이다. 스톡옵션의 행사 차익은 38.5~41.8%에 달하는 세금을 부담해야 하는 경우가 많은데 주

식을 실물로 보유하고 얻은 매매 차익은 세금을 내지 않아도 된다(대주
주인 경우 제외). 따라서 스톡옵션의 행사 차익을 줄이고 대신에 비과세
인 주식의 매매 차익을 높이는 절세 전략이다. 물론 이러한 전략을 위
해서는 일정 수준의 현금이 있어야 하기 때문에 보유 비용이 발생하고,
우량주여야 한다는 점과 행사해서 주식을 얻은 이후에 단기적 가치 하
락의 부담을 감내할 수 있을 만큼 재정적 여유가 뒤따라야 한다는 점을
기억할 필요가 있다. 따라서 주로 스톡옵션을 행사하는 데 대출을 받을
필요가 없는 부자들이 절세를 위해 사용하는 전략이다.

스톡옵션, '절세와 수익' 두 마리 토끼를 잡는 방법

합리적으로 세금을 줄이기 위해서는 스톡옵션을 저점에 행사하는 것이
유리하지만, 주가 상승에 대한 100% 확신을 갖기 어려우므로 부자들
의 전략을 무조건 실천하기에는 무리가 있다. 고점에 행사하는 전략과
저점에 행사하는 전략, 상반된 전략을 본인의 상황에 맞게 효과적으로
적용하기 위해서는 다음과 같은 세 가지 요소들을 반드시 고려하여 판
단하는 것이 좋다.

❶ 대상 기업에 대한 주식가치 전망
❷ 향후 스톡옵션을 행사할 수 있는 유효기간
❸ 행사자금에 대한 부담 정도(자기자금 또는 대출)

위의 세 가지 요소를 충분히 고려해야 하는데 행사를 할 수 있는 기간이 얼마나 남아있는지 우선 확인할 필요가 있다. 스톡옵션을 행사할 수 있는 기간이 짧다면 행사 여부를 결정할 수 있는 시간적인 여유가 별로 없을 것이다. 또한 자기 자금으로 스톡옵션을 행사해서 주식으로 보유하는 것이 아니라 대출을 받아서 주식으로 보유하는 경우는 주가가 오르기까지 기다려야 하는 상황을 심리적으로 감내하기 어려운 경우가 많다.

따라서 유효한 행사 기간이 1~2년 이내 단기간이고 대출을 받아 옵션을 행사하는 경우라면, 고점에 행사하고 정산하는 단순한 전략이 좋을 것이다. 저점에 행사해서 기다릴 수 있는 기간이 충분하지 않아 절세전략을 시도하기 어려울 가능성이 있기 때문이다. 또한 유효기간 내 대상 기업의 주가를 부정적으로 본다면, 단기 반등이 있는 비교적 고점이라고 판단되는 시기에 서둘러 행사하는 것이 좋다.

행사 기간이 3년 이상의 비교적 장기로 여유 있으며 주가를 긍정적으로 본다면 부자들의 절세전략을 고려해볼 만하다. 주가가 일시적으로 하락한 시기에 스톡옵션을 행사하고 주식으로 보유하다 주식이 만족할 만한 상승 추세로 왔을 때 매매하는 것이다. 다만, 이 경우에는 고점에 행사하는 것보다 주가 변동에 대한 리스크가 크므로 이를 감내할 수 있는지 신중한 결정이 중요하다. 주식으로 보유하면서 주가가 상승할 때까지 기다리는 인내심을 충분히 발휘할 수 있을 정도로 금전적인 여유가 있는지를 신중하게 판단해야 하는 것이다. 주가가 상승할 때까지 견디지 못하고 주식을 처분한다면 오히려 기회비용만 날리는 셈이 될 수 있기 때문이다.

절세 인사이트 Insight for Saving Tax **14**

스톡옵션 행사 차익은 무조건 41.8%에 달하는 세금을 내야 할까?

스톡옵션의 행사 차익은 대상 기업에 근무하는 동안 행사하면 근로소득에 해당되고 퇴사 후 행사하면 기타소득으로 과세된다. 근로소득과 기타소득(연간 300만 원 초과)은 종합소득에 해당되고 사업소득이나 연금소득 등 다른 종합소득과 합산이 되어 소득세율로 정산된다.

그런데 과세표준 8,800만 원을 초과하는 소득은 38.5%, 3억 원을 초과하는 경우는 소득세 최고세율이 적용되고 41.8%(소득세 38% + 지방소득세 3.8%=41.8%)의 세금을 부담하게 된다.

일반적으로 스톡옵션을 행사하는 사람들은 행사 차익 외에도 월급 등 다른 종합소득이 8,800만 원 이상 되는 경우가 많으며, 한 번에 행사해서 발생하는 행사 차익도 억대 이상으로 크게 발생하여 결국 38.5~41.8%에 달하는 세금을 부담하게 되는 경우가 많게 되는 것이다.

반면, 상장주식을 장내에서 팔고 얻는 매매 차익에 대해서는 세금을 전혀 내지 않는 비과세 소득이다(대주주 제외). 따라서 스톡옵션과 주식의 과세 차이

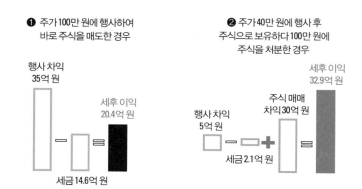

❶ 주가 100만 원에 행사하여 바로 주식을 매도한 경우

행사 차익
35억 원

세후 이익
20.4억 원

세금 14.6억 원

❷ 주가 40만 원에 행사 후 주식으로 보유하다 100만 원에 주식을 처분한 경우

세후 이익
32.9억 원

주식 매매
차익 30억 원

행사 차익
5억 원

세금 2.1억 원

스톡옵션 5,000주를 행사한 사례 비교: 1주당 행사 가격 30만 원

* 세금은 최고세율 41.8%를 적용, 주식 보유비용과 기간 차이는 생략하고 단순화하여 계산한 사례임.

를 활용하여 위의 그림과 같은 절세전략이 가능하다.

위의 사례를 보면 2번과 같이 절세전략을 쓴 경우 1번보다 무려 12.5억 원의 이익을 더 얻을 수 있다. 1번의 경우 행사 차익 35억 원〈(100만 원 – 30만 원)×5,000주〉에 대해 41.8%의 세금을 제외하고 20.4억 원의 이익을 얻을 수 있다.

반면 2번의 경우 세금은 행사 차익 5억 원〈(40만 원 – 30만 원)×5,000주〉에 대한 세금인 2.1억 원에 불과하고 이 후에 주식을 팔아서 얻는 주식의 매매 차익 30억 원은 세금 없이 고스란히 이익으로 남게 되어 총 32.9억 원의 이익을 얻을 수 있는 것이다.

세금을 낼 때 주의해야 할 점도 있다. 스톡옵션을 회사에 다닐 때 행사하면 근로소득으로 보아 연말정산 시에 월급 등과 합산하여 정산한다. 그런데 퇴사 후 스톡옵션을 행사한다면 행사한 다음 연도 5월에 종합소득세를 신고·납부해야 한다.

퇴사 후에 스톡옵션을 행사하면 기타소득에 해당되고, 행사 당시에는 22%의 세금만을 일률적으로 부담한다. 그런데 기타소득은 연간 300만 원을 초과할 경우 종합소득에 합산되므로 익년도 5월 종합소득세 신고기간에 다시 정산하여 실제 본인에 맞는 세율로 정산을 해야 한다.

다른 소득이 많거나 행사 차익이 커서 최고세율로 정산된다면, 미리 납부한 22%와 최고세율인 41.8%의 차이인 19.8% 가량의 세금을 추가로 납부하게 된다. 그런데 이러한 사실을 모르고 행사 당시에 냈던 22%의 세금으로 세금은 다 냈다고 생각해서 나중에 당황하는 경우가 종종 있다. 특히 5월 말까지 신고 및 납부를 하지 않는 경우는 무신고와 납부지연에 대한 가산세를 부담해야 하므로 사후관리도 철저히 해야 한다.

- 금융부자들은 기업의 주식에 투자할 때도 절세 투자의 방법을 미리 고려한다. 주식, 주식매수 청구권, 스톡옵션 등 주식 관련 자산에서 수익을 얻을 때에도 미리 신경을 쓴다면 세금을 크게 줄일 수 있는 방법들이 있을 수 있기 때문이다.

- 주식은 매매차익에 대해서 세금을 내지 않아 가장 대중적인 절세상품이 될 수 있다. 다만, 국내주식에 투자하더라도 대주주에 해당되거나, 장외에서 거래하는 경우, 그리고 비상장주식을 매도하는 경우에는 양도세를 내야 하며, 해외주식을 거래해서 차익을 얻는 경우도 과세 대상이다.

- 본인과 가족들이 한 종목의 주식을 많이 보유한 금융부자의 경우 대주주에 해당될 수 있다. 대주주의 기준에서는 특히 연말이 중요한데, 연말의 적극적인 관리를 통해 양도소득세(지방소득세 포함, 11~33%)를 내지 않지 않을 수도 있다. 참고로 세법상 양도세를 내야 하는 대주주의 기준은 아래와 같다.
  ❶ 지분율 기준 : 주권상장법인은 해당 법인 주식 합계액의 3%(코스닥상장법인은 5%) 이상을 소유한 경우(향후 2%로 변경 예정)
  ❷ 금액 기준 : 주권상장법인은 보유 주식의 시가총액이 100억 원(코스닥상장법인은 50억 원) 이상인 경우(향후 50억 원으로 변경 예정)

- 해외자산에 투자할 때도 투자 방법에 따라 세금 부담이 달라질 수 있다. 금융소득이 많은 자산가들에게는 해외펀드 등에 가입해서 배당소득세를 내는 것보다 해외주식에 직접 투자하거나 랩에 가입해서 양도소득세(지방소득세 포함, 22%)를 부담하는 것이 절세 측면에서 유리할 수 있다.

- 일반적으로 스톡옵션을 보유한 사람들은 주가가 상승했을 때 옵션을 행사해서 차익을 크게 남기는 것을 선호한다. 그렇지만, 여유자금이 있고 세금 부담이 높은 부자들은 주가가 낮은 시점에 스톡옵션을 행사하고, 주식으로 보유하다가 매도해서 세금을 크게 줄이는 방법을 고려한다.

역외탈세 추징 강화,
부자들의 합법적 절세 시크릿

 선박왕, 구리왕, 완구왕까지. 어느 나라 왕들의 이야기가 아니라 바로 우리나라에서 역외탈세로 세무당국과 다툼을 벌이게 되어 언론에 등장한 인물들이다. 이들은 주로 국제 무역 등으로 상당한 돈을 벌었으나 벌어들인 소득에 대해서 우리나라에 세금을 제대로 내지 않았다고 하여 국세청으로부터 추징을 받은 바 있다.

 이들이 세금을 내지 않겠다고 주장하는 이유는 우리나라 거주자가 아니라는 것. 세법상의 비거주자이기 때문에 국외에서 벌어들인 소득은 우리나라에서 세금을 낼 필요가 없다는 논리다. 반대로 국세청은 이들이 거주자에 해당되기 때문에 해외에서 벌어들인 소득도 한국에서 세금을 거둘 수 있다고 주장한다.

 결국 이러한 역외탈세 문제의 쟁점은 거주자와 비거주자에 대한 정의가 주로 문제되는 경우가 많다. 거주자와 비거주자의 경계에 놓여 양쪽 국가에 적을 두면서 결국은 양쪽 국가 모두에서 세금을 내지 않는 사례들이 빈번하게 발생하는 것이다.

국세청은 최근 역외탈세와의 전쟁을 선포하고 이를 추적해 세금을 추징하는 데 전력을 모으고 있다. 위의 왕들의 경우는 국세청의 세금 추징에 불복하여 소송을 진행 중이며, 1심에서 승소, 2심에서 패소하는 등 결과가 엎치락뒤치락하며 다툼을 계속하고 있다. 국세청 역시 이들의 재판 결과에 따라 유사한 역외탈세자 사건에 선례가 될 수 있기 때문에 온 힘을 다하고 있는 상황이다.

그런데, 이러한 역외탈세가 부자들에게는 남의 이야기만이 아닐 수 있다. 자신도 모르게 역외탈세자가 되어 있는 경우도 있을 수 있기 때문이다. 많은 자산가들이 타국과의 교류를 통해 돈을 벌거나, 해외에 금융자산 또는 부동산을 투자하기도 하고, 자녀들을 유학 보내면서 경제적인 흐름과 소득이 한국과 외국 양쪽에서 발생하고 있다. 부자들 중에 가족 구성원 중 적어도 한 사람이 다른 나라에 가서 체류하고 있지 않은 경우는 거의 없다고 해도 과언이 아니다. 그런데 문제는 이렇게 양쪽에서 소득의 흐름이 발생하면서 거주국에 세금을 신고해야 하는지도 모르고 본의 아니게 탈세를 하거나, 혹은 아직까지는 해외 세무당국 간의 정보교류가 완전하지 않으므로 추징사례가 미비하다는 점에 편승해 세금을 누락하는 사례들이 빈번하게 발생하고 있다.

그런데 앞으로는 이런 편법이 더는 쉽지 않을 것으로 예상된다. 미국을 중심으로 우리나라를 포함한 여러 국가들이 조세정보에 대한 교류 및 새로운 협정을 맺어 역외탈세를 막고자 노력하고 있기 때문이다. 당장 FATCA(Foreign Account Tax Compliance Act ; 해외계좌납세의무이행법)라는 제도의 도입이 코앞으로 다가와 국내에 비거주자 계좌를 두고 있는 자산가들의 관심이 온통 해외 자산관리에 쏠려 있다. 특히 슈퍼리치들의 요즘 관심사는 향후 얼마나 많은 조세 정보가 국가 간에 교류될 것인지, 이를 통해 그동안 신고하지 않았던 국외원천 소득이 얼마나 드러날지에 쏠려 있다.

거주자 vs. 비거주자,
개념을 이해하라

해외로 이민했지만 한국에 투자하거나, 두 나라 이상을 오가며 돈을 벌고, 또는 생계를 같이 하는 가족들이 여러 나라에 흩어져 사는 경우들이 종종 있다. 그런데 이렇게 두 나라 이상에 적을 두고 소득이 발생하는 사람은 우선 세법상 어느 나라의 거주자인지 판단해야 할 필요가 있다. 세법상 거주자인지 비거주자인지에 따라 세금을 내야하는 소득의 범위, 적용받는 세율, 내는 방식 등이 확연히 다르기 때문이다.

일반적으로 생각하는 국적이나 시민권, 영주권 등과 세법상의 거주자 개념이 다른 경우가 많다. 국적 기준으로는 미국인이라고 해도 세법상 국내 거주자일 수 있고, 한국인이라도 미국 거주자처럼 세금을 내는 경우도 있다. 국가별로 '거주자'에 대한 기준이 달라 양쪽 국가의 세무당국에서 모두 거주자로 판단하는 이중 거주자에 해당되는 경우도 있다. 이럴 때에는 양국의 조세조약에서 정한 중요한 요건을 세세히 따져 두 나라 중 한쪽으로 거주지국을 정하게 된다.

우리나라는 영주권이나 국적보다는 실제 거주지와 생활 기반을 중시한다. 세법상 거주자는 '국내에 주소를 두거나 1년 이상 거소를 둔 개인'으로 정의된다. 주요 자산이 어디에 있는지, 생계를 같이하는 부양가족이 어디에 거주하는지 등을 종합적으로 고려해 판단한다. 그런데 두 나라를 계속 오가거나 가족이 흩어져 사는 탓에 실제 거주지를 결정하는 것이 어려운 때도 있다.

미국은 기본적으로 시민권자나 영주권자는 미국의 거주자로 본다. 시민권자나 영주권자가 아니더라도 일정 기간 이상 미국에 체류하면

거주자	소득세를 납부할 의무가 있는 자로서 국내에 주소를 두거나 1년 이상 거소를 둔 개인
비거주자	거주자가 아닌 자로서 국내에 원천소득이 있는 개인

거주자와 비거주자의 정의

거주자로 보기도 한다. 따라서 미국과 한국에서 모두 거주자 요건에 해당한다면 자신의 상황에 따라 어느 쪽을 거주국으로 보는 것이 맞는지 검토해볼 필요가 있다.

일반적으로 한 나라의 거주자에 해당하면 해당 국가뿐만 아니라 국외에서 발생한 소득까지도 모두 신고를 하고 세금을 내야 한다. 반면에 비거주자에 해당한다면 그 나라의 원천소득이 아닌 국외 원천소득에 대해서는 세금을 내지 않아도 된다. 또한 그 나라의 원천소득도 조세조약상의 제한세율(통상 거주자의 세율보다 낮은 경우가 많다)까지만 세금을 내면 되기 때문에 개인들에게 소득세 측면에서는 비거주자가 유리한 경우가 많다. 바로 이러한 이유 때문에 해외자산과 소득이 많은 부자들은 거주자에 해당하지 않기 위해 노력한다. 양국 간에 체류일 등을 체크하여 비거주자 신분을 유지하려고 인위적으로 두 국가를 오가면서 체류일을 조절하는 경우도 많다.

'완구왕'으로 불리는 박종완 씨의 경우도 수백억 원대의 역외탈세 혐의에 불복하여 국세청과 소송을 진행 중인 것으로 언론에 알려졌다. 박씨는 탈세 혐의의 소득이 발생했을 당시 한국이 아니라 미국의 거주자였음을 주장했지만, 국세청에서는 박 씨에 대해 미국에서는 한국 거주자로, 한국에서는 미국 거주자로 행세하며 세금 납부를 피해온 것으로 보고 있다.

어느 나라의 거주자인지가 이 판결의 핵심이 되자, 한국 국세청은 미국 국세청에 확인을 요청했고 이에 대해 미국 국세청이 미국 거주자가 아니라는 결론을 내려 한국 국세청에 자료를 송부하기도 했다. 이처럼 거주자에 대한 여부를 판정하기 위해서 양국의 국세청 간에 공조가 필요할 정도로 거주자와 비거주자에 대한 판단을 내리기가 쉽지 않다. 따라서 본인이 스스로 판단하기 어려운 경우에는 세무전문가 등의 도움을 받아 점검해보는 것이 좋다.

거주자 vs. 비거주자

세금은 어떻게 다른가?

미국의 거주자이면서 우리나라 세법상 비거주자인 사람이 한국에서 금융자산에 투자해 소득을 얻었을 경우 세금은 어떻게 내야 할까? 타국가들 중에 특히 미국과의 조세 관계가 얽힌 경우가 많으므로 미국 거주자를 예로 들어 살펴보자.

미국의 거주자가 한국 금융기관을 통해서 채권과 펀드에 투자해 각각 이자수익과 배당수익이 발생했다고 하자. 한국에서 발생한 소득이므로 일단 한국에서 소득세를 낸다. 소득세율은 이자소득은 12%, 배당소득은 15%. 여기에 주민세(소득세의 10%)를 더하면 실제 부담하는 세율은 13.2%와 16.5%이다. 즉 수익을 얻으면 거래한 한국 금융기관에서 이만큼은 세금을 떼어 원천징수하고 나머지를 받게 된다.

그런데 이걸로 끝이 아니다. 미국에서의 거주자에 해당하기 때문에 한국에서 발생한 소득에 대해서도 신고하고 미국의 세법에 따른 방식으로 다시 정산을 하게 된다. 이때에 세금을 양쪽 국가에서 두 배로 내는 것은 아니고, 한국에서 냈던 세금은 외국 납부세액으로 공제받아 이중으로 세금을 내지 않도록 조정된다.

그렇다면 실제로 미국 거주자는 한국에서는 비교적 낮은 제한세율로 세금을 내지만 결국 미국에서 세금을 다 내게 되는데 왜 역외탈세가 빈번하게 일어난다는 것일까? 아직도 대다수의 사람들이 미국 세무당국이 한국에서 발생한 소득을 알 수 없을 것이라고 생각하기 때문이다. 말하자면 한국에서 벌어들인 소득은 신고 자체를 하지 않는 경우가 빈번한 것이다.

미국 거주자에 대해서 우리나라 세무당국이 13.2%와 16.5%의 세금을 떼는 이유는 조세조약상 제한세율 때문이다. 우리나라 거주자들은 이자소득과 배당소득에 대해서 모두 15.4%의 세금을 낸다. 그리고 국내세법상에 비거주자들에게는 이자소득이나 배당소득에 대해 22%의 세금을 거두는 것이 원칙이다. 그런데 양국 간에 조세조약을 맺은 경우에는 22%의 국내법상 세율보다 조세조약상 제한세율을 우선해서 적용한다. 따라서 조세조약에서 정하는 제한세율이 22%보다 낮은 경우에는 제한세율까지만 원천징수한다.

국가별로 제한세율은 조금씩 다르지만 조세조약에 따른 한국과 미국의 제한세율은 이자소득은 13.2%, 일반배당소득은 16.5%(소득세＋지방소득세)이므로 이만큼을 우리나라에서 세금으로 과세할 수 있다. 참고로 우리나라와 홍콩 등 일부 국가들과는 아직 조세조약이 체결되어 있지 않다. 따라서 홍콩 거주자가 우리나라에 투자해서 버는 금융소득은 제한세율이 없으므로 국내세법 상의 세율인 22%로 원천징수한다.

그렇다면 비거주자도 한국에서 금융소득에 대해 종합소득세를 신고해야 할까? 거주자는 연간 금융소득이 4,000만 원을 넘으면 금융소득 종합과세 신고를 해야 한다. 반면 비거주자는 일반적으로 소득금액에 관계없이 원천징수만으로 세금 의무가 끝난다. 하지만 국내에 사업장이 있거나 부동산 임대소득과 관련 있는 금융소득의 경우에는 거주자처럼 종합소득세를 신고해야 하는 경우도 있으므로 주의할 필요는 있다.

	미국	일본	중국	호주	캐나다	비고
이자	12%	10%	10%	15%	10%	
배당	10%	5%	5%	15%	5%	법인의 특수한 경우
	15%	15%	10%		15%	일반적인 경우

우리나라와의 조세조약상 제한세율

＊ 제한세율은 지방소득세를 포함한 경우와 그렇지 않은 경우로 나라마다 각기 다르게 적용됨.

제한세율,

누구나 혜택받는 것은 아니다 비거주자일 경우 제한세율까지만 세금을 내는 것이 이제 더 이상 모두에게 당연히 적용되지는 않는다. 2012년 7월 1일부터 세제가 바뀌어 비거주자 본인이 '제한세율 적용신청서'를 제출해야만 제한세율 적용이 가능하다. 기존에는 비거주자의 계좌에서 금융소득이 발생했을 때 특별한 서류를 작성하지 않아도 조세조약상의 제한세율로 세금을 거두었지만, 개정 이후에는 신청서를 제출해야만 제한세율을 적용받을 수 있다.

2012년 7월 1일부터 '조세조약상 제한세율 적용을 위한 원천징수 절차 특례제도'가 시행된다. 이에 따라 조세조약상의 제한세율을 적용받기 위해서 국내에서 발생할 소득을 지급받기 전에 원천징수의무자에게 제한세율 적용신청서를 내야 한다. 통상 금융소득의 원천징수의무자는 거래하는 은행이나 증권사가 되므로 소득이 발생하는 계좌의 금융기관에 신청서를 제출해야 하는 것이다. 신청서에는 이름, 주소, 납세자 번호 등의 인적 사항과 적용받고자 하는 조세조약의 국가 규정, 비거주자 판정기준 등이 포함돼 있다.

2012년 상반기에 대부분의 금융기관들은 이미 비거주자들에게 연락을 취해 제한세율 적용신청서를 제출하도록 권고한 바 있다. 적용신청서를 제출하지 않은 비거주자에 대해서는 2012년 7월 1일 이후에 발생하는 소득에 대해서 제한세율보다 높은 22%의 세율로 세금을 떼어야 하기 때문이다. 그런데 비거주자는 국내에 연락을 받을 만한 주소가 없는 경우도 있어 신청서 제출을 놓치기 쉽다. 만일 신청서를 못 내서 국내세법에 따른 원천징수세율로 세금을 징수당했다면 경정청구를 해서 세율의 차이 부분을 돌려받을 수 있다. 경정청구는 원천징수된 날이 속하는 달의 말일로부터 3년 이내에 관할 세무서장에게 하면 된다.

사실 이렇게 비거주자들에게 제한세율 적용신청서를 징구하는 이유는 스스로 검토를 통해 본인이 비거주자에 해당하는지 입증을 하고, 이에 따라 거주자임에도 부당하게 비거주자로 자청해서 낮은 세율로 세금을 내는 이른바 '검은머리 외국인'에 대한 혜택을 제한하기 위해서다.

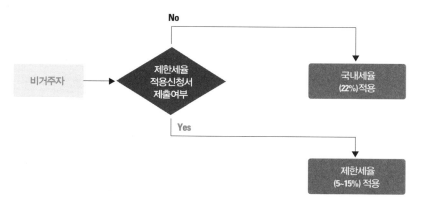

비거주자의 제한세율 적용신청서 제출 여부에 따른 세율 적용

■ 소득세법 시행규칙 [별지 제29호의12서식] <신설 2012.2.28>

국내원천소득 제한세율 적용신청서 (비거주자용)

※ 해당되는 [ ]에 √표를 합니다. (앞 쪽)

접수번호		접수일자	

1. 신청인의 인적사항

① 성명

(Last Name)	(First Name)	(Middle Name)

② 주소

(거주지국 주소)		(국내 거소)	
③ 납세자번호	④ 생년월일	⑤ 거주지국	⑥ 거주지국코드

⑦ 전화번호

(거주지 전화)	(국내 전화)

⑧ 국내체재일

[ ]없음   (최근 1년간) _____ 일   (최근 2년간) _____ 일

2. 신청인이 적용받고자 하는 규정

⑨ 대한민국과 _____ 간의 조세조약 제__조 제__항 제__호 __소득 세율 __%
                                   제__조 제__항 제__호 __소득 세율 __%
                                   제__조 제__항 제__호 __소득 세율 __%

3. 비거주자 판정기준

항 목	예	아니오
㉮ 국내에 주소를 두고 있습니까?		
㉯ 국내에 계속하여 1년 이상 거주하고 있습니까?		
㉰ 최근 2년 동안 국내에 체재한 날이 365일 이상입니까?		
㉱ 생계를 같이하는 가족(배우자와 자녀 등)이 국내에 계속하여 1년이상 거주하고 있습니까?		
㉲ 국내에 계속하여 1년 이상 거주할 것을 필요로 하는 직업이 있습니까?		
㉳ 대한민국의 공무원입니까?		
㉴ 대한민국 국민으로서 국내법인의 해외지점, 영업소 또는 해외현지법인에 파견된 직원입니까?		
㉵ 외국의 국적이나 영주권을 가지고 있는 경우 그 국가명을 기입하십시오.		

본인은 「소득세법」 제156조의6제1항 및 같은 법 시행령 제207조의8제1항에 따라 국내원천소득 제한세율 적용신청서를
제출함에 있어 아래 사항을 명확히 인지하고 있을 뿐 아니라 기재내용에 오류가 없으며 이 신청과 관련된 모든 국내원천
소득의 실질귀속자또는 실질귀속자를 대리하여 서명을 하도록 위임을 받은 자)에 해당함을 확인합니다.

1) 신청인은 위 신청서 내용이 사실과 다른 경우에는 원천징수세액이 관련 법률에 따라 원천징수되어야 할 세액에 미달할
   수 있음을 인지하고 있습니다.

2) 비거주자 판정기준에 따라 본인이 비거주자에서 거주자로 변경하려는 경우 즉시 그 사실을 귀하에게 통지하고, 본인의 이
   자소득과 배당소득이 연 4천만원 초과시에는 종합소득세를 신고 납부하겠습니다.

                                                  년   월   일

               신 청 인   (서명 또는 인)

국내원천소득 제한세율 적용신청서 (비거주자용)

실체는 한국에 살고 있는 거주자이지만 외국자금으로 해외펀드 등
(vehicle)을 통해 한국에 투자하는 경우 펀드 등의 실제 소유주를 밝혀

야 제한세율 적용이 가능하도록 한 것이다. 그런데 실소유자의 정체를 드러내기 싫어하는 일부 해외펀드들은 소유자를 드러내기보다는 차라리 제한세율을 포기하고 세금을 조금 더 내는 방향을 택하는 경우도 있다.

비거주자는 앞의 신청서 양식에 따라 제한세율 적용신청서를 제출하게 된다. 앞의 양식 중 '3. 비거주자 판정기준'을 보면 가~사에 해당하는 항목 7가지에 '예 또는 아니오'를 체크하도록 되어 있다. 앞서 살펴본 바와 같이 비거주자와 거주자에 대한 기준을 명확하게 구분하는 것은 어렵지만, 앞의 질문을 통해 어느 정도 해당 여부를 가늠해볼 수 있다. 앞의 가~사에 해당하는 항목 중 하나 이상을 '예'로 표시하는 경우 세무당국에서는 특별한 사유가 없는 한 비거주자가 아닌 '거주자'로 보고 있다. 따라서 앞의 7가지 항목을 꼼꼼히 알아두면 세무당국의 시각에서 판정기준을 참고할 수 있을 것이다.

반드시 비거주자가
세금을 덜 내는 것은 아니다

앞서 살펴본 바와 같이 비거주자는 거주자보다 일반적으로 세금을 적게 내는 편이다. 국외 원천소득에 대한 과세권이 없고 적용받는 세율도 낮은 편이기 때문이다. 하지만 모든 세금에 있어서 비거주자가 유리할까? 결론부터 말하자면 그렇지는 않다. 거주자는 국외와 국내 원천소득 모두에 대해서 세금을 내지만, 세법에서 정하는 각종 공제나 세제 혜택 역시 받을 수 있는 권리가 있다. 반면 비거주자는 이러한 혜택들은 제한적이다. 다음의 사례를 통해 알아보자.

비거주자인 자녀는 증여재산공제 불가

A씨는 지난 해 성년 자녀인 아들과 딸에게 각각 2억 원씩 증여하고 자녀들에게 증여세를 납부하도록 했다. 2억 원에서 자녀공제 3,000만 원을 뺀 1억 7,000만 원에다가 증여세율(10~20%)을 적용해서 각자 약 2,200만 원의 세금을 신고기한 내에 신고했다. 그런데 최근 세무서로부터 딸의 증여세를 더 내라는 통지서를 받았다. 아들과 딸 같은 금액을 증여하고 세금도 똑같이 냈는데 왜 딸만 세금을 더 내라는 건지 A씨는 어리둥절하기만 했다. 그런데 상황은 이랬다. 아들은 세법상 거주자이므로 자녀에 대한 증여재산공제를 받을 수 있지만 딸은 비거주자이므로 3,000만 원의 공제를 받을 수 없었던 것이다. 따라서 공제받은 부분에 대한 세금을 더 내라는 것이다.

A씨의 아들은 국내에 거주하면서 대학원을 다니고 있다. 반면 딸은 미국으로 유학을 가서 결혼 후 정착해서 5년째 미국에 살고 있다. 부양가족과 함께 외국에서 수년간 거주하고 있으므로 딸의 경우 국내 세법상 비거주자에 해당이 된다. 증여를 할 때 10년마다 성년 자녀는 3,000만 원까지 증여재산공제가 가능하고 미성년자녀의 경우 1,500만 원의 공제가 가능하다. 공제가 가능하다는 말은 세금을 내지 않도록 차감해준다는 뜻이다. 그런데 우리가 알고 있는 일반적인 이러한 증여공제들은 증여를 받는 수증자가 거주자일 때 가능하다.

비거주자의 경우 소득세 등을 납부할 때 일반적으로 거주자보다 과세소득의 범위가 제한적이므로 세금 부담이 적은 경우가 많다. 그렇지만 거주자에게만 주는 공제나 특례 등의 경우는 오히려 혜택을 받지 못해 부담이 커질 수도 있다.

참고로, 딸이 비거주자이지만 증여하는 재산이 국내 소재 재산이거나 증여하는 사람이 국내 거주자라면 여전히 증여세 납부 의무가 있을 수 있다. A씨 경우 만일 비거주자인 딸이 증여세를 납부하지 않는다면 증여한 아버지가 연대 납부할 의무를 지게 된다. 또한 A씨가 국내 자산이 아닌 미국에 소재하고 있는 자산을 비거주자인 딸에게 증여한다면 증여를 받은 딸이 아닌 증여한 아버지에게 증여세 납부의무가 생긴다. 단, 미국에서 증여세가 과세되는 경우, 우리나라에서 이중으로 과세되지는 않는다.

위의 사례에서 볼 수 있듯이 비거주자는 증여재산에 대한 공제를 받을 수 없다. 상속 시에도 사망한 사람이 거주자인 경우에만 상속세 계산 시에 배우자공제, 기타 인적공제 등의 혜택을 받을 수 있다. 따라서 증여와 상속을 염두에 두고 있을 때는 주는 사람과 받는 사람 모두 거주자와 비거주자 여부를 구분할 필요가 있으며 세금 부담이 어떻게 다른지 미리 알아둘 필요가 있다. 또한 뒤에서 설명할 가업승계와 관련된 특례나 가업상속공제 역시 절세 효과가 큰 혜택이 있지만 거주자에게만 적용되므로 비거주자인 경우 절세 효과가 어떻게 다른지, 본인의 상황을 고려해서 미리 검토해볼 필요가 있다.

절세상품의 혜택, 거주자에게 돌아간다

비과세나 분리과세 혜택이 있는 절세형 금융상품들의 경우도 대부분 거주자들에게만 절세 효과가 있는 경우가 많다. 따라서 비거주자인 금융투자자들의 경우는 투자 시에 절세상품을 활용해서 절세 효과를 누리기가 어려운 편이다. 예를 들어, 브라질국채의 경우 한국과 브라질의 조세협약에 따라 이자소득은 우리나라에서 과세권이 없다고 앞서 소개한 바 있다. 그런데 미국인 거주자가 우리나라에서 운용하는 자금을 한국 금융기관을 통해 브라질에 투자하는 경우 투자 자체에 제한을 두고 있다. 이는 세법상 미국인은 한국이 아니라 미국에서 브라질국채를 직접 투자하게 하려는 취지로 보인다. 만일 투자가 가능하더라도 미국인의 경우 한국과 브라질이 조세협약이 아니라 미국과 브라질의 조세협약에 따라 과세 여부가 결정되므로 우리나라에서 투자해서 얻은 이자소득에 대한 절세 효과가 거주자와는 다를 수 있는 것이다.

저축성 보험도 비거주자에게는 절세 효과가 제한될 수 있다. 우리나라 소득세법상으로는 세금을 내는 과세소득이 아니기 때문에 원천징수가 되지 않지만, 원칙적으로는 본인의 거주지국에서 국외원천소득으로 신고해야 하며, 거주국의 세법을 적용받아 과세될 여지가 있다.

이 밖에도 조세특례제한법상에 특별한 세제 혜택을 주는 펀드들도 거주자가 얻는 소득에 대해서만 혜택을 주는 것으로 법에서 제한하고 있다. 앞서 절세 상품으로 소개했던 인프라펀드, 선박펀드, 유전펀드의 경우도 저율로 분리 과세되는 혜택들은 거주자에게만 적용된다. 일반적으로 금융기관에서 설명하는 세제혜택들이 비거주자들에게 적용되지 않는 부분이 크므로 비거주자들은 계좌 개설과 상품 투자 시 어떤 소득으로 얼마나 세금을 내는지 세후수익률을 미리 확인해보는 것이 좋다.

절세 인사이트 Insight for Saving Tax **16**

미국으로의 송금, 얼마까지 안전할까?

50대 회사원인 A씨는 외아들을 미국으로 유학 보냈다. 벌써 3년째 돈을 보내주고 있는데, 매년 들어가는 학비와 생활비가 만만치 않다. 그런데, 장차 아들이 2년 안에 졸업해서 결혼도 해야 하고 사회 기반도 마련해야 한다는 생각을 하면, 이 상황을 좋은 기회로 활용할 수 있지 않을까 하는 생각을 하고 있다. 게다가 이왕 돈을 보내는 김에 더 보내서 아들 계좌로 여유 돈을 불리면 증여세를 내지 않고 자산을 이전시킬 생각까지 하고 있다.

사실 A씨의 생각이 특별하지는 않다. 해외에 자녀를 보낸 사람들이 많이 하고 있는 생각이다. 그런데 이는 위험한 생각일 수 있다. 일반적으로 사회 통념상, 교육비나 생활비로 송금하는 경우는 증여로 보지 않는다. 즉, 아들이 스스로 생활할 수 있는 능력이 안 되는 상황에서 부모가 양육하기 위해 돈을 보내 실제 사용되는 비용은 증여세 과세 대상이 아니다. 그렇지만 이를 초과한 금액을 보내서 투자 목적 등으로 전용하는 경우는 증여로 간주될 수도 있다. 외환관리법상에는 목적에 따라 연간 송금을 자유로이 할 수 있는 금액이 정해져 있다. 이 금액을 초과해서 송금을 하게 되면 신고 대상이 되고 세무당국에 통보되어 전산상 사후관리 대상이 될 수도 있다. 이러한 자료들을 다른 사항들과 연계해서 세무조사의 근거로도 사용될 수 있는 것이다.

그렇다면 외환 자유화의 범위는 어느 정도일까? A씨가 아들에게 송금하는 유학 및 체제 관련 비용은 연간 10만 달러 이하이다. 이 금액을 초과해도 물론 송금은 가능하지만 신고를 해야 하고 사후관리 대상으로 오른다. 만일 해외에 여행 경비로 환전해서 쓰는 용도라면, 1건당 1만 달러가 넘으면 신고 대상이 되고, 거주자가 환전해서 휴대하고 출국을 하기 위한 목적도 1만 달러를 넘게 되면 역시 신고해야 한다.

물론, 한도 내의 금액이라고 해도 세무조사에서 완전히 자유로운 것은 아니다. 예를 들어, 아들이 실제 사용하는 비용은 2만 달러인데 매년 10만 달러를 보내서 여유자금을 금융상품이나 부동산 등에 투자하는 경우에는 증여에 해당할 수 있다. 또 유학 중이라고 해도 본인이 충분한 소득이 있어 생활비 등을 감당할 수 있는 경우에는 부모가 보내는 여유자금 증여에 해당할 수 있다. 그러므로 실제 소요되는 비용 이상의 많은 금액을 송금해야 하는 경우에는 송금 관련된 증빙과 사용 내역 등을 사전에 갖추어서 만일의 경우를 대비하는 것이 좋다.

구분	통보방법및시기	통보기관
• 거주자로서 동일자 $10,000 초과 환전 시 • 연간 $10,000 초과 증여성 송금 • 연간 $50,000 초과 해외예금 송금 • 연간 $100,000 초과 유학 경비(체재비)	전산으로 자동 통보	
• 거주자의 $10,000 초과 휴대 출국	다음달 10일	
• 해외 직접 투자 신고내용	다음달 25일	국세청장
• 해외 신용카드 연간 $50,000 (통화인출 포함) 초과 사용자 • 외국에서 외국통화 인출 $20,000 초과자	다음해 2월 20일	
• 해외여행 경비(체재자, 유학생 등), 신용카드 실적의 합계액이 $100,000 초과자	다음해 3월 말	

외화 거래 신고의무 및 자료 통보 범위

- 세계적으로 경제교류가 강화되면서 한국과 미국, 일본 등 두 나라 이상에 적을 두고 소득을 얻는 사람들이 늘어나고 있다. 이 때에 세법상 거주자와 비거주자에 대한 판단을 명확하게 하여 각국의 법에 따라 소득을 신고해야 하는데 이를 간과하는 경우가 꽤 많다. 향후 세무당국 간에 조세 정보의 교류가 확대될 예정이므로 이에 대한 준비가 필요한 시기이다.

- 우리나라는 실제 거주지와 생활 기반을 중시하여 세법상 '거주자'를 정의하고 있다. 국내에 주소를 두거나 1년 이상 거소를 둔 개인은 일반적으로 거주자에 해당될 수 있는데, 거주자라면 국내에서 발생한 소득뿐 아니라 국외에서 발생한 소득도 합산하여 우리나라에서 세금을 신고 및 납부해야 한다.

- 세법상 비거주자는 통상 거주자에 비해 세금 부담이 적을 수 있는데, 금융소득 역시 양국의 조세조약에 따라 제한세율까지만 세금을 납부할 수 있다. 다만, 우리나라와 조세조약이 체결되지 않은 경우나 '제한세율 적용신청서'를 제출하지 않은 경우는 더 높은 세율(22%)이 적용될 수도 있다.

- 비거주자는 국내에 세금을 신고해야 하는 소득의 범위가 제한되어 있고, 통상 낮은 세율을 적용받을 수 있어 거주자에 비해 세금 부담이 적은 편이다. 그렇지만 반드시 그런 것은 아니다. 거주자들이 받을 수 있는 비과세 또는 공제 혜택들은 대부분 비거주자들에게는 적용되지 않으므로 세금 부담이 늘어나는 경우도 있다.

금융부자의 딜레마,
당신의 해외금융계좌가 위험하다

한국에 사는 A씨는 젊은 시절 미국지사에서 장기간 근무했다. 근무 시절 받은 월급도 많았고 미국 현지에서 금융 투자도 활발하게 해왔다. 현재는 한국으로 돌아와서 노후를 보내고 있지만, 한국에도 재산이 많은 편이고 한국 내에 더 좋은 투자처를 찾기도 어려워 미국에 있는 금융자산들은 그대로 미국에서 운용하고 있다. 그리고 자녀 중 차남은 미국에서 공부한 후 결혼해서 여전히 살고 있다. 이래저래 미국 내에서 돈이 필요할 수도 있고 한편으로는 미국에 있는 자산은 자녀들에게 증여세 없이 몰래 물려주기도 편할 것 같다는 생각을 한다.

그런데 요즘 분위기가 심상치 않다. 미국에 있는 아들로부터 들어보니 미국 내에서도 해외에 있는 금융자산을 신고하라는 압력이 심해지는 상황이고, 일부 교포들은 세금으로 수억 원 이상을 추징당하는 경우가 발생하고 있다고 한다. 또한 한국 역시 2011년에 미국과 같은 해외 금융계좌에 대해서 신고하는 제도를 도입했다고 하니 앞으로 어떻게 해야 할지 걱정스럽기만 하다.

해외금융계좌 신고제도는 해외에 인별로 10억 원 이상의 금융계좌를 보유하고 있으면 매년 6월에 계좌 정보와 잔액 등에 대해서 보고를 해야 한다는 것을 골자로 하고 있다. A씨는 여태껏 이런 내용에 큰 관심을 기울이지 않았는데 2011년부터 해외금융계좌에 대해서 신고를 해야 했다고 한다. 솔직히 금융계좌의 잔액을 신고를 하려고 해도 그 동안 미국 금융계좌에서 발생한 소득에 대해서는 국내에서 신고를 하지 않았기 때문에 꺼려질 수밖에 없다. 계좌내역을 신고하게 되면 그동안에 신고하지 않았던 미국 내의 원천소득에 대해서 세금을 추징당할 것을 우려하는 것이다.

상담을 하다 보면, A씨와 같은 고민을 하고 있는 부자들이 상당수에 달한다. 본인이나 가족 중에 해외계좌를 보유하고 있는 경우가 많기 때문이다. 또 한편으로는 우리나라에 신고하는 것이 문제가 아니라 반대 상황인 경우가 더 많은 것으로 보이는데, 한국과 미국 모두 해외금융계좌를 신고하도록 제도가 갖추어졌기 때문에 양쪽 국가에서 정보 교류에 대한 두려움이 크다.

반대 경우란 미국의 거주자이면서 한국 내에 금융계좌를 보유하고 있는 경우이다. 미국 역시 이러한 제도를 수년 전부터 먼저 도입해왔기 때문에 한국 내 계좌에 대해 원칙적으로 신고를 했어야 한다.

해외금융계좌 신고제도,

신고해야 할까?　　　　　　　　　개인적으로 부유층 고객을 상담하면서 지난 2년간 해외금융계좌 신고를 해야 하는지에 대한 질문을 많이 받았다. 그런데 답변하기 굉장히 곤란한 질문이었다. 대다수의 해외금융계좌를 보유한 사람들이 그동안 해외에서 발생한 금융소득을 신고하지 않아왔기 때문이다. 원칙적으로 한국의 거주자에 해당되면 국내의 소득뿐 아니라 해외에서 벌어들인 소득도 신고를 해야 하는 데 이를 모르거나 안다고 해도 설마 한국 국세청에서 알 수 없을 것이라는 막연한 추측으로 신고를 안 한 사람들이 많다.

　이런 사람들에게 신고를 해야 한다고 강경하게 말하기 어려운 것이 신고를 하게 되면 자연스럽게 그 동안 탈루해온(고의건 아니건 간에) 세금을 바로 추징당할 수도 있기 때문이다. 일부 사람들은 미국에서 번 소득은 미국에서 세금을 다 냈으니 상관없지 않느냐고 말하기도 한다. 그렇지만 원칙적으로는 미국에 세금을 냈더라도 한국에서 다시 국내 소득과 합산해서 신고를 해야 하고 더 낼 세금이 있으면 정산해서 더 내야 한다. 물론 미국에서 낸 대부분의 세금을 '외국납부세액공제'라고 해서 차감해주기도 한다. 따라서 두 배로 세금을 내야하는 것은 아니다.

그렇다고 대다수의 사람들이 아직까지는 신고하지 않고 있으니 신고하지 말라고 권고할 수도 없는 노릇이다. 2011년 6월에 이 제도가 처음 시행되었지만, 미국의 경우 이미 이 제도에 대한 조치를 2008년부터 강화하고 있어 추징당하는 교포들이 늘어간다는 사실을 알고 있는데다 향후 FATCA 제도 등이 도입되어 세계적으로 세무당국 간에 정보 교류가 더 확대되고 있기 때문이다.

따라서 제도 초기에 신고를 안 하고 지내게 되면, 몇 년 후 더욱 강력한 추징이 이뤄질 때는 신고를 하고 싶어도 과거에 신고하지 않았던 내역이 있으니 갑자기 신고하기도 어려운 상황에 놓일 수 있다. 따라서 현황을 최대한 자세하게 설명하고 판단은 고객 스스로 할 수 있도록 조언을 하는 것이 최선이었다.

2011년 6월 처음 이 제도가 시행되어 그해 8월 말에 세무당국이 신고 대상 인원이 발표된 바 있다. 그런데 자진 신고한 개인은 예상보다도 훨씬 저조한 211여 명에 불과했다(법인 계좌까지 합치면 수가 더 늘어난다). 다수의 대상자가 신고를 안 할 것이라는 생각은 했지만 생각보다도 적은 수였다. 당시 국세청은 10억 원 이상의 해외금융계좌를 보유한 것으로 추정되는 개인 2,000여 명에게 개별적으로 신고를 안내한 바 있었지만 이도 큰 효과를 거두지는 못했다. 6월 자진신고 기간에 신고한 대상자인 211명이 신고한 금액은 약 약 1조 원(9,756억 원)으로 1인당 평균 신고금액은 약 46억 원에 달한다. 개인 신고자 대부분은 재벌 총수

구분	2012년			2011년		
	인원수	계좌수	금액	인원수	계좌수	금액
전체	652	5,949	18.6	525	5,231	11.5
개인	302	1,059	2.1	211	768	0.97
법인	350	4,890	16.5	314	4,463	10.5

해외금융계좌 신고현황

자료 : 국세청 보도자료(단위 : 명, 건, 조 원)

일가, 연예인 및 운동선수, 변호사를 비롯한 고소득 전문직종으로 알려졌으며 용산과 강남, 분당 지역 거주자들이 대부분이었다. 실제 탈세 혐의가 있을 것으로 생각되는 불투명한 계좌들을 양성화하는 효과는 미미했던것으로 생각된다.

2012년 6월에는 개인 신고자의 수가 더 늘었다. 8월말 국세청의 발표에 따르면 2012년 신고자는 개인 기준으로 302명이 신고를 했으며 신고한 총 금액은 2조 1,000억 원에 달하는 것으로 나타났다. 2011년에 비해 신고 인원은 약 41% 늘었으며 금액은 2배 이상 증가한 것이다. 국가별로는 미국, 홍콩, 일본, 싱가포르, 중국 순으로 신고자가 많았다. 세무당국에서 적극적으로 신고제도를 알리고, 미신고 시 과태료를 높이고 포상제도를 도입하는 등 제도를 강화하고 있어 제도가 정착되면서 신고자 수는 점차 늘어날 수 있을 것으로 예상된다.

해외금융계좌

신고제도란?   '해외금융계좌 신고제도'는 국내에 거주하는 개인과 내국법인이 보유한 해외 금융계좌의 내역을 국세청에 자진 신고하는 제도로, 역외 탈세와 불법적 자본 유출을 억제하고 해외 자산·소득에 대한 세원 관리를 위해 2011년에 우리나라에 처음 도입되었다.

통상 세무적인 의무가 있는 신고들은 소득을 신고하고 그 소득에 따른 세금을 내는 것이지만, 이 신고제도는 '소득'이 아니라 보유하고 있는 계좌의 '잔액'을 신고하는 것이다. 따라서 잔액 자체만 제대로 신고하면 별도로 낼 세금은 없다. 물론 그 잔액에서 발생하는 국외 원천소득은 특별한 경우가 아니라면 5월에 종합소득세 신고 시에 국외 원천소득으로 신고 대상에 포함해야 한다.

신고 대상이 되는 사람은 세법상에 우리나라 거주자에 해당되면서 연도별로 해외금융계좌의 합계액이 10억 원을 넘는 경우이다. 연도(1월 1일~12월 31일) 중에 어느 하루라도 신고 대상 자산이 10억 원을 넘었다면 신고 대상이 된다. 인별 기준으로 따지는 것으로 배우자나 동거가족의 계좌를 합산하는 것은 아니다. 다만, 한 사람이 미국과 홍콩 등지에 계좌를 여러 개 보유하고 있다면 전체 계좌를 다 합쳐서 10억 원 초과 여부를 따져야 한다.

신고 대상이 되는 계좌와 자산의 범위를 확실하게 확인하는 것도 중요하다. 미국의 제도를 도입하기는 했지만 우리나라의 경우 신고 대상 계좌와 자산의 범위가 다르기 때문이다. 신고 대상 계좌는 '예적금 등 은행업무과 관련하여 개설한 계좌 및 증권거래를 위하여 개설한 계좌'이다. 그런데 중요한 것은 신고 대상 자산이 이 계좌 중에서 현금 및 상장주식으로 국한되어 있다는 점이다. 채권이나 펀드 및 선물, 옵션 등 파생상품은 신고 대상에서 제외된다. 즉 여러 금융자산들 중에서 현금과 상장주식(주식예탁증서 포함)만으로 10억 원이 넘는지 따져보면 된다. 이는 예상보다 신고 대상 범위가 많이 좁혀진 것으로 유사한 법을 이미 시행하고 있는 미국이나 유럽 국가들이 거의 모든 금융자산을 포함하고 있는 것과 비교해도 제한적이다. 다만, 뒷부분에서 좀 더 자세하게 설명하겠지만, 2013년에 보유하는 금융계좌 분부터는 신고 대상 계좌와 자산의 범위가 크게 확대될 예정이다.

계좌는 지리적인 위치가 중요하게 작용한다. 예를 들어, 국내은행의 홍콩사업장 계좌는 해외금융계좌로 포함되지만, 미국은행의 국내지점에 속한 계좌는 해당되지 않는다. 공동명의로 계좌를 보유하고 있다면 공동명의자 각각을 계좌의 관련자로 본다. 또한 계좌의 명의와 실소유가 다른 경우라면, 두 사람 모두 신고의무가 있다.

자신이 신고대상자인지 확인해보자

　아래의 순서대로 모두 '예'에 해당된다면 신고대상자이다(일부 신고의 무면제자 제외).

　* 2013년부터는 계좌의 범위가 확대될 예정.

　신고기간은 매년 6월 1일~31일이며, 전년도에 대한 신고를 익년도 6월에 하는 것이다. 신고 시에는 계좌 보유자의 신원 정보와 해당 계좌에 대한 정보(금융기관명, 계좌번호, 잔액의 연중 최고 금액 등)를 기재하게 된다.

　해외금융계좌이다 보니 잔액을 평가할 때 환율을 적용하는 부분에 대한 의문점이 생길 수 있다. 실제 신고해야 하는 금액은 연중 최고금액의 '원화평가액'으로 신고해야 하기 때문이다. 잔액을 일별로 따질 때, 연말이나 특정시점의 환율이 아니라 일별 기준환율(또는 재정환율)로 각각 환산하여 적용하는 것이 원칙이다. 따라서 환율 적용 시 계산이 다소 복잡할 수 있다(2013년부터는 매월 말일 잔액 적용 예정).

　신고를 하지 않거나 과소 신고한 경우 연도마다 각각 과태료가 부과되는데, 2012년은 최초 시행했던 2011년보다 과태료가 1%씩 상승하여 신고금액에 따라 4~10%의 과태료가 부과된다. 예를 들어, 20억 원을 2011년과 2012년 2년간 신고하지 않았다가 적발된다면, 약 1억 1,000만 원의 과태료가 부과될 수 있다. 2011년의 경우 3,000만 원(첫 시행연도라 경감된 세율인 3%의 절반만 적용)이 부과되며, 2012년은 8,000만 원(4% 적용)가 별도로 부과되어 이를 합산하게 되는 것이다.

이처럼 신고를 매년 누락하게 된다면, 과태료가 매년 쌓이게 되므로 몇 년 뒤 신고하려고 해도 어려운 경우가 생길 수 있다. 미국의 경우도 몇 년간 누적된 과태료가 무서워 신고를 계속 피할 수밖에 없는 상황이 생기자, 이를 양성화하기 위해 몇 번에 걸쳐 과태료를 낮추어주는 '자진신고 기간'을 두기도 했다.

만일 신고기한이 지나서 신고를 원한다면 기한 후 신고 등을 통해 자진신고 할 수 있으며 이때 과태료는 일부 감면받을 수 있다. 또한 2012년부터는 이 제도의 실효성을 제고하기 위해 신고포상금 제도가 도입되었다. 신고의무를 위반한 사람에 대한 중요 계좌 정보 등을 제공한 사람에게 과태료 중 일부를 최대 1억 원 범위 안에서 지급할 예정이다.

한편, 신고는 주소지 관할 세무서를 통해 신고서를 제출하면 되는데 이때 잔액증명서 등 관련 증빙은 제출할 필요 없다. 또한 세무 대리인을 통하지 않고 직접 신고하기를 원하는 경우는 국세청 홈택스 사이트(hometax.go.kr)를 통해 전자신고도 가능하다. 다만, 제도 초기단계인

■ 국제조세조정에 관한 법률 시행규칙 [별지 제21호서식] <개정 2012. 2. 28>

(1쪽)

| 신고대상 연도
년 | 해외금융계좌 신고서 | 신고
구분 | [ ] 정기
[ ] 수정
[ ] 기한 후 | 신고인
유형 | [ ] 거 주 자
[ ] 내국법인 |

1. 신고인 인적사항

① 성 명 (법인명)	(한글) (영문)	② 주민등록번호 (사업자등록번호)	
		③ 여권번호	
④ 주 소 (소재지)		⑤ 전화번호	

2. 해외금융계좌 보유 현황

⑥ 총 신고계좌 수	보유계좌 잔액의 연중 최고금액	
	⑦ 기준일	⑧ 금액
계		원

3. 해외금융계좌별 명세

(단위: 현지 통화, 원)

보유 계좌 일련 번호 (1)	⑨ 계좌 관련자 정보	[ ] 법인, [ ] 공동명의계좌, [ ] 명의자와 실소유자가 다른 계좌		
	⑩ 금융회사명		⑪ 계좌종류	
	⑫ 계좌번호		⑬ 표시 통화	
	⑭ 계좌 명의자		⑮ 현지기업 고유번호	
	⑯ 기준일 잔액	(외화) (원화)	⑰ 개설일 ⑱ 해지일	
	⑲ 금융회사 소재지	국가 / 지역[주(州), 성(省) 등] / 도시 / 그 밖의 상세 주소		

위 신고인은 「국제조세조정에 관한 법률」 제34조 및 제37조에 따라 위 내용을 신고하며, 위 내용을 충분히 검토하였고 신고인이 알고 있는 사실 그대로를 정확하게 적었음을 확인합니다.

년 월 일

신 고 인

(서명 또는 인)

세무서장 귀하

| 대리인 | 성명(상호) | | 사업자등록번호
(주민등록번호) | | 전화번호 | |

해외금융계좌 신고서 양식

데다가 환율 적용 계산 문제도 있으므로 이에 해당되는 대상자들이 직접 전자신고를 하는 경우는 드물 것으로 보인다.

신고대상에서 제외될 수 있는 방법

앞서 설명했듯이 우리나라의 해외금융계좌 신고제도는 2012년 현재까지 신고대상 자산을 '현금과 상장주식'으로만 제한하고 있다. 이를 역으로 생각하면 신고 대상에서 빠지기 손쉬울 수 있다는 것이다. 보유하고 있는 자산을 현금과 주식이 아닌 채권이나 펀드 등으로 갈아타면 되는 것이다. 물론 과거 현금과 상장주식을 보유하고 있거나 신고대상에 포함되었던 당시의 의무가 사라지는 것은 아니지만, 미래에 신고대상에서는 빠질 수 있다.

사실, 2010년 하반기 제도가 처음 도입될 시기 개정안의 초안에는 신고대상 자산이 현금과 상장주식만이 아니라 미국과 같이 대부분의 금융자산이 모두 포함되어 있었다. 그런데 법이 통과되는 과정에서 수정되었고 최종적으로 현금과 상장주식만으로 좁혀졌다. 아무래도 우리나라의 경우 포괄적으로 모든 금융자산을 규정하기에는 아직 시기상조라는 의견이 반영되었기 때문이다. 이후 이에 대해서는 일부 관계자들은 신고대상을 채권·펀드·파생금융상품·비상장주식 등으로 확대하는 방안을 검토할 필요가 있다고 지속적으로 건의를 해왔다. 이러한 건의사항과 실무 적용상 어려운 점들이 반영되어 2013년부터는 제도에 변화가 있을 예정이다.

2013년부터 모든 금융계좌가

신고 대상이 된다　　　　　2012년 8월 8일 발표된 세법 개정안에서는 해외금융계좌 신고제도에 대한 적용 기준과 자산 범위 등을 바꾸는 안이 포함되어 있다.

우선 잔액을 계산할 때 최고 잔액에 대한 기준을 보다 간편하게 변경할 예정이다. 현행 기준은 365일 중에 매일 보유한 계좌를 합산해 이 중에 최고 잔액을 신고하게 되어 있어서 이를 확인하는 것이 쉽지 않았다. 따라서 이를 바꾸어 2013년에 신고하는 분(2012년 금융재산분)부터는 월말의 잔액만으로 최고 잔액을 계산할 예정이다. 좀 더 간편하게 월말의 잔액을 비교해보면 되는 것이다.

사실 개정안 초안에서는 월말 잔액이 아니라 분기 말의 잔액으로만 신고기준을 정하기로 되어 있었다. 그런데 개정안 발표된 이후에 일부에서 법에 구멍이 생겨 거액 자산가들에게 오히려 유리할 수 있다는 우려가 있었다. 분기 말에만 자산을 인출해서 10억 원 미만으로 낮추는 편법을 쓸 수 있다는 생각에서였다. 이에 따라 9월 24일 발표된 개정안 수정안에서 분기가 아닌 월말로 바꾸어 신고제도를 보완하기로 한 것이다.

또한 기존의 신고대상을 모든 금융계좌를 대상으로 넓혀 보완할 예정이다. 앞서 살펴보았듯이 기존 법에서는 10억 원을 넘는지 기준을 따질 때 은행과 증권 거래 관련한 계좌 중에 현금과 상장주식만을 따진다. 따라서 채권이나 기타 다른 종류의 금융재산은 10억 원을 넘어도 신고 대상이 아니었다. 그렇지만 2013년부터는(2014년 6월 신고분) 계좌 및 자산에 대한 범위를 확대해서 채권, 파생상품, 펀드 등과 관련된 계좌를 모두 포함하기로 했다. 결국 신고대상자가 개정 후에는 더 늘어날 것으로 예상된다.

부자라면 알아두어야 할 미국의 해외금융계좌 신고제도

(FBAR: Report of Foreign Bank and Financial Accounts), 앞서 소개한 우리나라의 해외금융계좌 신고제도는 미국의 제도와 매우 유사하게 도입이 되었다. 실제로는 우리나라의 신고제도보다 미국의 신고제도 의무를 이행하지 않아서 불안해하는 자산가들이 많은 편이다. 한국에서 금융자산에 투자하는 부자들 중 미국의 영주권이나 시민권을 유지하고 있는 경우가 많다. 미국의 해외금융계좌 신고제도은 어떠한 기준을 적용하며 우리나라의 신고제도와는 어떻게 다른지 알아보기로 한다.

미국은 1만 달러가 넘는 해외금융계좌를 보유한 사람에 한해 계좌잔액을 신고할 의무가 있다. 통상 세금 신고제도라고 하면 발생한 소득에 대한 세금을 신고·납부하는 것인데, 이 제도는 계좌 잔액 자체를 신고하는 것으로 세법보다는 행정상의 신고의무에서 출발했다. 1만 달러는 한화로 약 1,100~1,200만 원에 불과해 우리나라의 신고 기준인 10억 보다 훨씬 낮은 수준으로 대상자가 상당히 많은 것으로 알려져 있다.

미국도 이 신고제도가 한동안 실무적으로 시행되기 어려워 실제 신고하는 사람들이 많지는 않았다. 그런데 2008~2009년도 스위스의 비밀계좌 등이 논란이 되면서 미국세청(IRS)에서 50%에 달하는 과태료를 20%까지 감해주는 등 자발적인 신고기간을 마련하여 시행에 적극적으로 나섰다. 이 해외자진신고(OVDI) 기간에 약 2만 명에 달하는 개인들이 자발적인 신고에 나서 해외계좌가 양성화되었다. 자진신고 기간을 통해 효과를 본 미국은 2011년에 2차 자진신고 기한을 두었고 2011년 8월 31일까지 신고하는 사람들에게는 최대 과태료를 25%로 제한(일부 납세자는 5% 또는 12.5%만 납부 가능)했다. 2차 신고 기간에는 약 1만 2,000명이 자진신고를 했으며 이후 2012년 1월에는 3차 자진신고 기간까지 진행한 바 있다. 이 신고 기한을 통해 우리 교포들 중에도 일부가 신고에 참여한 것으로 알려졌다. 대상자들은 실제 과세당국이 어느 정도 해외 계좌에 대한 정보를 확보할 수 있는지 여부에 관심이 많다. 최근 몇 년간 세계 주요국들이 조세조약 등을 통해 상호정보교환을 확대하고 서로 조사 인력을 파견하는 등 점점 더 국가 간에 정보 확보가 용이해지고 있다. 더 이상 안전한 해외 피난처가 없다는 인식과 과태료 감액에 대한 메리트가 자진신고를 독려한 것으로 보인다.

	미국	한국
신고의무자	해당사업연도 중 하루라도 기준 금액을 초과한 계좌를 보유한 미국사람(시민권자, 영주권자 및 법인 명의 계좌 등도 포함)	해당사업연도 중 하루라도 기준 금액을 초과한 계좌를 보유한 거주자와 내국법인(2013년부터는 월말 적용 예정)
신고계좌 기준금액	1만 달러 초과	10억 원 초과
신고 대상	계좌의 지리적인 위치가 중요하며 해외금융기관에 개설한 계좌로서 은행 및 증권 계좌 포함	미국과 유사
신고기간	지난 사업연도에 대하여 익년 6월 말까지 신고	동일
신고의무 위반 시 제재	미신고시 최대 50% 과태료 부과 및 형사처벌 가능	미신고시 최대 10%의 과태료 부과

미국과 한국의 해외금융계좌 신고제도의 비교

신고 대상자: ❶미국의 영주권자 또는 시민권자, 미국에서 사업을 영위하는 개인 및 법인(파트너십, 신탁 등 포함)에 해당

❷ 해외에 금융계좌(은행계좌는 물론 파생상품, 뮤추얼펀드를 포함한 증권계좌, 일정한 종류의 연기금계좌 등 포함)를 가지고 있고, 1월 1일~12월 31일까지 1년 동안 어느 시점이든 모든 해외금융계좌 잔고의 합계액이 1만 달러를 초과하는 경우

신고 의무: 익년도 6월 30일까지 재무부에 Form TD F 90-22.1(해외금융계좌 신고서)를 작성하여 제출. 이와는 별도로 4월 소득세 신고 시 소득세 신고서식(Form 1040)의 Schedule B, Part Ⅲ에 해외금융계좌 보유사실을

보고하고, 계좌에서 소득이 발생한 경우 이를 합산하여 신고해야 함

미신고시 제재 : 미신고 시, 계좌당 1만 달러(고의가 있으면 10만 달러와 최대 잔고의 50% 중 큰 금액)의 과태료 매년 부과. 신고하지 않고 적발된 경우 25만 달러 이하의 벌금 또는 5년 이하 징역 등 형사상의 처벌도 가능

FATCA의 시행, 부자들이
주목해야 하는 이유

'해외계좌 납세의무 이행법(FATCA)' 은 일반인들에게 다소 생소한 용어일 수 있다. 그런데 이 제도로 인해 전 세계적으로 비상이 걸린 상황이다.

해외계좌 납세의무 이행법은 2010년 3월, 미국이 제정한 법으로 해외 금융기관이 보유하고 있는 미국 거주자의 해외계좌를 파악하고 이를 정기적으로 보고하여 미국 거주자의 조세회피를 방지하고자 도입되었다. 그런데 이 법에서 정하고 있는 내용에는 우리나라를 포함해 여러 나라의 금융기관들이 미국인의 보유계좌를 파악해서 관련 정보를 미국 국세청에 직접 보고하도록 하는 내용이 포함되어 있다. 또한 보고 일정까지 상세하게 정하고 있어 여러 나라의 금융기관들은 상당한 부담감을 느끼고 있으며 대부분의 국가들이 국가적인 차원에서 나서서 해결하고자 노력 중이다. 사실 몇 년 전만해도 미국이 이렇게 나서서 전 세

계적으로 압박을 줄 것이라는 생각을 하지 못했었고 실제 시행 시기 (2013년)가 다가오자 개인뿐만 아니라 여러 나라의 금융기관과 정부 역시 당황하고 있다.

이에 따라 미국을 오가면서 생활하거나 미국과 그 외 나라에 자산을 보유하고 있는 사람들은 심리적으로 상당한 압박과 두려움을 느끼고 있다. 이 제도가 시행될 경우 그 동안 보고 하지 않았던 타국의 재산들과 소득이 미 국세청에 그대로 드러날 수 있기 때문이다. 일부에서는 강대국인 미국이 만든 초국가적 법안으로 그 범위와 강제성에 '깡패법'으로 부르기도 한다. 이를 이행하지 않을 경우 미국에 진출한 해외 금융기관들에 대한 소득에 30%를 원천징수 부과하겠다는 강력한 제재를 담고 있기 때문이다.

이미 2012년 2월 초에 독일, 영국, 프랑스, 이탈리아, 스페인 등 유럽 5개국은 미국인 납세자 정보를 제공키로 합의한 바 있다. 이들 나라는 금융기관들이 미국에 바로 신고하는 것이 아니라 자국 국세청에 보고를 하면 정부가 미국에 정보교류를 통해 신고가 이뤄지도록 해 금융기관들의 신고부담을 줄이고 있다. 개인들 입장에서는 사실 금융기관이 정보를 직접 주든지 세무당국끼리 주고받든지 그 방식이 중요한 것이 아니라 어찌되었든 본인의 정보가 미국 국세청에 보고될 수 있다는 점에 촉각을 세우고 있다.

이에 이어서 일본과 스위스가 2012년 6월 말경 추가적으로 합의하

기로 결정했다. 일본 및 스위스와의 국가간 협약 사항은 기존 유럽 5개
국 국가 간 협약 사항과 차이가 있으며 정부가 아니라 금융기관이 직접
미국에 보고하는 방식이다. 이에 정보 제공에 동의하지 않은 고객들은
제외하는 등의 특례 조항을 일부 넣은 것으로 알려지고 있다.

우리나라 역시 정부 차원에서 이 제도를 검토하고 있다. 사실 유럽
의 강대국과 일본, 스위스마저 협약을 체결한 상황에서 우리나라가 협
약을 체결하지 않고 있는 것이 사실상 어려울 것으로 보인다. 정부는
실제 이 법의 시행 시기, 보고 대상 범위 등 구체적 사항에 대해 미국
과 유럽 5개국 간 합의와 유사한 수준으로 긴밀히 협의해나가겠다고
공표한 바 있다. 따라서 앞서 체결한 국가들의 수순을 따를 것으로 생
각된다.

다만, 해외계좌 납세의무 이행법은 초국가적인 법 규정으로 각 국가
들의 자국 법규와 상충될 소지가 높다. 실제 우리나라의 경우 미국의
해외계좌 납세의무 이행법이 금융실명제법과 개인정보보호법 등과 대
치되는 것으로 알려져 있어 이를 해결하는 문제가 중요한 과제로 남아
있다.

한편, 이와는 별도로 우리나라의 세무당국도 역외탈세 차단에 세무조
사 역량을 집중하고 있다. 주로 조세피난처를 통해 해외에 자산을 은닉
하거나 자금을 우회 투자하여 세금을 탈세하는 경우가 많은데, 외국 과

세당국들과 조세 정보를 교환해서 역외탈세 혐의자를 선별해내고 있다.

스위스·파나마·버뮤다 등 총 39개국과 조세 피난처와 조세 조약 제·개정 및 조세정보교환협정 체결 등에 합의한 바 있다. 그리고 국제 탈세정보교환센터 등에 가입하는 등 역외 금융기관에 은닉하고 있는 자산들에 대한 정보 수집을 위해 다방면으로 인프라를 구축하고 있다. 전 세계적으로 역외자산의 정보 교류에 공조하고 있는 상황이므로 이를 감안하여 이에 해당되는 사람들은 막연히 피하기보다는 적극적인 대처가 필요한 시기이다.

1분 절세 브리프 Tax Break Brief **07**

- 역외탈세에 대한 추징이 강화되면서 한국과 미국, 양국에서도 해외금융계좌에 대한 신고의무를 강화하고 있다. 금융계좌 잔액에 대한 신고 의무를 별도로 부과하여 해외에서 발생하는 금융소득에 대한 관리, 감독을 강화하려는 것이다.

- 우리나라는 2011년 6월 처음으로 '해외금융계좌 신고제도'가 시행되었다. 이에 따라 해외에 인별로 10억 원 이상의 금융계좌를 보유하고 있는 사람은 매년 6월에 계좌 정보와 잔액에 대한 보고를 해야 한다. 2013년부터는 기준이 더욱 강화되어 현금 및 상장주식뿐만 아니라 채권, 파생상품 등의 금융관련 계좌를 모두 포함할 예정이다. 국세통계연보에 따르면 아직까지 신고 인원이 많지는 않지만, 향후 국가 간에 정보 교류가 강화될 수 있다는 점을 고려할 필요가 있다.

- 미국에서는 우리나라 보다 훨씬 앞서 '해외금융계좌 신고제도(FBAR)'가 있어 왔는데, 2008년 이후로 역외탈세에 대한 감독을 더욱 강화하고 있다. 미국은 인별로 해외에 1만 달러를 초과해서 금융계좌를 보유하고 있는 사람은 신고 대상이 되므로 우리나라 보다 신고 기준이 훨씬 낮아 대상자가 많으며, 신고를 위반했을 때 형사처벌까지 가능하여 제재도 강한 편이다.

- 2010년 3월 미국은 '해외계좌 납세의무 이행법(FATCA)'을 제정하였다. 이에 따르면 미국 이외 세계 각국의 금융기관들이 미국인의 보유 계좌를 파악하여 관련 정보를 미국 세무당국에 보고하도록 하고 있다. 각국의 내국세법과의 충돌, 보고 내용의 범위 및 시행 시기 지연 등 여러 문제가 남아 있는 상황이지만 각국의 공조 추세는 강화되고 있으므로, 이에 해당되는 투자자들은 향후 정책 방향에 관심을 가질 필요가 있다.

부의 이전,
슈퍼리치의
최종 목적지

2
SECTION

슈퍼리치들은 재테크에도 관심이 많지만, 가장 큰 관심을 두는 부분이 바로 증여와 상속이다. 자녀에게 재산을 제대로 물려주는 것은 부자들의 가장 큰 욕구 중에 하나이다. 제대로 물려준다는 것에는 여러 의미가 있을 수 있지만, 기본적으로는 내야 할 세금을 줄이면서 물려주는 것, 그리고 자녀가 이를 물려받아 의미 있게 사용할 수 있도록 하는 것이 기본이다. 증여가 살아 있는 동안 원하는 시기에 미리 재산을 무상으로 이전하는 것이라면, 상속은 사망으로 인해 상속이 개시되고 자연스럽게 재산이 배우자와 자녀 등 상속인에게 이전되는 것이다. 그런데 국세청에서 발표하는 통계에 의하면 증여세를 납부하는 사람들이 증가함에 따라 증여세와 상속세의 격차는 점점 더 벌어지고 있다. 부자들이 증여세 내는 것은 아까워하면서도 조기에 자녀에게 재산을 이전하고 있는 상황만큼은 뚜렷하게 증가하고 있다. 이번 섹션에서는 슈퍼리치들이 가장 큰 관심을 두고 있는 증여와 상속을 효과적으로 할 수 있는 방법을 모색해본다.

똑똑한 부자들은 미리 세금을 낸다

부자들이 자진해서 미리 세금을 내는 이유

자녀에게 재산을 제대로 물려주는 것은 부자들의 가장 큰 욕구 중에 하나이다. 제대로 물려준다는 것에는 여러 의미가 있을 수 있지만, 기본적으로는 내야 할 세금을 줄이면서 물려주는 것, 그리고 자녀가 이를 물려받아 의미 있게 사용할 수 있도록 하는 것이 기본이다. 그런데 이 두 가지는 어쩌면 다소 상반된 이야기가 될 수도 있다. 여러 슈퍼리치들을 상담하면서 왜 미리 미리 증여를 해야 하는지, 세금을 어떻게 하면 줄일 수 있는지를 설명하면 고개를 끄덕이다가도, 재산을 너무 어린 나이에 많이 주면 자녀들의 버릇이 나빠질까 이를 걱정하는 경우도 많기 때문이다. 이러한 우려에도 절세에 대한 욕구가 더 강해지는 것만은 틀림없다. 현실적으로 부자들이 증

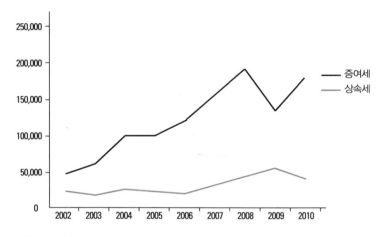

격차가 벌어지는 증여세와 상속세

자료 : 국세청(과세표준을 기준으로 함. 단위 : 억 원)

여를 하는 추이가 지속적으로 늘고 있기 때문이다.

간단히 설명하면, 증여가 살아 있는 동안 원하는 시기에 미리 재산을 무상으로 이전하는 것이라면, 상속은 사망으로 인해 상속이 개시되고 자연스럽게 재산이 배우자와 자녀 등 상속인에게 이전되는 것이다. 그런데 국세청에서 발표하는 통계에 의하면 증여세를 납부하는 사람들이 증가함에 따라 증여세와 상속세의 격차는 점점 더 벌어지고 있다. 부자들이 증여세 내는 것을 아까워하면서도 조기에 재산을 이전하고 있는 상황이 뚜렷하게 보이고 있는 것이다.

　최근에 필자가 세무 상담을 했던 고객은 30대 후반으로 자녀는 6살 난 아들 한 명만 있다. 이 고객은 아직 아이가 어린데도 증여를 당장 시작해서 자발적으로 세금을 내고 싶어 했다. 고객 스스로 경험으로 느낀 바가 컸기 때문이다. 3년 전 아버지가 작고하시면서 수십억 원의 상속세를 냈고, 연부연납을 신청해서 아직까지 상속세를 분할해서 내고 있다. 이러한 과정을 겪으면서 사전에 증여를 해서 재산을 분산하는 것 외에는 특별히 절세의 왕도가 없다고 느낀 것이다.

　우리나라는 전쟁 이후 부를 축적해온 60세 이상 노년층이 사망하고 상속세를 내게 되는 시기에 접어들었다. 부자 1세대들이 은퇴하고 사망하는 시기에 이르게 된 것이다. 세금을 내보지 않은 사람들은 말한다. 누가 증여세를 내고 재산을 주냐고, 몰래주면 되지? 그렇지만 실제로 상속세를 내본 경험이 있는 부자들은 기꺼이 증여세를 내고 싶어 한다. 그 많은 재산을 세금 내지 않고 모두 이전할 수 있는 방법은 없다고 스스로가 느끼는 것이다. 물론 재산 중 일부를 자녀들에게 현금으로 몰래 줄 수도 있고 다른 방법의 탈세를 연구할 수도 있을 것이다.

　그렇지만 분명한 것은 그러한 방법으로는 많은 재산을 모두 물려줄 수가 없고 줄 수 있다고 해도 자녀가 정당하게 투자를 하고 재산을 늘리는 데 사용할 수가 없다는 것을 알아야 한다. 자금출처 문제가 생길 위험이 크기 때문이다. 다음의 사례를 통해 똑똑한 부자들이 왜 세금을 내면서 증여를 하는지 절세 효과를 살펴보자.

장롱에 숨긴 현금 10억 원, 10년 뒤에도

고작 10억 원이다 5만 원짜리 지폐가 나왔을 때 일부 부자들은 반가워했다. 쉽게 현금을 보관할 수 있고 사과상자 하나에 10억 원이 들어갈 수 있으니 자녀들에게 몰래 주기도 쉽기 때문이라고 여겼던 탓이다. 그런데 이렇게 10억 원을 자녀들에게 주었을 때 자녀들이 그 자금을 바로 사용할 수 있는 곳이 있을까?

사회 초년생의 연봉 3,000만 원인 직장인 아들이 갑자기 10억 원을 받으면 과연 들키지 않고 떳떳하게 투자하는 것이 쉬울까? 부동산을 구입하게 되면 등기가 되고 취득세를 납부하므로 세무당국에서 바로 파악이 가능하다. 금융재산에 투자해도 금융소득 종합과세에 해당될 수 있어 수익을 정상적으로 내면서 운용을 하는 것이 쉽지 않다. 결국은 본인이 소득을 많이 벌고 나이도 들어서 스스로의 자금 출처가 어느 정도 생겼을 때 티 나지 않게 조금씩 활용하는 것은 가능할 지도 모른다. 그렇게 세무당국에서 알지 못하도록 조심스럽게 사용하려면 적어도 10년 이상의 세월이 걸릴 수 있다. 세금을 한푼도 내지 않은 사과상자에 담긴 10억 원의 돈은 장롱 속에서 고스란히 잠을 자고 있어야 한다. 결국 10년이 지나도 10억 원의 가치밖에 될 수 없다.

반대로 이렇게 돈을 몰래 주지 않고 떳떳하게 증여세를 신고해서 낸 경우는 10년 뒤에 아들이 얼마의 돈을 갖게 되는지 따져보자. 성년인 아들에게 10억 원을 증여한다면 아들이 내야 할 증여세 대상은 3,000만 원을 공제한 9억 7,000만 원이다. 여기에다 세율을 10~30% 적용하여 세금을 매긴 다음, 10%의 신고세액 공제를 받으면 약 2억 800만 원 정도를 세금으로 내게 된다. 이렇게 세금을 내고 나서 실질적으로 아들이 받게 되는 돈은 약 7억 9,100만 원이다. 아들은 약 20%의 돈을 세금으로 내야 했지만 이는 정당하게 받은 돈이므로 적극적으로 투자가 가능하다. 만약 이 돈을 아들이 5%의 수익률을 얻을 수 있는 금융상품 등에 투자해서 10년간 굴린다면 10년 뒤에 아들은 무려 13억 원에 달하는 돈을 손에 쥘 수 있다. 세금으로 낸 돈 약 2억 원을 회복하는 것은 몇 년간의 투자만으로도 가능하다.

만약 다른 사례로 A씨가 이 돈을 아들에게 증여하지 않고 10년간 직접 투자한 뒤 아들에게 이 돈을 증여하는 경우도 살펴보자. 앞선 경우와 마찬가지로 5%의 수익률을 거둔다고 하면 10년 후 A씨는 16억 5,000만 원을 갖게 된다. 이 돈을 아들에게 증여하면 세금으로 4억 5,000만 원을 내어야 하고, 결국 아들에게는 12억 원 정도만 남게 된다. 미리 증여했을 때보다 약 1억 원을 손해 보게 되는 셈이다.

또한 증여를 하지 않고 10년이 지난 뒤 A씨가 사망해 상속이 발생한 경우는 어떨까. 상속세는 사망한 사람의 자산을 합산해 계산하게 된다. 상속세의 경우 상속자산 전체에 대해 누진세율(10~50%)이 적용되고 30억 원이 넘는 재산에 대해서는 50%의 세율이 적용된다. 현금을 10억 원 사과상자에 넣어줄 정도의 부자라면 대부분 상속세를 50%로 내야

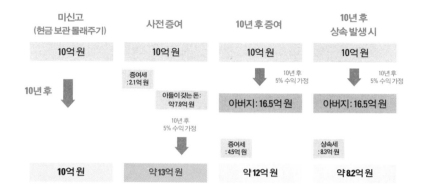

미신고 (현금 보관 몰래주기)	사전 증여	10년 후 증여	10년 후 상속 발생 시
10억 원	10억 원	10억 원	10억 원

증여세
:2.1억 원

10년 후 ↓ (미신고)

아들이 갖는 돈:
약7.9억 원

10년 후
5% 수익 가정 ↓

10년 후
5% 수익 가정 ↓ 아버지: 16.5억 원

10년 후
5% 수익 가정 ↓ 아버지: 16.5억 원

증여세
:4.5억 원

상속세
:8.3억 원

| 10억 원 | 약13억 원 | 약 12억 원 | 약 8.2억 원 |

미신고한 경우와 합법적 증여·상속 비교

* 수익은 5% 월 복리를 가정하였으며, 증여세 및 상속세는 계산 시 10%의 신고세액공제를 받은 것으로 가정.
상속세율은 다른 상속재산이 많아 최고세율인 50%를 적용 받는 것으로 가정

할 정도의 재산을 남긴 경우가 많다. 따라서 10억 원만 떼어내서 생각하면, 10년 동안 불린 돈 16억 5,000만 원의 절반인 8억 2,500만 원을 상속세로 내고 나머지 절반만을 아들에게 상속할 수 있게 된다.

10억 원을 자녀에게 이전하는
안전한 절세 방법

결국 이러한 네 가지 경우를 비교해 보면 현금으로 몰래줘서 들키지 않더라도 몰래주는 방법이 경제적인 측면에서 그리 좋은 선택이 아니라는 것을 알 수 있다. 몰래 받은 돈에 대해서는 평생 자금출처가 없는 돈이므로 적극적으로 수익을 불리기도

어려울 뿐더러, 만에 하나 문제가 되어 가산세까지 추징 당하게 되면 그야말로 아들에게 남는 돈을 얼마 되지 않을 수 있기 때문이다.

　자산이 많은 부자들은 본인이 이러한 경제적인 효과를 스스로 느끼고, 세무당국의 세무조사도 몇 번 받아보면서 몰래주는 것이 아들을 위해 결코 좋은 방법이 아닌 것을 터득하는 경우가 많다.

현금을 몰래줘도 상관없을까?

사업을 해서 큰 재산을 모은 A씨는 아들과 딸에게 평소 물질적으로 많은 지원을 해주고 있다. 자녀가 이미 결혼해 가정을 이루고 직업도 있지만, 생활비를 지원하고 부동산 등 자산을 구입할 때는 수천만 원씩 현금을 주기도 한다. 계좌이체를 해서 거래 내역을 남기는 것보다는 현금으로 빼서 주면 세무당국에서 알지 못하니 '아무런 문제가 없지 않을까' 하는 생각이 들기 때문이다. 이렇게 금융회사에서 현금을 인출한 내역은 정말 아무런 흔적이 남지 않을까?

금융회사는 동일인이 하루에 2,000만 원 이상의 현금을 입금하거나 출금하는 경우, 그 사실을 금융정보분석원에 보고할 의무가 있다. 이를 '고액현금거래보고제도(Currency Transaction Report, CTR)'라고 한다. 이 제도는 불법자금이나 비정상적인 금융거래를 차단하기 위한 목적으로 2006년 도입됐다. 이 제도에 따라 2,000만 원 이상의 현금거래에 해당하면 거래자의 신

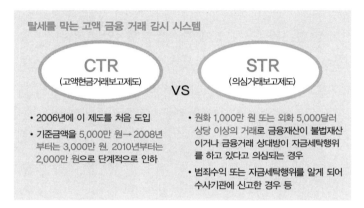

원과 거래 일시, 거래금액 등이 전산으로 자동 보고된다.

그렇다면 2,000만 원을 넘지 않게 1,900만 원씩 여러 번에 나누어 지속적으로 현금을 인출하는 것이 방법이라고 생각할 수 있을 것이다. 과연 그럴까? 결과적으로 이 방법은 그리 안전하지 않다. 큰 액수의 금액을 빈번하게 지속적으로 인출한다면 이는 의심스러운 거래로 보일 수 있고 '의심거래보고제도(Suspicious Transaction Report, STR)'에 따라 이 역시 금융정보분석원에 보고되기 때문이다. 의심거래보고제도는 원화 1,000만 원 또는 외화 5,000달러 상당 이상의 거래로서, 금융재산이 불법재산이거나 자금세탁 행위 등과 연관될 수 있다고 의심되는 거래에 대해 금융기관이 판단해 보고하도록 하는 제도다.

금융기관의 주관적인 판단에 의해 보고가 좌우될 수 있지만, 의심스러운 거래를 간과할 경우 금융기관에 법적인 제재가 가해질 수 있으므로 금융기관에서도 이에 대한 감시를 강화하고 있다.

다만, 이러한 제도에 따라 얻어진 방대한 금융정보를 세무당국에서 활용하는 데 아직까지는 정보 접근에 제한이 있다. 세무조사 등 필요 시에만 주로 금융정보분석원에 요청하고 관련 자료를 제공받아 확인할 수 있기 때문이다. 향후 금융정보분석원의 자료를 세무당국과 자유롭게 공유하게 된다면, 탈세 혐의 대상에 대한 세무조사의 범위가 더 확대될 수 있을 것으로 보인다.

증여가 상속보다 좋은

5가지 이유

미리 재산을 넘겨주면 자녀들이 나태하게 살까 봐 걱정하면서도 왜 사망 시에 넘겨주지 않고 미리미리 자산을 이전하는 것일까? 99%의 이유는 세금을 줄이려는 것이다. 그렇다면 증여를 해서 미리 세금을 내면 더 낮은 세율을 적용하는 것일까? 그렇지는 않다. 다음 표의 세율을 보면 알 수 있듯이 증여세율과 상속세율은 완전히 동일하고, 과세표준이 증가함에 따라 10~50%의 세율이 누진적으로 적용된다. 그리고 과세표준이 30억 원을 초과할 경우에는 최고세율인 50%를 부담하게 된다. 세율이 어차피 동일하게 적용된다면 굳이 미리 줄 이유가 있을까? 노후까지 수중에 돈을 갖고 자식

과세표준	세율
1억 원 이하	10%
1억 원 초과~5억 원 이하	20%
5억 원 초과~10억 원 이하	30%
10억 원 초과~30억 원 이하	40%
30억 원 초과	50%

증여세율 = 상속세율

들의 버릇까지도 다잡을 수 있다면, 부모가 쓸 만큼 쓰다가 나머지를 주는 것이 낫지 않을까? 부자들이 상속보다 증여를 좋아하는 이유는 여러 가지가 있다. 그러면 어떤 점들이 부자들에게 자진해서 세금을 내게 하는 것인지 그 이유를 자세히 살펴보자.

1. 세율은 동일하지만, 누구를 기준으로 세금을 매기는지가 중요!

증여세와 상속세의 세율이 표면적으로는 같지만, 결코 같지 않다. 그 이유는 다음 그림에 숨어 있다. 이 그림은 증여와 상속 시에 세금을 누구를 기준으로 해서 매기는지, 그 방식을 단적으로 보여준다.

일단 상속세를 보자. 상속의 경우 피상속인 아래쪽에 '세금'이라는 표현이 있다. 여기서 피상속인은 사망한 사람, 즉 재산을 남겨서 상속인들에게 주는 사람이 된다. 반면 증여세를 보면 그림상으로 훨씬 더 아래쪽인 수증자 아래 '세금'이라는 표현이 있다. 수증자는 증여를 받는 사람으로, '세금'이라는 표현이 증여를 하는 증여자 아래 있는 것이

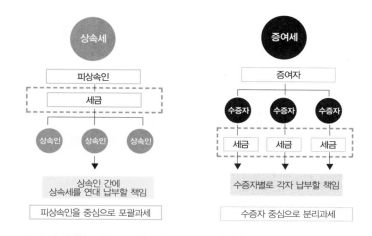

상속세와 증여세의 차이

아니라 수증자 아래 있다. 이것이 의미하는 바가 크다. 상속세는 피상
속인 기준으로 세금을 매기고 증여세는 수증자별로 세금을 매긴다는
것이다.

세금을 내는 사람은 증여와 상속 모두 동일하게 재산을 받는 사람,
즉 수증자와 상속인이 낸다. 그렇지만 세금을 매기는 기준은 이처럼 다
른 것이다. 이것이 의미하는 바를 다음 사례를 통해 살펴보자.

아버지가 재산 중 30억 원(30억 원 이외에도 다른 자산이 많다고 가정)을
성년 자녀 3명에게 주려고 한다. 이때 30억 원을 10억 원씩 나누어 3명
의 자녀에게 사전에 각각 증여하는 경우를 보자. 10억 원을 받는 자녀
들은 증여세를 신고하고 세금을 내야 한다. 세금은 얼마나 내야 할까?

자녀 한명당 약 2.2억 원(*) 정도를 증여세로 낸다.

> 10억 원×세율(10~30%)×[1~10%(신고세액공제)]=2.2억 원(*)

　자녀 한명당 2.2억 원의 세금을 내고 자녀가 세 명이므로 이 가족이 부담하는 증여세는 총 6.6억 원가량이 된다.

　반면, 아버지가 증여를 하지 않고 있다가 사망 시 상속이 발생해 자산이 이전되는 경우를 보자. 이 경우에 30억 원 자산이 세 명의 자녀에게 이전되는데 이때는 세 명이 나눠 갖는다고 해서 10억 원씩 나눈 다음에 세율을 적용하지 않는다. 일단 피상속인의 재산 30억 원에 대해서 세금을 매기고 나서 공동으로 세금을 내게 된다. 30억 원에 대한 상속세는 약 9.4억 원(*)이 산출된다.

> 30억 원×세율(10~40%)×[1~10%(신고세액공제)]=9.4억 원(*)

　결국 위의 증여와 상속 시 자녀 세 명이 부담하는 총 세금을 단순 비교해보면, 증여하는 경우가 상속에 비해 약 2.8억 원의 세금이 적다. 왜냐 하면 증여하는 경우에는 10~30%의 세율만 적용되지만, 상속을 하는 경우는 10~40%의 세율이 적용되기 때문이다. 상속 시에는 30억 원 중에서 10억 원을 초과한 20억 원에 대해서 40%의 높은 세율이 적용된다. 결국 미리 증여를 해서 3명으로 재산을 나누면 40%의 높은 세율을 적용받지 않는 만큼 절세 효과가 생기는 것이다. 따라서 세율이 같다고 해도 누구를 기준으로 세금을 매기는지에 따라 세금 부담은 확연한 차이가 발생하게 된다.

단, 위의 사례에서 세금 산출 시 증여세와 상속세의 계산 방식을 쉽게 설명하기 위해서 증여공제 및 상속공제 등은 생략했으며(과세표준으로 계산하는 것으로 가정), 증여와 상속 시의 재산 가치도 동일한 것으로 가정했다. 또한 증여세율과 상속세율을 동일하게 적용하기 위해 증여 시에는 10년 이내에 사전증여가 없었던 것으로, 상속 시에는 다른 상속재산은 고려하지 않고 세율을 10%부터 적용하는 것으로 가정했다.

2. 10년마다 낮은 세율을 다시 적용, 10년 단위여야 분산 효과 크다

증여 시에는 세율을 적용하는 데 한 가지 장점이 더 있다. 10년마다 낮은 세율을 다시 적용받을 수 있다는 점이다.

미리 증여를 하는 경우에는 여러 차례에 나누어서 증여를 할 수 있다. 그런데 이렇게 증여를 할 때 세율을 매번 새로이 적용한다면 이를 악용할 수도 있을 것이다. 예를 들어, 오늘 1억 원을 증여하면서 10% 세율을 적용받고 내일 1억 원을 증여하면서 10%의 세율을 적용한다면,

계속 자산을 나누어 10% 이하의 세금만 내고 증여가 가능할 수 있다. 따라서 세법에서는 동일인에게 10년간 증여받은 재산은 이를 합산해서 누진적으로 세금을 적용한다. 따라서 위의 사례에서 어제 1억 원을 증여하면서 10%의 세율을 적용받았다면 내일 1억 원을 추가로 증여하면 10%가 아닌 20%의 세율을 적용받는 것이다. 이미 10%의 세율은 오늘 적용받았기 때문이다.

이를 반대로 생각하면 10년마다 새로운 세율이 적용될 수 있다. 10년간만 합산하기 때문에 10년이 지나면 낮은 세율부터 다시 적용받을 수 있는 것이다. 즉, 부모에게 1억 원을 증여받고 10년 뒤에 1억 원을 증여받으면 다시 10%의 세율을 적용받는 것이 가능하다. 따라서 10년마다 나누어서 여러 번에 증여를 한다면, 낮은 세율을 여러 번에 걸쳐 적용받을 수 있어 10년 단위로 분산하는 효과는 커지게 된다. 따라서 증여와 상속플랜을 세울 때 가장 기본이 되는 것은 10년마다 나누어 증여 및 상속 계획을 세우되 낮은 세율을 적용받도록 여러 번으로 나누어 자산을 이전하는 것이다.

3. 증여 후 자산이 불어도 세금을 더 내지 않는다

자산 가치는 상승한다. 적어도 물가상승률만큼은 상승하는 것이 일반적이다. 게다가 증여를 하는 자산은 통상 수익성이 높고 향후 가치가 상승할 것으로 예상되는 알짜배기 자산을 골라서 증여하게 된다.

만일 간단하게 현금으로 1억을 증여를 해서 이를 정기예금에 4% 복리로 예치시킨다고 하자. 이 돈은 10년 후에는 5,000만 원가량 이자가 붙어 약 1.5억 원이 된다. 이렇게 자산가치가 상승하는 것을 생각하면 역시 증여가 상속보다 유리하다.

사전에 증여받은 1억 원이 아버지가 사망하는 시점에 3억 원이 된다고 해도 추가로 세금을 더 내지는 않는다. 1억 원에 대해서 증여 의사를 표시하고 세금 신고를 마쳤다면 그 당시로 증여금액은 확정이 되는 것이다.

만일 증여를 하고 10년 이내에 아버지가 돌아가신다고 해도 마찬가지다. 증여를 하고 나서 10년 이내에 상속이 발생한다면 사전에 증여한 증여재산은 상속재산에 합산되고 다시 상속세를 정산해서 내야 하지만, 이 경우에도 증여받은 이후의 가치 상승분은 고려하지 않는다. 증여 당시에 평가해서 증여세를 냈던 그 금액으로 합산이 되는 것이다.

결과적으로 부자인 아버지가 본인 재산으로 돈을 버는 것보다는 아들에게 자산이 이전되고 난 후 그 수익을 아들이 가져가는 것이 유리하다. 재산이 많은 아버지는 돈을 벌어도 세금을 많이 내고(최고 세율 41.8%) 또 소득세를 내고 나서 남은 자산을 아들에게 이전하려면 증여세 또는 상속세를 높은 세율(최고 세율 50%)로 내게 된다. 결국 자산가가 나이 들어서 벌어들이는 소득은 절반 이상을 세금으로 내게 되는 것이다.

나이 든 자산가들이 하는 흔히 하는 이야기가 있다. '10만 원짜리 밥을 먹으면서 5만 원은 내가 내고 5만 원은 나라에서 내준다고 생각한 다'고. 어차피 자기 재산은 상속세를 50% 내야 되기 때문에 본인 앞으로 자산을 불리는 것이 이제 더 이상 중요하지 않다는 뜻이다. 그리고 평생 돈을 버는 데만 집중하고 쓸 줄은 모르고 살아왔는데, 이제는 더 이상 그렇게 아까워하지 않겠다는 생각도 있는 듯하다. 어차피 반은 세금으로 내야 하니 10만 원짜리 밥도 흔쾌히 먹으면서 5만 원만 내 돈에서 내는 것이라고 생각한다는 것이다.

4. 증여는 상속인이 아닌 사람에게도 재산을 이전해 절세가 가능하다

증여의 장점은 상속인이 아닌 사람에게도 자산을 마음대로 계획해서 줄 수 있다는 것이다. 통상 상속이 발생을 하게 되면 법정 상속인인 배우자와 자녀들에게 상속재산이 이전된다. 그런데 증여를 미리 하게 되면 배우자와 자녀뿐만 아니라 손자, 손녀 기타 친척들에게까지도 나누어주는 것이 비교적 쉽다. 증여세는 앞서 살펴보았듯이 받는 사람 기준으로 세금을 내기 때문에 이렇게 나누어주게 되면 통상 부담하는 세율이 낮아진다. 아들 가족에게 자산을 이전한다면, 아들과 며느리, 손자, 손녀까지 모두 활용해서 증여를 할 수 있고 이렇게 하면 세금을 크게 줄일 수 있다. 이 절세 효과에 대해서는 뒤에서 사례로 좀 더 자세히 알아보기로 한다.

항목	공제내용	비고
배우자공제	6억 원	
직계존비속	3,000만 원(미성년자 1,500만 원)	수증자 기준 10년간 공제금액
기타친족	500만 원	
재해손실공제	신고기한 내에 화재, 자연재해 등으로 인하여 증여재산이 훼손된 경우 해당가액을 공제	

증여 공제

5. 증여재산 공제도 10년마다 여러 번 받을 수 있다

부모가 자녀에게 자산을 줄 때 세금을 내지 않고 줄 수 있는 일정금액이 있다. 성년자녀에게는 3,000만 원, 그리고 미성년인 자녀에게는 그 절반인 1,500만 원이다. 이를 증여공제라고 하는데, 이 증여공제는 10년의 기간 동안에 세금 없이 줄 수 있는 최대 금액이다. 사실 10년에 3,000만 원이라고 하면 그리 크지 않은 금액일 수 있다.

그런데 금액이 크지 않다고 해도 세금 없이 합법적으로 줄 수 있는 금액이니 여러 번 가능한 한 많이 받는 것이 좋을 것이다. 요즘은 굳이 큰 부자가 아니라도 애기가 태어나면 바로 증여를 하는 경우가 흔하다. 바로 증여를 빨리 시작해서 이런 증여공제 혜택을 가능한 여러 번 쓰고자 하는 것이다.

사실 증여공제의 혜택을 가장 크게 받을 수 있는 것은 배우자 간의 증여이다. 성인인 자녀에게는 10년간 3,000만 원까지만 세금 없이 줄 수 있지만 배우자에게는 6억 원까지 세금 없이 재산을 줄 수 있다. 재산 형성에 같이 기여한 배우자끼리는 증여공제 한도가 더 큰 것이다. 증여와 상속을 줄이는 방법에는 이 배우자공제를 10년마다 적극 활용하는 것이 하나의 중요한 전략이 된다. 배우자를 활용해서 절세하는 방법은 뒤에서 좀 더 자세히 알아보기로 한다.

증여보다

상속의 장점도 있다

부자들과 세무상담을 하면서 증여의 장점에 대해서 설명하면 간혹 이러시는 분들이 있다. 여태까지 증여의 좋은 점에 대해서 몰랐으니 지금이라도 증여를 모두 해버리고 속 편하게 지내고 싶다는 것이다. 과연 이런 생각이 옳은 것일까? 이는 위험한 생각이다. 왜냐하면 증여의 장점이 많은 것은 사실이지만, 상속도 마찬

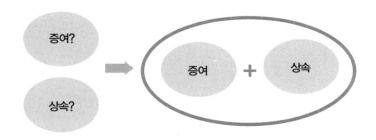

가지로 나름대로의 장점이 있기 때문이다. 결론부터 말하자면 증여와 상속, 두 가지를 모두 섞어 잘 활용하는 것, 그것이 바로 진정한 의미의 절세 플랜이다.

그렇다면 상속의 장점은 무엇일까? 상속의 가장 큰 장점은 상속공제 금액이 증여보다 훨씬 크다는 것이다. 다음 표를 보면 상속공제는 증여 공제에 비해 공제금액도 크고 종류도 다양하다. 상속은 사망 후 마지막으로 남긴 재산들을 정산해서 남겨진 가족들에게 이전하는 절차다. 그런데 배우자와 자녀들도 피상속인의 사망 이후에 기본적인 생활은 보장받아야 될 필요가 있을 것이다. 따라서 어느 정도 범위의 재산은 세금 없이 남겨진 가족들에게 줄 필요가 있으므로, 상속공제는 증여공제에 비해 더 큰 것이 당연하다. 이러한 상속공제들을 받을 수 있는데도 사전에 증여를 다 해버리면, 세금 없이 자산을 줄 수 있는 상속의 혜택을 포기하는 것이 된다.

상속 시에 배우자공제는 5억 원~30억 원으로 증여할 때 공제인 6억 원보다 크다. 그리고 기초공제와 자녀 수에 따른 공제들도 있으며, 금융재산에 대한 별도의 공제와 동거주택상속공제, 가업상속공제를 모두 활용할 수 있다.

상속공제의 금액이 크다고 해서 상속공제만 선택하라는 것이 아니다. 증여를 빨리 시작해서 증여공제 10년 단위로 여러 번 챙겨 받고 일정 부분의 재산은 남겨서 상속공제 역시 받을 수 있으면 가장 실속 있는

항목	공제내용
기초공제	2억 원
가업상속공제	상속재산 70%, 300억 원 한도
배우자공제	5억 미만: 5억 5억 원 이상: 실제 상속가액과 법정지분을 고려(30억 한도)
기타인적공제	자녀공제(3,000만 원) 미성년자(연도별 500만 원) 연로자공제(3,000만 원)
일괄공제	(기초공제 + 기타인적공제)가 적은 경우 선택적 적용, 5억 원
금융재산 상속공제	순금융재산의 20%, 2억 원 한도
재해손실공제	신고기한 내에 화재, 자연재해 등으로 인하여 상속재산이 훼손된 경우 해당가액을 공제
동거주택상속공제	10년 이상 동거한 1세대 1주택 상속 시 주택가액의 40% 공제(5억 원 한도)

다양한 상속 공제

증여와 상속이 되는 것이다. 결국 자산을 나누어 10년마다 공제도 가능한 많이 받고 세율도 낮게 적용받을 수 있도록 분산하는 것이 절세의 기본이다.

금융재산 vs. 부동산, 무엇이 증여 및 상속에 유리할까?

증여와 상속을 하기에 금융재산과 부동산 중 어떤 자산이 더 유리할까? 세무 상담 시 많이 궁금해 하는 부분이다. 증여나 상속 시에는 자신의 자산 현황을 파악하고 이 중에 향후 전망과 수익성이 좋은 자산을 고르는 것이 중요하다. 그런데 그 자산은 금융자산이 될 수도 있고 부동산이 될 수도 있다. 자산마다 세제상의 장단점도 각기 다르다.

많은 사람들이 일반적으로 부동산이 시가보다 증여(상속) 재산의 평가가 적게 되므로 세금을 적게 낼 수 있는 것으로 알고 있다. 실제 증여나 상속을 할 때 부동산은 시가를 알기가 어려워 세법에서 정한 기준시가로 인정하는 경우가 많다. 이럴 경우 일반적으로 평가 측면에서는 다른 자산보다 유리할 수 있다. 단, 아파트나 매매사례가액(유사한 물건을 매매한 사례)을 비교적 정확하게 파악할 수 있는 경우에는 시가에 가깝게 평가되므로 이러한 장점이 줄어든다.

그런데 부동산은 재산 분할이 쉽지 않고 증여세나 상속세를 부담하기 위해서 이전 받은 자산을 처분해야 할 수도 있다는 단점이 있다. 금융자산과 같이 일부만 환매하기가 어려우며, 요즘과 같이 부동산 경기 불황일 때는 매매를 원해도 성사가 되지 않아 세금을 내기 위해 물납을 해야 하는 경우도 생긴다.

반면에, 예금과 펀드·채권 등 금융재산은 시가를 확인하기 쉬우며 증여나 상속일의 시가로 세금을 내게 되어 평가 측면에서는 부동산에 비해 불리할 수 있다. 단, 상속을 할 때는 재산가액의 20%를 금융재산상속공제로 빼주기 때문에 부동산보다 유리한 측면도 있다. 금융재산상속공제로 2억 원 한도까지 공제되는 만큼 금융재산가액으로 10억 원까지는 공제 효과가 있는 셈이다. 또한 금융재산은 부동산에 비해 현금화가 쉬운 만큼 상속이 발생했을 때 상속세 납부가 쉽고 상속인이 여러 명일 때 재산분할도 쉽다.

따라서 증여재산을 고를 때 본인의 보유한 자산 중에 장단점을 확인한 후 이 중 유리한 자산을 먼저 고르는 것이 중요하다. 보유한 자산 중에 미래에 가치가 있을 것으로 판단되는 자산을 먼저 증여하는 것이 유리한데, 각자 보유하고 있는 재산의 가치가 다르므로 획일적으로 어떤 자산이 유리하다고 단정하기는 어려울 수 있다.

	부동산	금융재산
평가	주택이나 토지 등의 경우 시가보다 낮게 평가될 수 있어 유리	증여 및 상속 당시 시가로 평가
환가성	금융재산에 비해 환가성 낮음	환가성 높음
공제	별도의 상속공제 없음	금융재산 상속공제 가능
자산 이전 시 취득세	취득세 부담(약 4%)	취득세 없음
수익성	임대소득과 자본차익 모두 가능	금융소득과 일부 자산의 경우 자본차익 실현 가능
증여세 신고절차	금융재산에 비해 평가 방법 등이 다소 복잡할 수 있어 신고대행을 맡길 경우 수수료가 비싼 편임	비교적 간단(비상장주식 등의 경우는 평가가 복잡할 수 있음)

부동산 vs. 금융재산

증여와 상속까지 고려한다면 노후 자산을 부동산에만 집중하기보다는 사망 때까지 본인이 사용할 생활자금과 필요한 유동자금, 상속인이 부담해야 할 상속세 정도는 금융재산으로 보유하는 게 좋다. 단, 상속이 임박한 시점에서 보유 부동산을 처분해 상속 포트폴리오를 재구성할 때는 신중해야 한다. 부동산을 처분할 경우 피상속인이 양도차익에 대한 양도세를 부담해야 하는 데다 상속 시 더 낮게 평가될 수 있는 자산을 굳이 팔아 상속재산가액만 늘어나는 결과가 생길 수도 있기 때문이다.

당신에게 맞는 5단계 증여·상속

플랜 세우기   절세를 위해 증여와 상속을 계획하는 것은 중장기적인 플랜이다. 일단 큰 그림을 그려서 전체적인 플랜을 세우는 것이 중요한데, 기본적인 사항들은 알면 증여와 상속 계획을 세우는 데 도움이 된다. 물론 세무전문가가 아닌 이상 세부적인 세법의 조항들까지 이해하고 적용하는 것은 힘들겠지만, 다음의 단계들을 통해 본인의 상황을 진단해가면 전체적인 밑그림은 그려볼 수 있을 것으로 생각된다. Step 1~5까지 모두 고려한 자신의 상황에 맞는 솔루션을 찾아보자.

Step 1. 증여할 자산의 현황을 파악하라

증여와 상속에 대한 종합적인 상담을 할 때 필자는 일단 가족관계와 재산 현황에 대해 상세하게 물어보는 것으로 상담을 시작한다. 처음 만난 고객들의 경우 당황스러울 수 있지만, 전체 자산 내역을 모르고 일부 자산에 대해서만 증여 상담을 하는 것은 반쪽짜리 조언이 될 수밖에 없다고 생각하기 때문이다. 물론 고객이 자신의 전체 자산에 대해서 밝히기 꺼리는 경우는 당연히 상담받기를 원하는 일부 자산에 대해서만 이야기하고 조언 역시 제한적으로 할 수밖에 없게 된다.

이렇게 하는 이유는 여러 이유가 있겠지만, 장기간의 계획 속에서 증여와 상속의 핵심이 여러 번 공제를 받고 비교적 낮은 세율로 세금을 내도록 자산을 분산하는 것이기 때문이다. 이를 위해서는 전체 자산을 알아야 효과가 있는 것이지 일부 자산만으로 계획을 세우면 결국 남는 자산은 모두 상속 시 많은 세금을 내야 하는 상황에 맞닥뜨릴 수밖에 없게 된다.

50~60대, 은퇴시점이 되면 더 이상 증여와 상속에 대한 계획을 미룰 수 없는 시기이다. 이 시점에서 반드시 한 번 정도는 총 재산을 정리해보고 노후를 위한 자금과 자녀에게 남겨줄 재산을 나누어볼 필요가 있다.

재산에 대한 전체적인 리스트를 작성하는 것이 좋은데, 이때 남편과 아내 재산을 나누어 본인의 명의대로 재산 리스트를 적는 것이 좋다. 어차피 상속이라는 것은 사망한 사람의 명의 재산을 기준으로 상속세를 내야 하기 때문이다. 부부라고 할지라도 동시에 사망하는 경우는 매우 드물 것이고 두 번 발생하는 상속을 고려해서 계획을 세우는 것이 좋다. 결국 한 사람에 대한 증여와 상속 플랜을 세우는 것은, 그 한 사람만이 아니라 부부 두 사람과 그들의 자녀에 대한 종합적인 계획이 될 때 가족 전체적으로 진정한 절세 효과를 누릴 수 있다.

어떤 부부가 총재산을 정리해보니, 남편 20억 원과 아내 명의의 자산 10억 원 총 30억 원의 재산이 있다고 가정해보자. 이 중 남편 재산 약 10억 원은 노후생활비로 사용하고 나머지 10억 원만 자녀에게 물려줄 것이라면 증여가 필요하지 않을 수 있다. 사전증여를 하지 않고 사망 시 남은 재산을 상속으로 주는 것이 나을 수 있다. 배우자공제와 자녀에 대한 인적공제 등 상속 시 받을 수 있는 각종 공제들을 적용하면 세금을 한 푼도 안낼 수도 있기 때문이다.

아내가 가진 자산 10억 원 역시 사망 시 각종 공제를 활용하면 상속세 부담이 낮을 것이다. 이러한 경우 굳이 증여를 미리 한다면 증여공제 한도가 크지 않으므로 증여세만 많이 내는 결과가 될 수도 있다.

물론, 부모가 가진 재산 중에 향후 가치가 크게 오를 것이라고 확신이 되는 재산이 있거나, 자녀가 기본적인 자금을 필요로 하는 경우에는 예외적일 수 있다. 결국 재산 리스트를 정리해서 보았을 때 각종 공제를 활용하면 크게 세금 부담이 많지 않은 정도의 재산 규모라면 사전증여 시에 미리 증여세를 부담하는 것이 절세가 되는 것인지를 꼼꼼히 살펴볼 필요가 있다.

반면에 인별로 나누어 상속 대상 자산이 대략 20억 원 이상 된다면 사전증여를 심각하게 고민해볼 필요가 있다. 그대로 방치하다 상속이 발생한다면, 상속세가 20~50%까지 부과될 수 있으므로 이를 줄이기 위한 전략이 필요하다.

이처럼 자신의 자산 현황을 정리해보고 사전증여의 필요성을 정확하게 파악하는 것이 증여·상속 전략을 세울 때 가장 우선적으로 해야 할 일이다.

Step 2. 10년마다 증여 계획을 세워라

재산 현황을 정리해보고 증여 및 상속 플랜을 세울 필요가 있다고 판단되면 10년 단위로 나누어 계획을 세우는 것이 좋다. 앞서 살펴본 것처럼 증여·상속세율은 누진세율인데, 10년 이내의 증여한 재산은 모두 합산하여 세율이 적용되기 때문이다. 또한 세금 부담 없이 재산을 넘겨줄 수 있는 증여재산공제도 10년마다 혜택을 받을 수 있으므로 최대한 여러 번 활용하는 것이 좋다.

증여재산 공제액은 배우자 6억 원, 자녀 3,000만 원(미성년자 1,500만 원)이다. 따라서 증여 대상 자산의 규모가 그리 크지 않고 상속시기도 멀어 향후 10년 단위 기회가 여러 번 남아 있다면 증여재산 공제액을 한도로 이전하는 방법도 세울 수 있다.

예를 들어, 본인의 재산은 30억 원인데 전업주부인 아내 명의재산이 전혀 없다면 6억 원씩 두 번에 나누어 12억 원을 아내에게 증여할 수 있을 것이다. 이렇게 하면 세금 부담 없이 아내에게 재산이 분산되고, 향후 본인 사망 시 발생할 수 있는 상속세를 낮출 수 있다.

그렇지만 만약 증여할 재산이 많다면 공제한도 내에서만 증여해서는 부족하다. 자산 중 일부만 이전되어 절세 효과가 낮으므로 세금을 부담하더라도 더 큰 금액을 증여할 필요가 있다. 세율 구간에 따라 1억 원(10%), 5억 원(10~20%), 10억 원(10~30%) 정도로 나누어 10년마다 증여 계획을 세우는 것이 효과적이다.

Step 3. 가장 좋은 알짜배기 자산을 선택하라

10년 단위로 증여할 금액을 나누었다면 증여할 재산을 골라야 한다. 어떤 자산부터 먼저 물려주는 것이 좋을까? 향후 상승세가 예상되는 주식이나 개발 호재가 있는 토지, 안정적인 임대수익이 보장되는 건물 등 본인이 가지고 있는 자산 중에 가장 좋다고 생각되는 자산을 우선적으로 증여하는 것이 좋다.

증여세는 증여 신고 당시의 재산평가액을 기준으로 세금을 내고 증여 이후 수익이 발생한 부분에 대해서는 세금을 내지 않는다. 따라서 증여 후 재산가치 상승분이 클수록 자녀가 누리는 절세 효과는 커지게 된다.

재산 평가측면에서는 부동산이 유리할 수 있다. 아파트의 경우 상대적으로 시가를 알기 쉽지만 토지나 상가 등은 시가를 확인하기 어려운 경우가 많다. 따라서 이러한 경우 법에서 정하고 있는 보충적인 평가방법으로 세금을 내게 되는데, 기준시가나 공시지가 등은 실제 거래되는 가격보다 통상 낮은 경우가 많고, 따라서 시가보다 낮은 금액으로 세금을 내게 되는 것이다.

금융상품을 증여한다면 일시적으로 자산 가치가 하락하는 시기를 활용하는 것이 좋다. 2008년 말 금융위기 당시 주식이나 펀드를 증여한 사례가 많았는데, 평가액이 낮아져 절세 효과 컸기 때문이다.

Step 4. 여러 사람에게 나누어 증여하라

증여할 대상으로 고른 자산은 어떻게 증여해야 세금 부담을 낮출 수 있을까? 한 사람에게 증여하는 대신 여러 사람에게 나누어 주면 세금이 크게 절감된다. 앞서 살펴보았듯이 증여세는 재산을 받는 사람 기준으로 계산되기 때문에 같은 금액을 증여하더라도 증여 받는 사람 수를 늘리면 낮은 세율을 적용 받을 수 있다. 또한 증여재산공제도 증여 받는 사람 별로 각각 받을 수 있어 유리하다.

예를 들면 자녀 한 사람에게 4억을 증여하는 것보다 자녀, 자녀의 배우자, 손자, 손녀까지 일가족 모두에게 각각 1억씩 증여하는 것이 좋다. 증여재산이 4억이면 20%의 세율이 적용되지만 1억인 경우 세율이 10%로 낮아지는 데다 각각의 증여재산 공제액을 전부 활용할 수 있어 절세가 가능하다. 자녀가 많다면 여러 명으로 분산 증여할 수 있어 절세 효과는 더욱 커진다.

Step 5. 세무전문가의 조언을 활용하라

이와 같이 증여플랜을 세우는 데는 일반적으로 적용될 수 있는 단계들이 있다. 그렇지만, 각 개인들이 처한 상황과 상속인들의 니즈가 다르므로 증여와 상속에 대한 솔루션도 획일적일 수는 없다. 사전에 충분한 기간 동안 이를 계획하고 방법을 찾는 것이 절세를 위해 필수적이며 여기에 더해 세무전문가의 조언을 구하는 것이 시행착오를 줄일 수 있는 방법이다. 대부분의 금융기관들은 VIP 고객들을 대상으로 무료 세무상담 서비스를 제공하고 있다. 어떤 세무사를 찾아가야 할지 고민되거나 상담수수료가 부담된다면 이런 무료 서비스를 적극적으로 활용하는 것도 계획을 세워보는 데 좋은 방법이 될 수 있다.

그런데 이렇게 세운 계획은 주기적으로 A/S가 필요하다. 중장기로 실천해야 하는 계획이므로 본인과 자녀의 상황이 변할 수 있고, 세법 역시 매년 개정되기 때문이다. 따라서 주기적으로 계획을 검토하면서 변화한 상황에 맞게 수정, 보완하는 것이 좋다.

1억 3,000만 원의

숨겨진 법칙   최근 강남에 있는 부자들은 자녀가 성년이 되면 1억 3,000만 원을 증여하는 것이 유행이다. 왜 1억 3,000만 원을 증여하는 것일까? 그만큼을 증여하면 세금을 내기는 하지만 10% 까지만 세금을 내면 되므로 감당할 만한 수준이라고 생각하기 때문이다.

성년 자녀에게 1억 3,000만 원을 증여할 때 증여세를 계산해보자. 1억 3,000만 원을 주면 그 금액 전체에 세금을 내는 것이 아니라 3,000만 원은 자녀에 대한 공제로 빠지게 된다. 1억 3,000만 원에서 3,000만 원을 빼면 남는 금액은 1억 원. 여기에 세율을 적용하면 10%의 세율까지가 적용된다.

앞서 보았듯이 증여세율은 누진세율이 적용되는데 1억 원까지는 10% 만 세금을 내면 된다. 결국 1억 3,000만 원을 증여하게 되면 3,000만 원까지는 공제가 되고, 나머지 1억에 대해서 10% 세금을 내면 1,000만 원이다. 그리고 신고를 신고기한 내에 제때 하게 되면 10%를 신고세액공제로 빼 준다. 따라서 정확하게는 900만 원 정도 세금을 내면 되는 것이다. 앞서 본 증여세율 표를 보면, 과세표준 1억 원까지는 10%의 세율이,

5억 원까지는 20%, 10억 원까지는 30%의 세율이 누진적으로 적용된다.

결국 어느 정도 부자들은 결국 상속세를 내게 될 것이고 일단 10%의 세율 정도까지 세금을 내고 증여해도 손해가 나지 않을 범위라고 생각하는 것이다.

물론 거액자산가들의 경우는 10% 세율이 적용되는 구간인 1억 3,000만 원만 증여해서는 큰 효과가 없고 재산을 이전하는 데 너무 오랜 시간이 걸린다. 따라서 이런 경우는 20%의 세율까지 적용받는 5억 3,000만 원을 10년마다 나누어 증여하거나, 30%의 세율을 적용받는 10억 3,000만 원까지 증여하는 것이 더 효과적일 것이다.

증여를 할 때 얼마를 증여해야 하냐고 묻는다면, 그것은 결국 전체 자산이 얼마나 되는지, 현재 부모의 나이와 건강을 고려해서 상속까지 10년씩 나눌 기회가 몇 번이나 더 있을 것인지를 우선적으로 고려하는 것이 중요하다. 재산과 연령 등을 고려해서 세율이 높아지는 기준인 1억 원, 5억 원, 10억 원, 30억 원의 단위로 증여금액을 정하는 것이 유리하다.

50억 자산가의 상속세

확 줄이기(13억 원→3.9억 원) 예를 들어, 60대 남자 A씨가 50억 원가량의 재산을 보유하고 있다고 하자. 자녀는 두 명이고 배우자에게 재산은 거의 없다. 이런 경우 대략적으로 얼마를 증여해야 할지 적정 금액을 추정해보고 이렇게 증여했을 때 절세 효과가 얼마나 될지 알아보자.(이 사례는 필자가 독자들에게 증여와 상속 계획에 대한 쉬운 이해를 돕기 위해 만든 가상의 사례로, 개인적으로 추천하는 방식대로 증여금액을 산정해보았다. 증여와 상속은 개인의 상황과 기호에 따라 각기 다를 수 있으므로 절대적으로 적용되는 방식이라고 할 수는 없다는 점을 고려해야 한다.)

A씨가 사전증여 없이 85세에 상속이 발생한다면 최고세율 구간이 50%까지 상속세를 내게 된다. 50억 원에 대한 상속세를 계산해보면 약 13억 원(10~50% 적용)이 된다. 이 세금은 50억 원의 재산이 상속 시까지 늘어나지 않는다고 보수적으로 가정해서 계산한 것이다. 대략 12억 원 정도는 상속공제를 받을 수 있다고 가정해서 과세표준에서는 제외하였으며, 신고도 제때 해서 신고세액공제(10%)를 받을 것으로 가정했을 때 산출되는 상속세가 약 13억 원이다.

그렇다면 사전에 증여를 해서 분산하면 얼마나 상속세를 줄일 수 있을까? 결론부터 말하면 아래와 같이 증여와 상속을 플랜을 세워 미리 실천하면 총 세금 부담은 3.9억 원만 내면 된다. 놀랍게도 70% 이상의 세금을 확 줄여 30%만 내면 되는 것이다.

어떻게 이런 절세 효과가 생길 수 있는지 좀 더 자세히 알아보자. 단순한 설명으로 이해를 돕기 위해 재산에서 나오는 수익 증가분은 향후 노후생활을 보내는 데 비용으로 써서 상쇄되는 것으로 한다. 즉, 상속 발생 시까지의 재산 증가분은 없는 것으로 가정하는 것이다.

60대인 A씨가 평균연령을 약 85세라고 가정하면 앞으로 두 번 정도 증여를 할 기회(10년마다 나누어)가 더 있다고 볼 수 있다. 상속 발생 시 10년 이전에 증여했던 증여재산은 다시 합산되기 때문이다. 증여로 재산을 분산할 대상은 자녀 두 명(자녀의 가족 포함)과 배우자이다.

일단 배우자에게는 증여세를 내면서까지 증여를 할 필요는 없다고 생각되지만, 배우자가 전혀 재산이 없는 상황이므로 배우자공제 한도인 6억 원을 10년마다 나누어 2번 정도 증여하는 것이 좋다. 그러면 12억 원 정도는 재산이 분산되고 배우자도 일정 금액을 노후에 소비하다가 나머지는 본인 사망 시 상속공제를 받고나서 낮은 세율로 상속세를 일부 낸 후 자녀들에게 물려줄 수 있을 것이다.

자녀가 두 명이므로 둘에게 각각 나누어 증여할 수 있다. 역시 자녀들에게도 10년으로 나누어 두 번 정도 증여할 수 있다. 전체 자산 50억 원에서 12억 원을 배우자에게 증여할 계획이니 38억 원정도가 남는다. 이 중에 약 15~20억 원 정도는 상속재산으로 남겨둘 필요가 있다. 상속 시에 재산을 물려주어도 상속공제로 적어도 10억 원은 공제가 가능해서 세금 없이 물려줄 수 있으며 나머지 5~10억 원 정도에 대해서만 세금을 내면 되기 때문이다. 물론 여러 상속공제를 추가로 받는다면 상속세 부담은 더 줄어들 수 있다. 또한 '노후에는 돈이 효자'라는 말이 있듯이 절세도 좋지만 상속 시까지 어느 정도 재산은 보유하는 것이 부모와 자녀 모두에게 좋다.

그렇다면 38억 원에서 대략 18억 원 정도를 상속 발생 시까지 보유하는 것으로 하고 20억 원을 증여하는 재산으로 분류해볼 수 있다. 자녀 둘에게 각각 10억 원씩 이전이 가능하다. 10년으로 두 번에 나누어 증여한다고 하면 10년마다 5억 원씩 증여하는 것이 효과적이다. 5억 원을 자녀에게 증여하면 부담하는 세율은 1억 원까지는 10%, 1~5억 원까지는 20%로 세금을 낸다.

좀 더 절세할 수 있는 방법은 아들에게만 증여하는 것이 아니라 이를 자녀의 가족들 여러 명에게 나누어 증여하는 것이 효과적이다. 5억 원을 나누어 아들에게 2억 원, 그리고 며느리와 손자 2명에게 각각 1억 원씩을 증여하면 증여세는 크게 절감될 수 있다. 이렇게 하면 아들은 1억 원에 대해서 10%, 1~2억 원은 20%의 세율로 세금을 내고, 나머지 며느리와 손자들은 10%만 세금을 내면된다.

그리고 증여공제도 각각 다 받을 수 있는데, 아들은 3,000만 원, 며느리는 500만 원, 그리고 아직 미성년자인 손자들은 1,500만 원에 대해서는 차감되어 세금을 내지 않는다. 손자들은 세대를 건너뛰어 증여한 것으로 보아 30%가 할증되기는 하지만 결국 10%의 30%이므로 13% 정도 세율이 적용되어 아들에게 모두 증여할 경우 적용되는 20%보다는 세금이 절감된다.

이렇게 각자 낼 세금을 모두 합쳐보면 아들 한 가족이 낼 세금은 약 5,000만 원이 된다(증여신고세액공제 10% 적용).

> (*) 아들1 가족 : 아들(2,100만 원) + 며느리(900만 원)
>
>   + 손자1(1,000만 원) + 손자2(1,000만 원) = 5,000만 원
>
> 아들2 가족 : 5,000만 원(아들1과 동일하게 계산)
>
>   ↓
>
> 아들1, 2 가족 합산(1억 원)×2번 = 2억 원

이렇게 아들 두 명의 가족에게 5,000만 원씩 세금부담을 하고, 10년 마다 두 번씩 증여하면 미리 내는 증여세는 총 2억 원(*)이 된다.

이렇게 증여를 하고 남은 18억 원은 A씨가 사망했을 때 상속재산으로 이전받으면 된다. 이때 낼 상속세를 계산하면 18억 원에서 12억 원 정도는 상속공제를 받는 것으로 하고 나머지 6억 원에 세율을 적용해서 계산하면 상속인들이 내는 세금은 약 1.1억 원이다.

그런데 여기에다 최종적으로 배우자가 사망했을 때 내야 하는 상속세도 고려해야 한다. 배우자 상속 시에는 배우자공제를 받을 수 없으므로 약 7억 원 정도를 공제받는 것으로 하고 나머지 5억 원에 대해서 상속세를 계산하면 대략 0.8억 원이 된다.

결국 이 가족이 부담하는 총 세금은 아들 가족이 증여받은 증여세 2억

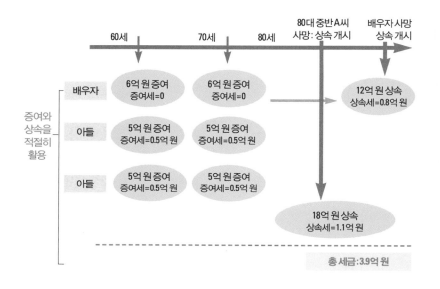

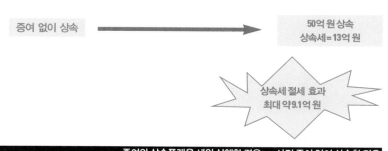

원, 그리고 A씨 사망 시 상속세 1.1억 원, 배우자 사망 시 상속세 0.8억 원을 합하여 총 3.9억 원이 된다.

사전 증여 없이 50억 원을 상속하는 경우는 13억 원가량의 상속세를 내야 하므로 3.9억 원의 차이는 무려 9.1억 원이 된다. 결국 사전에 계획을 세워 절세를 할 수 있느냐에 따라 무려 70% 세금을 줄일 수 있는 것이다.

한편, 위의 사례에서는 간단히 설명하기 위해 50억 원의 재산에 대한 미래 가치 증가분을 감안하지 않았지만, 현실에서는 아버지가 노후에 쓰는 비용보다 50억 원에 대한 재산 증가분이 큰 경우가 많다. 따라서 재산 가치 상승분을 감안하면 사전 증여로 인해서 더 큰 절세 효과를 볼 수도 있다. 또한 배우자 사망 시에 낼 상속세도 미리 줄일 수 있는 여지가 있다. 증여받은 12억 원 중에 일부를 A씨 사망 시에 상속세로 사용할 수도 있고, 사망 시까지 일부는 미리 손자 손녀에게 증여하는 등으로 활용한다면 총 부담하는 세금은 더 줄어들 수도 있다.

위의 사례는 증여와 상속플랜에 대한 전체적인 감을 잡고 독자들의 이해를 쉽도록 돕기 위해 세부적인 사항은 생략하고 단순 가정하여 계산해본 것이다. 실제 증여와 상속에 대한 플랜을 세울 때는 더 자세하게 본인과 가족의 상황에 맞는 계획을 세울 필요가 있다.

자녀를 위해 할 수 있는
기본 세테크

자녀를 결혼시키면서 가장 고민을 하는 부분이 집이다. 조그마한 집이라도 부모가 사주고 싶어 하는 경우가 많은데 문제는 자녀가 일한 지 얼마 안 되서 자금출처에 대한 준비가 전혀 되어 있지 않다는 것이다. 반드시 이런 경우가 아니더라도 자녀 앞으로 자금출처에 대한 준비를 해놓는다면 향후 자녀가 자산을 형성하는 데 도움이 될 수 있다.

요즘은 큰 부자가 아니더라도 자녀가 태어나면 증여를 시작하는 젊은 엄마 아빠들이 많다. 그 이유는 어릴 때부터 부모의 자산을 분산해서 자녀 앞으로 자산을 조금씩 형성해놓으면 유리한 점이 많기 때문이다. 증여세를 내고 자산을 증여하는 것이 부담스럽다면 10년간 자녀에게 증여할 수 있는 공제범위(성년자녀 3,000만 원, 미성년자녀 1,500만 원)만이라도 활용해 보는 것은 어떨까? 다음과 같이 증여 계획을 세워볼 수 있을 것이다.

일단 자녀가 태어나서 1살 일 때 1,500만 원을 줄 수 있다. 그리고 10년이 지나 11살이 되면 또 1,500만 원을 줄 수 있다. 그리고 21살이 되면 성년이 되었으니 3,000만 원을 줄 수 있다. 이렇게 10년 단위로 공제 범위만큼씩 자녀들 앞으로 증여해 놓는 것이다. 이렇게 증여를 하면 세금을 전혀 내지 않고 자산 이전이 가능하다.

증여세 신고를 하는 것도 어렵지 않다. 국세청 홈택스 사이트에서 인터넷으로 전자신고를 간편하게 할 수 있다. 아니면 관할 세무서에 방문해서 비치된 신고서를 작성해도 된다. 준비할 서류는 증여세 신고서와 증여재산 및 평가명세서, 그리고 증여자와 수증자의 관계를 알 수 있는 가족관계증명서 등이 있으면 된다.

자녀에게 적립식펀드로 재산 키워주고 절세 효과까지

'착한아이 예쁜아이', '우리아이 세계로', '엄마사랑 어린이' 모두 펀드 이름이다. 요즘은 아이가 어릴 때부터 자녀 앞으로 펀드 가입을 많이 하기 때문에 금융사마다 다양한 어린이 펀드를 출시하고 있다. 이러한 펀드들은 주로 장기 적립식으로 가입하는데 일반적으로 다른 펀드에 비해 수수료도 싼 편이다.

그런데 부모가 자녀 앞으로 펀드를 가입하고 자녀가 나중에 펀드로 자산을 형성하기 원하는 경우에는 증여세 문제까지 미리 고려해서 절세 효과를 누릴 수 있도록 하는 것이 좋다.

만일 펀드를 적립하는 목적이 장차 아이의 생활비나 교육비 목적으로 직접 사용할 것이라면 굳이 신고할 필요는 없다. 어차피 자녀를 부양하는 비용으로 사용할 것이기 때문이다. 그런데 앞으로도 부모가 생활비나 교육비 등을 충분히 지원하고, 적립한 펀드는 나중에 아이가 살 집을 사거나, 투자하는 등 여유 자금으로 쓰기 위해서 모아주는 것이라면 증여세 신고를 하는 편이 좋다. 펀드를 미리 불입해주는 것은 장차 수익률이 커지기를 바라고 넣어주는 것인데, 원금만 생각하고 간과하다가는 수익이 붙어 나중에 아이가 돈을 빼서 쓰려고 할 때 원금과 수익 전체에 증여세가 과세될 수도 있기 때문이다. 또한 미리 증여를 하면 아이가 다른 목적에 사용할 때 자금출처 근거가 되지만, 증여하지 않았을 때는 투명한 자금으로 사용하기 어려울 수 있다.

신고를 하려면 어떻게 해야 할까? 만일 매달 30만 원씩 10년간 꾸준히 불입을 한다면 30만 원씩 1년이면, 360만 원, 10년이면 3,600만 원이 된다. 10년 동안 1년에 12번씩 넣는 돈을 넣게 되는데, 그때마다 신고할 수는 없을 것이다.

한 가지 방법은 적립식으로 넣을 10년 치 돈을 먼저 일단 증여하는 것을 생각할 수 있다. 부모가 자녀에게 10년 동안 필요한 3,600만 원을 신고해서 CMA 등 한 계좌에 넣어놓고 거기서 매달 돈을 빠져나가게 하는 방법이 있을 수 있다.

그런데 증여세를 줄일 수 있는 더 좋은 방법이 있다. 세법상으로 허용하는 평가 방법을 이용하면, 3,600만 원보다 적은 금액을 신고하여 세금을 줄일 수 있다. 또한 계좌를 따로 만들어놓을 필요 없이 증여 시에 약정한 대로 아버지 계좌에서 딸 계좌로 매달 바로 보내면 된다.

세법상으로 정기적금이나 적립식펀드 등을 계약기간 동안 매회 불입하기로 약정하고 증여하는 경우, 이를 최초 불입하는 시점에 한 번에 신고할 수 있는 평가 방법을 두고 있다. 이 평가 방법이라는 것이 3년만기 국고채 이자율을 고려한 현가할인을 하는 개념이라고 할 수 있다. 지금 불입하는 30만 원과 10년 후에 불입하는 30만 원의 가치는 다를 수밖에 없을 것이다.

따라서 매월 불입되는 30만 원을 최초로 불입하는 시점의 현재가치로 환산해서 합산하게 되면 총 금액이 3,600만 원보다 적게 되는 것이다. 현재 고시된 이자율이 연 6.5%이므로 이에 따라 계산해보면, 증여세 신고 대상 금액은 약 2,700만 원이 된다. 3,600만 원보다 900만 원가량 적게 신고 할 수 있는 것이다.

2,700만 원에 10년 이전에 증여한 금액이 없다면, 증여재산공제 1,500만 원(성년 자녀의 경우는 3,000만 원 공제 가능)을 받을 수 있을 것이고 이를 빼고 남은 1,200만 원에 대해서 세금을 계산해보면, 110만 원 정도의 증여세(증여일이 속한 달의 말일로부터 3개월 이내에 신고하여 신고세액공제를 받은 경우)만 부담하면 된다.

이처럼 적립식펀드로 아이의 종자돈을 키워주고 싶은 사람이라면, 회피하는 것이 아니라 절세할 수 있는 방법을 찾는 것이 아이를 위하는 길이 될 수 있다. 만일 증여세가 부담스럽다면, 30만 원보다 적은 매월 10만 원 또는 15만 원 정도를 불입한다면, 미성년자녀의 증여공제 범위인 1,500만 원 이내로 평가되므로 세금 부담 없이 적립식펀드를 아이 것으로 만들어줄 수 있다.

- 세금 내는 것을 좋아할 사람은 없지만, 부자들은 절세를 위해 세금을 미리, 자진해서 내고 있다. 자녀에게 부를 효과적으로 이전하기 위해서 미리 증여해서 자금출처도 만들어주고, 상속세도 줄이는 방법을 택하는 것이다. 10억 원의 현금을 몰래 주면 10년 후에도 10억 원이지만, 증여세를 정당하게 내고 10억 원을 주면 자녀가 10년 후에 약 13억 원의 재산을 가질 수도 있다.

- 증여가 상속보다 좋은 5가지 이유
  ❶ 증여세율과 상속세율은 동일하지만, 증여를 하면 더 낮은 세율을 적용받을 수 있다.
  ❷ 10년마다 증여를 나누어 하면, 낮은 세율을 여러 번 적용받을 수 있어 분산효과가 크다.
  ❸ 자산은 일반적으로 가치가 상승한다. 증여를 하면, 증여한 자산의 가치가 크게 상승해도 추가적인 세금을 내지 않아 유리하다.
  ❹ 증여는 자녀뿐만 아니라 며느리, 손자, 손녀 등 상속인이 아닌 사람에게도 나누어줄 수 있어 세금이 줄어든다.
  ❺ 증여를 빨리 시작할수록 10년마다 받을 수 있는 증여공제도 여러 번 받을 수 있다.

- 증여의 장점이 많지만, 상속 역시 장점이 있으므로 가장 좋은 방법은 증여나 상속, 한 가지를 선택하는 것이 아니라 두 가지를 모두 적절하게 활용하는 것이다. 상속은 세금 없이 재산을 이전할 수 있는 상속공제가 증여공제보다는 크다. 따라서 공제 범위를 고려하여 자산 중 일정 부분은 상속 시까지 보유하는 것이 유리할 수 있다.

- 본문에서는 독자가 스스로 증여 및 상속 플랜을 세워볼 수 있는 다음과 같은 5단계 방법을 제시하고 있다. 보다 세부적인 계획을 세우고 실행하기에 세무전문가의 도움이 필요할 수 있지만, 50억 자산가의 상속세를 줄이는 방법(13억 원→ 3.9억 원)을 사례로 자세히 설명하였으므로, 큰 틀의 계획을 세워보는 데 도움이 될 수 있을 것으로 생각된다.

  Step 1. 증여할 자산의 현황을 파악하라
  Step 2. 10년마다 증여 계획을 세워라
  Step 3. 가장 좋은 알짜배기 자산을 선택하라
  Step 4. 여러 사람에게 나누어 증여하라
  Step 5. 세무전문가의 조언을 활용하라

가족을 활용하는 것만큼 좋은 절세 비결도 없다

앞선 사례에서 보듯이 배우자에게 재산을 적절하게 분산하면 자연스럽게 증여세 및 상속세를 줄일 수 있다. A씨가 보유하고 있는 재산 중 일부를 배우자에게 증여함으로써 상속세 부담을 40~50%에서 0~20%로 확 줄이게 된 것이다.

세무 상담을 하면서 만난 우리나라 50대 이상의 부부들은 대부분 자산이 남편에게 편중되어 있는 경우가 많다. 소득의 대부분을 남편이 얻었던 부부가 많기도 하고 결혼하면서 집을 사거나 추가로 부동산을 구입할 때도 남편 명의로 하는 경우가 많은 세대였기 때문이리라 생각된다. 필자는 이렇게 자산이 편중되어 있는 부부들에게는 배우자 증여를 활용해서 세금을 줄일 것을 많이 권유하는 편이다. 이렇게 자산의 명의가 한 사람에게 집중되어 있는 경우는 다양한 종류의 세금을 대부분 많이 내게 될 수 있기 때문이다.

다양한 종류의 세금이라 함은 위에서 언급한 증여세와 상속세뿐 아니라 부동산에 있어서는 보유하는 동안에 내는 재산세, 종합부동산세, 그리고 부동산임대소득세 및 양도세 등이 해당될 수 있으며, 금융자산 역시 금융소득 종합과세에 해당될 경우 이자나 배당소득에 부과되는 소득세 등이 포함된다.

우리나라는 취득세 등 일부를 제외하고 대부분의 세율이 누진세율로 이루어져 있다. 따라서 소득이 많을수록 높은세율을 적용받게 된다. 따라서 부부 한사람이 아니라 두 사람이 나누어서 재산을 보유하게 되면, 재산을 보유하면서 발생하는 얻게 되는 소득들도 나누어져 세금 부담이 줄어들게 되는 것이다. 또한 배우자에게 증여를 해서 다른 세금 부담을 크게 줄일 수 있는 절세 스킬도 발휘할 수 있다. 다음 사례를 통해 배우자 증여로 양도세를 줄이는 방법을 알아보자.

배우자 증여로 양도세 '확'줄이기

(1억 원의 양도세 → '0'으로) 퇴직을 앞둔 50대 초반의 A씨. 안정적인 노후를 위해 살 집을 제외한 재산을 정리해 가능한 한 노후 자금을 많이 만들려고 생각하고 있다. 현재 그의 총 자산은 거주하는 아파트를 포함한 집 두 채와 펀드·예금 등 금융자산이다. 금융자산은 앞으

로 안정적으로 운용할 생각이고 투자용으로 오랫동안 보유했던 아파트 한 채는 정리해 생활비로 사용하기로 했다.

중요한 것은 '이 아파트를 팔면 얼마나 손에 쥘 수 있는가?'이다. 현재 아파트의 시세는 6억 원이다. 아파트를 취득했던 13년 전 2억 원을 주고 산만큼 양도차익은 4억 원이다. 지금 팔면 세금이 얼마나 될지 알아보니 무려 1억 원(소득세+주민세)이나 됐다. 그런데 이 정도의 세금도 사실 중과세율이 한시적으로 폐지되면서 50%의 세율이 아닌 일반세율(6~38%)이 적용돼 혜택을 본 것이라고 한다. 또한 2012년에 들어와 다주택자들에게도 장기보유특별공제가 가능하게 되면서 30%이 더 줄어들어 몇 년 전에 비해서는 세금이 많이 줄어든 것이다.

그렇지만 A씨 입장에서 6억 원에 집을 판다고 해도 전세 세입자에게 2억 원이 보증금을 내주고 나면 4억 원이 남는데, 이 중에 양도세로 1억 원을 내고 나면 손에 쥐는 돈은 절반인 2억 원에 불과하다. 그렇다면 A씨가 세금을 어떻게 하면 조금이라도 줄일 수 있을까? 배우자에게 증여를 해서 취득가액을 높이는 방법으로 양도세를 크게 줄일 수도 있다.

A씨는 그 동안 배우자에게 증여한 적이 없어 6억 원까지는 증여세 부담 없이 자산을 넘겨줄 수 있다. 아내에게 증여를 하면 아내는 6억 원으로 이를 취득하는 것으로 보아 취득가액은 A씨가 실제 취득했던 2억 원에서 6억 원으로 높아진다. 다만 6억 원에 대한 취득세(4%가량)로

2,400만 원의 세금을 명의 이전 시에 내야 한다는 점은 충분히 고려해 봐야 한다.

부동산 경기가 좋지 않아 향후 아파트 가격이 쉽게 오를 것 같지는 않다. 아내가 6억 원에 취득한 이 아파트를 5년 뒤에 6억 원에 판다고 가정해보자. 이 경우에 아내는 6억 원에 취득한 아파트를 6억 원에 파는 것이기 때문에 양도차익이 생기지 않는다. 따라서 낼 세금도 없다. 증여를 통해 1억 원의 양도세가 없어진 것이다. 물론 취득세 2,400만 원을 감안해야겠지만 이를 고려해도 7,600만 원의 세금을 줄인 셈이다.

다만, 배우자에게 증여할 때는 한 가지 주의할 점이 있다. 절세 효과를 누리기 위해서 증여한 뒤 반드시 5년이 지난 뒤에 양도해야 하는 것이다. 세법에서는 배우자로부터 증여받은 부동산 등을 5년 이내에 파는 경우에는 취득가액을 증여받은 시점의 증여가액이 아닌 증여한 배우자가 부동산 등을 샀던 당시의 취득가액으로 간주해 양도세를 계산하기 때문이다.

A씨가 아내에게 아파트를 증여한 뒤 5년 이내에 팔면 취득가액이 6억 원이 아니라 2억 원 간주돼 양도세를 줄이지 못하게 되고 증여의 효과도 사라지게 된다. 오히려 취득세만 부담한 셈이 될 수 있으므로 5년 동안의 기회비용까지 고려해서 의사결정을 할 필요가 있다.

이 사례와 같이 배우자에게 증여하면서 재산이 분산되는 효과 외에도 1억 원의 양도세를 '0'으로 만드는 효과를 누릴 수 있다. 배우자를 활용한 증여는 이제 부자들만이 아니라 일반인에게도 필요한 절세 전략이 될 수 있다.

부부 공동명의, 무엇이 좋을까?

요즘 젊은 사람들은 노년층과 다르게 맞벌이 부부가 많다. 이런 부부들은 소득이 나누어져 있으므로 자산을 형성할 때도 애초에 명의를 분산해서 키워가는 것이 유리할 수 있다. 이렇게 미리 기본적인 준비를 하는 것이 미래에 소득세뿐 아니라 증여, 상속세 등 여러 가지 세금을 줄이는 길이 될 수 있기 때문이다.

이렇게 재산을 분산해서 쌓아갈 때 젊은 부부들이 많이 고민하는 것이 '부동산을 취득할 때 공동명의로 하는 것이 세금을 고려했을 때 유리한가?'이다. 결론부터 말하면 절세 측면에서 공동명의는 유리한 점이 많다.

부동산은 취득할 때부터 보유하는 동안, 팔 때까지 모두 세금의 연속이라고 할 수 있다. 그중 대부분의 세금이 누진세이기 때문에 아무래도 한 사람의 소득이 많이 발생하는 것보다는 나누는 것이 유리하게 된다. 공동명의로 하면 세제상으로 어떠한 점들이 유리할지 부동산을 취득해서 팔기까지 순서대로 알아보기로 한다.

취득(취득세) 시에는 동일 : 취득세는 다른 세금과 달리 유일하게 공동명의로 해도 유리하지 않다. 세금 부담이 혼자 취득하나 공동명의로 나누어 취득하나 동일하다. 부동산을 살 때는 취득세와 지방세를 내야 한다. 취득세 4%에 지방세까지 더하면 약 4.6% 정도인데, 이런 세금은 취득한 아파트의 금액에 대해 단일 세율을 매기기 때문에 부부 중 한 사람의 명의로 부동산을 취득하건 공동명의로 하건 동일한 금액의 세금을 내게 된다.

다만, 예외적으로 최초 주택 취득자(1주택자)에게 취득세 감면 혜택을 주는 기간도 있을 수 있다. 만일 부부가 이미 한 사람 명의로 다른 주택을 보유하고 있다면 이때에는 공동명의보다는 다른 한 사람의 명의로 취득해서 취득세 감면을 받는 것이 유리하다.

보유(재산세, 종합부동산세, 임대소득세)하는 동안 절세가 가능 : 종합부동산세와 재산세도 누진세가 적용되고 개인별 재산에 대해서 세금을 매긴다. 보유한 부동산이 많을수록 종합부동산세와 재산세에 적용되는 세율이 높아지는데, 공동명의로 해서 부부가 각각 세금을 내게 되면 세금이 줄어드는 경우가 많다. 종합부동산세는 주택공시가격이 6억 원을 넘었을 때(1세대 1주택의 경우 9억 원) 부과된다. 따라서 약 12억 원짜리 아파트를 취득한다고 했을 때 한 사람 명의로 취득하면 종합부동산세를 내야 하지만, 두 명으로 나누어서 취득하면 세금이 전혀 부과되지 않는다.

재산세도 주택에 대해서 0.1~0.4%까지 누진세율이 적용되므로 재산가액을 나누는 것이 통상 유리하다. 부동산을 타인에게 임대했을 때 발생하는 부동산 임대소득도 마찬가지이다. 부동산 임대소득은 연간 종합소득에 포함되어 개인별로 6.6~41.8%까지 누진세율(지방소득세 포함)이 적용된다. 그런 만큼 공동명의로 해서 임대소득을 두 명으로 나눌 경우 낮은 세율을 적용받을 가능성이 높아진다.

팔 때, 가장 절세 효과 큰 양도세 : 부동산 관련 세금 중 가장 부담이 되는 세금은 부동산을 팔 때 내는 양도소득세이다. 양도세 역시 대부분의 경우 누진세율로 세금을 내기 때문에 공동명의를 통해 부부가 각자 세금을 내는 것이 유리하다.

과거에는 다주택자들에게 50%, 또는 60%의 중과세율이 단일세율로 부과되었기 때문에 부부가 나누어도 큰 효과가 없는 사례도 있었다. 그렇지만 중과제도가 사실상 의미가 없어져(2013년 세법개정안에서 폐지 예정) 기본세율인 누진세율가 적용되고 있으므로 유리한 경우가 대부분이다. 기본세율이라는 것은 6.6~41.8%의 5단계 누진소득세율(지방소득세 포함)을 의미한다.

예를 들어, 2주택인 A씨가 지금 시점에서 집을 판다고 가정해보자. A씨가 5억 원에 구입했던 집을 7억 원에 팔았다면 양도차익이 2억 원 발생한다. 이 집이 A씨 단독 명의로 되어 있다면 6,000만 원의 양도세(3년 이내에 팔아 장기보유특별공제가 없는 경우)를 내야 한다. 반면, A씨와 아내가 반반씩 공동 명의로 되어 있어 세금을 나누게 되면 각자 2,200만 원 정도의 세금을 내게 되어 총 4,400만 원의 세금을 내게 된다. 결과적으로 1,600만 원 정도의 세금을 줄일 수 있는 셈이다. 양도세 효과만 기대한다고 해도 공동 명의의 장점은 충분히 있다고 할 수 있다.

이 외에도 앞서 살펴 본 것처럼 중장기적으로 봤을 때 향후에 자녀들에게 증여나 상속을 하는 입장에서도 유리할 수 있다. 부부가 각각 비슷한 수준으로 재산이 분배되어 있으면 상속공제도 두 번 받을 수 있고 자녀에게 재산을 이전하기에도 용이하기 때문이다.

공동명의 시 주의해야 할 점 : 이렇게 공동명의를 하는 것이 대체로 유리하지만 소득이 없어 재산에 대한 기여분을 따지기 힘든 배우자와 공동명의를 할 때는 증여세 문제를 추가로 고려해야 한다. 맞벌이 부부로 각자 돈을 벌어서 소득이 있거나 부모로부터 증여나 상속을 받아서 자금출처가 있는 경우에는 자기 자산으로 취득이 가능해서 문제되지 않을 것이다.

그렇지만 전업주부이고 특별한 소득이 없으면서 자금출처가 없는 경우에는 남편의 자금으로 사고 명의만 공동으로 하면 증여 문제가 발생할 수 있다. 따라서 이러한 문제를 미연에 방지하려면 취득 당시부터 증여를 적법하게 하는 것이 좋다. 배우자공제 6억 원을 활용해서 증여세 부담 없이 신고를 확실하게 하고, 이 자금으로 공동명의를 하는 것이 좋다.

현재 단독명의라면, 공동명의로 바꾸는 것이 좋을까? :
부동산의 일부 지분을 공동명의로 바꿀 수는 있지만 신중하게 결정할 필요가 있다. 일단 부동산은 바뀌게 되면 취득하는 사람이 취득세를 한 번 더 내야 하기 때문이다. 부동산을 취득할 때 처음부터 공동명의로 하는 경우는 앞서 살펴보았듯이 세무상 손해 볼 일은 거의 없고 대부분의 경우 유리하다.

그렇지만 공동명의로 전환하는 것은 다르다. 명의가 전환되는 금액에 대한 취득세 부담이 만만치 않기 때문이다. 취득세와 지방세를 합하면 통상 4% 이상의 부담이 발생한다. 예를 들어, 아파트 6억 원짜리 중에 3억 원을 나누어서 증여한다면 3억 원의 4%인 취득세 등을 다시 내야 하는데, 그러면 1,200만 원을 일단 지출해야 한다. 따라서 이 비용을 지출하고도 다른 세금이 줄어드는 효과가 더 큰 지 면밀하게 따져보는 것이 중요하다.

앞에서 알아본 사례처럼 취득세를 내더라도 양도세 부담을 더 크게 줄일 수 있다면 공동명의로 바꾸는 것이 의미가 있다. 결국 공동명의 전환 시에는 추가적으로 부담해야 하는 취득세와 절감될 수 있는 양도세 및 보유세의 효과를 비교해보고 상황에 맞게 결정을 하는 것이 좋다.

나이 든 부자들이 아들보다

손자에게 증여하는 이유　　　70대 후반인 부자 할아버지 A씨는 증여와 상속에 대한 걱정이 크다. 상속세에 대한 생각을 잘 못하고 살았는데 주변 친구들은 벌써 상당 부분 증여를 했다는 것이다. 조급한 마음이 들어서 친구들과 이야기를 하던 중 친구가 조언을 한다. 증여를 하고 싶으면 아들보다는 손자한테 하라는 것이다. 본인도 세무사와 상담을 해보았는데, 아들한테 증여하는 것보다는 손자에게 증여하라는 추천을 받았다는 것이다. 과연 부자 할아버지는 아들보다는 손자에게 증여하는 것이 유리할까?

이렇게 나이가 많은 경우는 통상 자녀보다는 손주에게 증여를 하는 것이 여러 면에서 유리할 수 있다. 일단 부자들의 경우에는 자녀들도 번듯한 직업을 가지고 안정적으로 살아가는 경우가 많다. 더군다나 아버지가 70대 이상이면 아들도 이미 40대~50대에 접어들었을 것이다. 그렇다면 아들도 본인의 재산이 어느 정도 있을 것이고 벌써 본인의 자식들 즉, 손자들에 대한 증여를 고민해야 할 나이가 된 것이다. 결국 아버지가 아들에게 증여를 하더라도 손자에게 다시 증여를 하는 일이 곧 생긴다는 것이고 그렇다면 증여세를 두 번 내야 하는 셈이다. 그러므로 아들에게 보다는 손자에게 바로 주는 것이 유리하게 되는 것이다.

이 때 주의할 것은 손자에게 바로 증여하는 경우 아들을 건너뛰었기 때문에 세대할증이 된다는 점이다. 할증률은 30%로 아들에게 직접 증여하는 세금보다 30%를 더하는 것이다. 그렇다하더라도 2배로 세금을 내는 것보다는 30% 세금을 추가해서 1.3배로 내는 것이 통상 유리하다.

또한 손자에게 증여를 하는 경우는 높은 세율을 낮추는 효과가 있어서 유리하다. 부자들의 경우 이미 아들에게 일정금액을 증여한 경우가 많다. 그런데 여기다가 증여를 또 하게 되면 10년간 증여한 재산이 합산되어 누진세율이 적용하기 때문에 세금 부담이 많아진다. 따라서 손자를 활용하면 더 낮은 세율로 세금을 낼 수 있는 것이다.

예를 들어 아들에게 5년 전에 이미 5억 3,000만 원을 증여했다고 하

자. 그리고 5억 원을 또 증여하려고 한다. 그런데 이번에 증여하는 5억 원은 5년 전에 증여했던 5억 3,000만 원보다 세금을 더 많이 내야 한다. 지난번에 10~20% 구간까지 세금을 냈지만, 이번에는 바로 30%의 세율이 적용되기 때문이다. 누진세율에서 10~20%의 구간은 5년 전에 이미 썼기 때문에 30%의 세율이 적용되는 것이다.

이러한 경우에는 손자에게 증여하는 것이 유리하다. 손자에게 증여를 하면 30%의 세금이 가산되더라도 30%가 아니라 13~26%의 세율이 적용되므로 세금 부담이 낮아지기 때문이다.

그리고 마지막으로 나이가 많은 사람들은 증여를 하면서도 몇 년 안에 일어날 수 있는 상속까지 같이 염두해둘 필요가 있다. 80세 이상이면서 건강에 자신이 없는 경우는 10년 이상 사는 것을 자신하기 어려울 수 있다. 이러한 경우 특히 손자에게 바로 상속하는 것이 유리한데, 아들은 상속인이지만, 손자는 직접적인 상속인이 아니기 때문이다.

상속이 발생했을 때는 상속인들에게 10년 이전에 증여했던 자산들은 다시 상속재산으로 합산된다. 물론 미리 냈던 증여세는 차감을 해주지만 남겨진 상속재산과 더해지면 추가적인 상속세를 더 내게 되는 경우가 많다. 따라서 미리 증여했던 효과가 낮아지는 것이다.

반면 상속인이 아닌 사람들에게 사전 증여를 한 부분은 10년이 아니라 5년 이내에 증여했던 재산만이 상속재산에 합산된다. 따라서 상속시기가 다가와서 증여를 하는 경우는 증여했던 재산이 상속재산에 포함되지 않도록 아들이 아니라 손자, 손녀에게 증여하는 것을 권하고 싶다.

흔히 증여와 상속 이야기를 할 때 가장 좋은 것은 '빨리 증여하고 오래 살아야 한다'는 말을 한다. 그런데 오래 사는 것에 자신이 없을 때는 손자를 더 사랑하는 방법으로 상속을 준비하는 것이 현명할 수 있다.

눈앞에 다가온 상속,

상속세를 줄일 수 있는 방법
증여와 상속 문제에 신경 쓸 여력이 없었던 다수의 사람들은 상속이 가까워져야 비로소 이 문제를 심각하게 고민하게 되고 세무전문가를 찾아 조언을 구하려고 한다. 그런데 증여와 상속에 대한 세무상담을 할 때 쉽지 않는 것이 바로 상속이 코앞으로 다가온 시점에 상담을 하게 되는 경우이다. 고객은 세무전문가가 대단한 스킬을 발휘해 세금을 확 줄여주기를 기대할 수 있다. 그렇지만 상속이 가까워온 시점에서는 상대적으로 절세 방법이 제한될 수밖에 없다. 상속세를 신고하면 세무조사도 받을 수 있고, 상속이 다가온 시점에 증여를 해도 무의미해지기 때문이다. 세금을 확 줄일 수 있는 방법이 있다면 그것은 절세가 아닌 탈세에 가까운 방법일 것이다.

그렇지만 상속이 다가올 때 그 시점이라도 상속인들이 미리 준비하면 좋은 몇 가지 사항들이 있다. 사전에 증여를 하고 체계적인 계획을 실천했으면 좋겠지만 그러지 못한 경우에 "지금이라도 아버지 통장에서 현금을 인출하고 재산 명의를 이전해야 할까요?" 이렇게 묻는 사람들에게 도움이 될 만한 상속 대비법에 대해 알아보자.

사전 증여를 해서 미리 준비한 것처럼 세금을 반으로 줄일 수는 없겠지만, 상속에 미리 대비할 경우 당황하지 않고 상속세 신고를 마무리할 수 있을 것이다.

A씨의 아버지는 지병으로 오랜 시간 투병중이다. 또 한 번의 수술을 앞두고 있는데 담당의사는 수술이 성공하더라도 몇 년 더 사시기는 어려울 것이라고 한다. 이런 상황에서 A씨가 상속을 대비하기 위해서는 상속재산가액을 최대한 줄이는 것이 좋다. 상속 개시에 가까운 시점에는 상속재산가액이 거의 확정되어 있다. 이 가액에서 비용으로 차감할 수 있는 것은 최대한 아버지 재산에서 사용하고 증빙을 남기는 것이다. A씨처럼 부모님이 오랫동안 병석에 있었다면 병원비 등도 상당하다. 이런 경우 자녀가 병원비를 내고 나중에 상속재산에서 정산하는 경우가 많지만 아버지 명의로 된 재산에서 병원비와 각종 비용을 처리해 상속재산을 최대한 줄이는 것이 절세를 위해서 필요하다. 자녀의 돈으로 지불하면 상속재산에서 채무나 비용으로 공제되기 어렵기 때문이다. 향후 장례비용 등도 역시 아버지의 재산에서 사용하는 것이 유리하다.

아버지의 채무에 대한 정리도 필요하다. 금융기관 등에서 빌린 채무는 입증을 받아 상속재산에서 차감을 받기가 쉽다. 그렇지만 개인 간의 거래 등에 대해서는 거래에 대한 채무계약서와 이자 비용 등에 대한 거래 증빙 등이 명확해야 공제를 받을 수 있다. 따라서 이런 채무에 대해서는 아버지가 살아계실 때 정리해서 객관적인 증빙을 남겨놓는 것이 좋다. 채무를 갚을 때도 현금이 인출돼야 하는데, 상속 이전에 인출되었던 재산에 대해서는 상속세 조사 대상에서 입증 대상이 되기 때문이다. 출처가 불분명한 처분 또는 인출 금액을 재산별로 따져 상속개시 이전 1년 내에 2억 원, 2년 내에 5억 원 이상이 될 경우에는 상속재산에 합산하게 되므로 최대한 명확하게 하는 것이 좋다.

참고로, 상속인이 상속세를 신고하면 신고 내용에 대한 세무당국의 조사를 거친 뒤 내야 할 세금이 결정된다. 낼 세금이 없거나 소액인 경우를 제외하고는 대부분 조사를 받게 된다. 그런데 상속세를 계산할 때 상속개시일 이전 10년 이내에 증여했던 재산은 다시 상속재산에 합산해서 정산하도록 되어 있다. 따라서 통상 세무공무원은 10년간 금융거래 내역을 조회해본다. 그런데 이렇게 조회한 거래 내역에서 인출 금액이 크고 자금이 쓰인 용도가 불명확하면 추적조사를 할 수도 있다. 만일 이러한 자금이 상속인들에게 이전되었다면 상속재산에 합산될 수 있다.

상속세를 신고할 때는 공제 제도를 최대한 활용하는 것이 상속세를 줄이는 데 가장 큰 요소가 될 수 있다. 따라서 어떻게 재산을 배분해서 세금을 줄일지 상속인이 어머니와 다른 형제들과 상의해보는 것이 좋다.

상속공제에서는 배우자공제의 금액이 큰 만큼 어머니에게 상속되는 재산을 잘 나눠 공제 효과를 최대화하는 것이 좋다. 배우자공제는 30억 원 한도(최소 5억 원)로 법정지분과 실제 상속받은 금액 중 적은 금액에 대해 공제받을 수 있다. 따라서 가장 적게 받는다면 5억 원이고, 상속재산이 많다면 어머니가 실제 상속받는 금액을 늘려서 일단 상속세를 줄이는 것이 유리하다.

다만, 어머니의 재산도 많고 어머니 역시 사망 시기가 다가올 것이라고 생각된다면 신중하게 판단할 필요가 있다. 당장 아버지의 상속세는 줄일 수 있지만, 어머니 사망 시 상속세 부담을 늘릴 수 있기 때문이다. 따라서 아버지와 어머니의 재산 규모, 그리고 상속 발생 시기 등을 종합적으로 고려해서 배분 비율을 정하는 것이 좋다.

또한 이렇게 분배받은 재산 중에 상속인들이 납부해야 할 상속세는 가능한 한 어머니가 받을 상속재산으로 내는 것이 좋다. 상속세는 원칙적으로 실제 상속받은 비율대로 상속인 각자가 부담하게 된다. 그렇지만 상속인 간에 연대납세의무가 있는 만큼 어머니가 상속재산 범위 내에서 대신 납부할 수도 있다.

다른 경우에 세금을 어머니가 대신 내준다면 증여가 될 수 있겠지만 아버지로부터 공동으로 상속을 받아서 세금을 대신 내주는 것은 가능하다. 따라서 부자들은 대체로 상속세 신고 시에 어머니 앞으로도 30억 원까지는 상속을 받도록 한다. 배우자공제를 가능한 많이 받도록 해서 세금을 줄이는 것이다. 그리고 상속인들이 나누어서 내야 할 세금은 어머니가 받은 상속재산으로 내도록 하는 방법으로 절세를 하는 경우가 많다.

한편, 공제를 많이 받기 위해서는 아버지가 사시던 주택을 누가 받는지도 중요하다. 만약 자녀 중에 아버지와 같이 10년 이상 같은 주택에 살면서 부양했던 자녀(무주택인 경우)가 있다면, 이 주택은 그 자녀가 상속받는 것이 유리하다. 동거주택에 대한 공제가 가능하기 때문이다. 주택 가격의 40%에 대해서 5억 원을 한도로 차감될 수 있으므로 동거하지 않았던 자녀가 받는 것보다는 상속세를 크게 줄일 수 있다.

그리고 아버지가 생전에 사업을 해서 사업용 자산이 있다면 역시 가업상속공제를 심각하게 고려해보아야 한다. 개인사업이든, 법인 형태이든 가업과 관련된 자산은 70%가 공제되기 때문에 무엇보다 큰 혜택이라고 할 수 있다.

중장기적으로는 재산을 배분할 때 손자, 손녀도 고려하는 것이 좋다.

앞서 사전증여에서도 보았듯이 아들을 건너뛰어 손자가 상속을 받으면 30%의 세금이 할증되지만, 여러 가지 장점이 많다. 특히나 부자들의 경우 아들도 본인 재산도 많은 경우가 대부분이므로 일정 부분은 손자, 손녀에게 바로 상속하도록 하는 것이 추세이다.

이렇게 상속재산을 줄이고 상속재산을 효율적으로 배분하여 절세를 했다면, 상속 이후에는 상속재산에 대한 사후관리를 철저하게 하는 것이 좋다. 통상 자산가들의 상속이 발생하면 세무당국은 5년 정도는 사후관리를 한다. 상속인과 그 가족들이 상속 이후에 급격하게 재산이 증가하는 등에는 일부 상속재산을 숨겨서 탈루했던 것으로 보아 추가적인 세무조사 대상이 될 수도 있기 때문이다.

절세 인사이트 Insight for Saving Tax **21**

아버지의 숨겨둔 상속재산은 어떻게 찾나? (상속절차 총정리)

상담을 하던 중 어떤 고객으로부터 이런 이야기를 들은 적이 있다. 본인이 비자금으로 만들어둔 자금이 상당히 있는데 이는 자신의 아내뿐만 아니라 아무도 모른다고 했다. 그런데 나이가 들어가면서 만약이 자신에게 무슨 일이 생기면, 아무도 자신의 비자금을 찾지 못할 것이라는 걱정이 든다는 것이다. 따라서 자신은 컴퓨터에 비자금 리스트를 작성해서 보관해두고 있다는 것이다. 그런데 이 고객의 걱정은 괜한 걱정일 수 있다. 본인이 사망하게 되면 상속인들은 고인의 자산내역을 손쉽게 다 조회할 수 있기 때문이다. 상속이 발생하면 상속인들은 고인이 남긴 자산을 파악해 상속세 신고도 해야 하고, 상속인이 여러 명일 때는 적절히 상속재산을 협의 분할을 해 자산을 이전하는 절차도 밟아야 한다.

상속재산 중 금융재산은 금융거래 통합조회 서비스를 이용해 일괄 확인할 수 있다. 금융감독원이나 금융감독원이 업무를 위탁한 금융 회사에 직접 방문해 신청하면 금융자산과 거래 내역을 확인할 수 있다.

2012년부터는 상속인이 금융거래 조회를 할 수 있는 서비스를 신청할 수 있는 대행기관이 크게 확대되었다. 이전에는 대행기관이 금융감독원과 KB국민은행, 삼성생명 등 5개 기관이었지만, 2012년 상반기부터는 이를 전국 국내은행(수출입은행 제외)의 지점과 우체국 등 20개 기관으로 확대해서 상속인들이 조회를 손쉽게 할 수 있다. 다만, 조회되는 내용에 구체적인 계좌의 잔액은 포함되어 있지 않다. 조회를 통해 금융기관별로 거래의 유무를 확인한 뒤, 금융회사를 방문해서 금융재산의 정확한 잔액은 추가로 확인이 필요하다.

2011년 금감원은 지난 10년간 사망자들 대상으로 조사한 결과, 상속인들이 찾아가지 않은 금융자산은 4,983억 원에 달한다고 밝힌 바 있다. 최근 상속인들의 조회서비스를 이용하는 건수가 크게 늘기는 했지만, 휴면계좌 등에 남아 있는 재산이 있을 수 있으므로 상속 발생 시 전 계좌에 대한 조회를 해볼 필요가 있다.

한편, 부동산에 대한 정보도 확인이 가능하다. 국토해양부 국토정보센터나 가까운 시청·도청 등의 지적부서를 직접 방문해 상속인임을 확인받고 신청해서 관련 내용을 얻을 수 있다.

상속세 신고는 피상속인의 사망일이 속한 달의 말일로부터 6개월 이내에 신고해야 한다. 고인이 6월 24일에 사망했다면 12월 말까지 신고해야 하는 것이다. 하지만 상속세는 일반적으로 납세자가 신고한 대로 세금을 내는 세목이 아니다. 소득세나 부가가치세와 달리 상속세는 신고 내용에 대한 세무당국의 조사를 거친 뒤 내야 할 세금이 결정된다. 낼 세금이 없거나 소액인 경우를 제외하고는 대부분 조사를 받게 된다.

이와 관련해 국세청은 2011년부터 상속인 등이 원하는 시기에 조사를 받을 수 있도록 하고 있다. 상속세 신고는 기한 내에 하되 이후 3~6개월 내에 원하는 때를 정해 신청할 수 있다. 예를 들어 12월 말에 상속세 신고를 하면서 6개월 뒤에 조사를 받고 싶다고 하면 과세 관청은 다음해 6월에 세무조사를 하게 된다.

상속인 사이의 재산 분배 절차를 거쳐 상속재산이 확정되면 각 상속인 소유로 재산을 이전하게 된다. 이전 절차도 재산 종류마다 다를 수 있다. 부동산은 상속인 간에 작성한 협의분할서를 첨부해 상속에 따른 소유권이전등기를 신청하게 된다. 금융재산은 일단 소유주의 사망을 알려서 금융자산의 지급을 정지시킨다. 이 후 금융회사는 상속인 전원의 합의 사항을 확인해 법적인 문제없이 지급할 수 있는지를 확인한다. 공증받은 상속분할 협의서나 상속인 전원이 동의해 인감증명을 첨부한 계좌 해지 및 이전 신청서를 작성하면 상속재산의 이전이나 출금이 가능하다.

- 사랑하는 가족들을 효과적으로 활용하면 증여세와 상속세를 줄일 수 있다. 특히 배우자에게 는 10년 동안 6억 원의 증여공제가 가능하므로 몇 번에 걸쳐 자산을 분산을 하면 증여세와 상속세뿐만 아니라 양도세와 재산세 등 여러 가지 세금 측면에서 절세할 수 있다.

- 부동산을 팔 때 양도차익이 커서 세금 부담이 큰 경우에는 배우자에게 부동산을 증여해서 양 도세를 줄일 수도 있다. 다만, 명의이전으로 인한 취득세 부담과 5년 이후에 팔아야 하는 기 회비용 등을 사전에 종합적으로 고려해야 할 필요가 있다.

- 부부가 절세를 위해서 공동명의로 부동산을 구입하는 것이 요즘 추세 중 하나이다. 자산을 나 누어 보유하면 재산세, 종합부동산세 및 양도소득세 등을 절감할 수 있기 때문이다. 다만, 취 득세의 경우 공동명의로 구입하는 것이 불리한 경우도 발생할 수 있으며, 소득이 없는 배우 자의 경우 자금출처에 대한 대비를 충분히 할 필요가 있다.

- 나이가 많은 부자들은 아들이나 딸보다는 손자, 손녀에게 바로 증여하는 것이 효율적일 수 있 다. 자녀들 역시 40~50대라면 곧 손자, 손녀에 대한 증여를 다시 고민해야 하므로, 30% 의 세대할증률을 감안하더라도 세대를 건너 바로 증여하는 것이 유리하다. 또한 손자, 손녀는 상속인이 아니므로 상속이 발생할 경우 10년이 아니라 5년 이내의 사전 증여재산만이 합산 되어 상속을 준비할 때 유리할 수 있다.

- 상속이 바로 앞으로 다가온 시점에는 절세 방법이 제한될 수밖에 없다. 이러한 시점에서는 피 상속인의 병원비용과 장례비용 등은 피상속인의 재산에서 사용하는 것이 상속재산을 줄이는 데 도움이 된다. 또한 사전에 채무에 대한 정리를 하고, 상속인들 간에 분쟁이 없도록 사전에 합의를 하는 것도 필요할 수 있다.

- 상속이 발생하면 상속인은 피상속인의 자산 내역을 쉽게 조회할 수 있다. 금융재산은 시중은 행과 우체국 등을 통해 일괄조회가 가능하며, 부동산 역시 국토정보센터나 가까운 시청 등의 지적부서에서 확인할 수 있다.

주식 증여,
부자들의 새로운 절세 트렌드

A기업의 임원인 B상무는 전형적인 자수성가형 부자다. 부모로부터 물려받은 재산은 거의 없지만 열심히 공부해 좋은 대학을 나왔고 대기업에 취직한 후 한 길만을 걸었다. 최선을 다해 직장생활을 하다 보니 회사에서 인정받아 임원의 위치에 이르게 되었고 지금은 여러모로 남 부럽지 않게 살고 있다. 신혼 초 변변한 집도 마련할 수 없었지만, 지금은 대한민국에서 가장 비싼 아파트 중 한 곳에 거주하면서 두 딸은 미국으로 유학 보내 4년째 뒷바라지하고 있다.

B상무는 비교적 넉넉했던 월급과 보너스로 받은 성과급을 착실하게 모았다. 이 돈이 경제적인 기반을 마련할 수 있었던 가장 중요한 밑거름이었다. 그렇지만 지금과 같이 경제적인 걱정 없이 살 수 있는 데는 회사로부터 주어진 두 번의 기회를 잘 잡았기 때문이다.

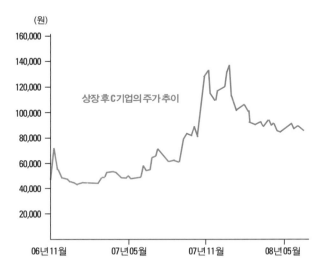

(원)

상장 후 C기업의 주가 추이

06년 11월   07년 05월   07년 11월   08년 05월

B상무가 보유했던 기업의 상장 후 주가 추이

현재 살고 있는 강남구 도곡동의 T아파트가 그 행운의 첫 번째 주인 공이다. T아파트는 근무하는 회사의 계열사가 지은 건물로 분양의 기회를 얻어 매수하게 되었다. 사실 분양 당시 T아파트는 인기가 많지 않아 미분양인 데다가 큰 평수가 주를 이루어 매수하는 데 부담이 컸다. 더군다나 B상무는 구입자금이 충분치 않아 대출을 받아 구입할 수밖에 없는 상황이었다.

구입을 망설이던 차, 아내가 큰 평수의 새 아파트에 살아보기를 원해 매수하기를 설득했고, 결국 일부는 대출을 받아 입주하게 되었다. 그런데 바로 그 아파트가 입주 3년 만에 무려 4배 이상으로 가격이 치솟아 큰 이익을 보게 된 것이다. 분양가는 채 6억 원에 미치지 않았지만, 현재 매매가는 20억 원을 훌쩍 넘는다. 최근 부동산 경기 침체로 최고가를 경신하던 시절보다는 가격이 다소 하락했지만, 여전히 큰 자산을 가지게 된 셈이다.

또 하나의 기회 역시 회사를 통해서 얻을 수 있었는데, 본인의 과감한 결정이 더해져 실로 대박의 기회를 터뜨릴 수 있었다. 근무하고 있는 회사는 대기업 그룹의 자회사로 같은 그룹 내에 여러 계열사들이 있다. 이 중 몇몇 기업은 상장이 되어 있지만 상장을 하지 않은 비상장기업들도 상당수이다. 그런데 이 중 한 비상장 계열사의 주식을 액면가로 싸게 취득할 수 있는 기회가 생겼다. 비상장주식이긴 하지만 500원의 액면가로 살 수 있으므로 1만 주의 주식을 사기로 했다. 총 500만 원을 투자했다.

그런데 몇 년 지나지 않은 2006년, 이 기업이 상장을 하게 되었고 액면가액으로 샀던 주식을 수백 배의 이익을 남기고 팔게 되었다. 상장 당시 시초가가 공모가의 2배에 가까운 대략 5만 원으로 형성되었고 상장 이후 상한가를 기록하다 14만 원까지 주가는 치솟게 되었다. B상무는 보유했던 1만 주의 주식을 몇 번에 분할해서 매도했고 총 13억 원의 돈을 손에 쥘 수 있었다. 실로 250배 이상의 수익을 거둔 대박의 투자 성과였다.

이 투자의 수익은 세금을 한 푼도 내지 않을 수 있었기 때문에 더욱 수익 효과가 높았다. 상장되기 전에 매수는 했지만, 상장한 후에 팔았기 때문에 주식의 매매차익에 대해서는 세금을 낼 필요가 없었던 것이다(대주주가 아닌 이상 상장주식의 장내에서 매도한 매매차익에 대해서는 세금을 내지 않아도 된다). 따라서 이 수익은 양도세를 내야 하는 부동산 투자 수익이나 월급으로 번 소득보다 세후 수익률 측면에서 월등한 효과를 거두게 된 것이다. 이렇게 뭉치 돈을 손에 쥐게 된 B상무는 경제적인 여유가 생겨 딸 둘을 모두 유학 보낼 수 있게 되었다.

미래 가치가 높은

비상장주식으로 증여하라　　　B상무는 아직 공부 중인 대학생 딸 둘을 슬하에 두고 있다. 50대로 접어들면서 여러 가지 생각이 드는데 그 중 가장 큰 바람은 딸 둘이 남부럽지 않게 살 수 있는 기반을 마련해주고 싶다는 것이다. 자신은 은퇴하기까지 몇 년 더 남아 있는 데다 노후에 대한 대비가 잘 되어 있는 편이라 더 이상 특별한 재물에 대한 욕심이 많지 않다. 다만 딸 둘은 자신처럼 아무것도 없는 상태에서 시작하는 것이 아니라 증여를 통해 기반을 만들어주고 싶다는 생각이다. 물론 아들이 아닌지라 결혼할 때 집을 마련해줄 걱정은 하지 않지만, 남들보다 더 잘 살게 해주고 싶은 부모로서의 욕심은 여전하다.

　아들이 아니므로 증여해서 부동산을 사주기보다는 다른 방면으로 생각하고 있는데, 바로 자신이 얻었던 투자 수익의 기회를 딸들에게 물려주고 싶다. 그래서 비상장기업의 13억 원 투자 성공 이후 상장되지 않은 장외주식에 많은 관심을 갖게 되었다. 비상장기업의 주식은 상장주식에 비해 유동성이 낮고 이익을 실현할 가능성도 낮다는 단점이 있다. 주식의 적정가격을 알기도 어려울 뿐더러 언제 상장이 될지, 혹은 아예 상장이 되지 않을 수도 있다. 그렇지만 장외주식 중에 기업의 재무 건전성이 좋고 수익 역시 꾸준하게 발생하는 기업을 고르기만 한다면 충분히 투자할 만하다고 판단했다.

이런 기준으로 주식을 모으게 되었는데 이 주식을 딸들에게 증여하고 싶다. 본인이 가지고 있다가 상장이 되어 수익을 얻는 것도 좋지만, 본인은 이미 충분한 재산이 있으므로 딸들이 수익을 가져가기 바라는 것이다. 본인이 수익을 얻는다면 이를 딸들에게 다시 이전하는 데 증여세가 추가로 들기 때문이다. 상장 이전에 증여세를 내고 증여하면 이익이 생겨도 딸들에게 고스란히 귀속될 수 있기 때문이다.

비상장주식, 어떻게 증여가액을 평가할까?

B상무가 장외주식을 증여하려면 증여세는 얼마나 내야 할까? 우선 비장상주식을 어떻게 증여가액으로 평가하는 지가 중요하다. 세법에서 증여나 상속 시 증여재산의 평가액은 '시가'가 원칙인데, 비상장주식의 경우는 시가를 평가하는 것이 녹록하지 않기 때문이다. '시가'라는 것은

통상 특수관계가 없는 다수의 제3자 간에 자유로운 거래에서 성립되는 매매가액을 말한다. 상장주식의 경우는 매일 다수 간의 거래가 활성화되어 있으므로 객관적인 공정가액을 쉽게 알 수 있다. 반면, 비상장주식은 거래가 빈번하지 않은 경우가 많아 시가를 어떤 가격으로 인정해야 할지 논란이 되기도 한다.

상장되어 있지 않더라도 프리보드나 제이스톡 등을 통해 제3자 간의 거래가 활발한 경우도 있다. 이런 경우에는 증여일 전후 3개월의 가격에 준하여 매매사례가액을 시가로 인정받을 수도 있다. 그렇지만 비상장주식은 거래가 활발하지 않은 주식이 대부분이며 이런 주식의 경우 상속·증여세법에서 정하는 비상장주식의 보충적인 평가 방법으로 가격을 산정하는 것이 일반적이다.

따라서 거래가 빈번하지 않은 비상장주식을 증여하는 경우는 아래와 같이 세법에서 정하고 있는 다소 복잡한 방법으로 주식가치를 구하는 것이 필요하다.

그런데 일반 투자자가 증여하기 위해 위와 같은 방법으로 직접 평가하는 것은 사실상 어려운 일이다. 순손익가치와 순자산가치를 구하기 위해서 평가할 기업의 세법상의 재무제표를 징구해야 하고 계정과목별로 시가로 평가해야 하는데 세무상 전문적인 지식이 없는 투자자가 직접 하기는 어렵다. 결국 이를 위해서 평가기관에 맡겨 증여가액을 산정하고 증여세 신고를 맡기는 것이 일반적이다. 그런데 이렇게 증여세를 대행

원칙적으로 시가를 기준으로 하되 시가를 알기 어려운 경우,
세법에서 정하는 보충적 평가에 의해 그 가치를 평가

보충적 평가방법	'1주당 순손익가치'와 '1주당 순자산가치'를 각각 3과 2의 비율로 가중평균
1주당 순손익가치	1주당 최근 3년간 '순손익액'의 가중 평균액을 국세청장이 고시하는 이자율(순손익가치환원율:10%)로 나누어 계산
1주당 순자산가치	평가기준일 현재 비상장법인의 자산총액에서 부채총액을 차감한 순자산가액을 발행주식 총수로 나눈 금액

비상장주식 가치 평가

하여 맡기는 경우 신고대행 수수료가 수십에서 수백만 원 이상 드는 경우도 많다. 따라서 평가가 복잡한 비상장기업의 주식을 증여하는 경우는 신고대행 수수료 등 세금 외의 비용도 감안하는 것이 좋다. 소액을 증여하는 경우 평가수수료가 상대적으로 더 부담될 수 있기 때문이다.

B상무의 경우처럼 장외주식에 투자하여 수익을 거두는 것에 한발 더 나아가 증여의 방법으로 활용하는 투자자들이 늘고 있다. 새로운 증여 트렌드의 한 축이라고 할 수도 있을 것이다. 실제로 과거 휠라코리아나 삼성생명 등 비상장 대기업들의 상장에 대한 기대감이 높아지는 시점에 증여에 대한 문의도 많았으며 실제 증여를 한 경우도 상당수 있었다.

미래 가치가 높은 자산을 골라 증여하는 것이 증여의 가장 기본이다. 증여 이후 자산의 가치상승 분을 자녀에게 귀속시킬 수 있을 때 증여의

효과는 극대화된다. 그런 측면에서 상장이 기대되는 비상장주식은 수익률 상승효과가 큰 자산이므로 증여에 적합한 자산으로 관심이 지속되고 있다. 따라서 이러한 금융부자들의 증여 방식을 주목해볼 만하다. 다만, 상장 여부와 상장 후 주가에 대한 리스크가 큰 만큼 증여할 금액의 전체를 비상장주식으로 선택하는 것보다는 증여할 자산 중 일정 부분으로 포트폴리오에 편입하는 방식이 더 바람직해 보인다.

비상장주식의 상장에 따른 이익, 증여세 과세 조심!

절세 인사이트 Insight for Saving Tax **22**

비상장주식을 증여하고 상장 차익의 효과를 자녀가 누리길 바라는 경우 세법상 주의해야 할 사항이 있다. 비상장주식을 증여하고 5년 이내에 상장이 된다면 상장해서 얻은 차익에 대해서도 증여세가 과세될 수도 있기 때문이다. 이는 회사의 최대주주나 특수 관계가 있는 사람이 상장 등에 대한 기업의 내부 정보를 이용해 자녀들에게 편법적인 방법으로 증여하는 것을 경계하고자 하는 것이다. 비상장주식은 기업의 정보를 해당 기업의 관련자를 통해 얻고 주식을 사게 되는 경우가 많다. 이러한 경우에는 특히 본인이 최대주주 등과 특수 관계인이 되는지 여부를 면밀히 검토 한 후 자녀에게 증여하는 것이 좋다. 이를 간과할 경우 5년 이내에 상장이 된다면 상장차익에 대한 효과를 자녀가 누리더라도 증여세가 고스란히 추징되어 절세 효과가 사라질 수 있기 때문이다.

강남 부자의 주식 증여는
타이밍이다

코스닥 상장기업인 W회사의 회장인 A씨는 급하게 세무사를 찾았다. 본인이 운영하는 회사의 주식을 손자 손녀에게 증여하기 위해서다. 지난 몇 년간 주식 가격이 큰 변화 없이 6,000원~7,000원 사이를 유지했는데 조만간 주식 가격이 오를 것이라는 확신이 들었기 때문이다. 세면기 부품 등을 만드는 것이 주력사업인데 정부의 친환경 물사업 추진과 관련하여 곧 매출의 급성장이 기대되기 때문이다. 본인이 회사의 주식을 많이 가지고 있는 데다 70세 초반이라 상속에 대한 대비가 절실하다. 증여 시에 세금을 얼마나 내는지는 모르지만 일단 회사가 성장하고 이익이 많이 나면 증여세를 많이 내야 한다고 알고 있으므로 여러 수주 계약에 대한 발표 이전에 증여를 하고 싶다.

A회장의 생각과 같이 상장기업은 악재와 호재에 따라 주가의 변동이 크고 주식가치가 변동하면 증여가액도 변하게 된다. 따라서 주가의 흐름을 보고 주가가 낮게 형성된 시점에 적절한 타이밍을 잡아 증여를 하는 것이 가장 효과적이고 합법적인 절세 방법이 된다. 실적이 부진하거나 경기가 좋지 않아 회사로서는 경영상 어려움이 있는 위기가 오히려 기업 오너에게는 증여에 적합한 시점이 되어주기도 하는 것이다.

재벌들 역시 보유회사의 지분을 가족들에게 증여할 때 이러한 방법을 사용한다. 자신이 운영하는 회사라고 해서 정확한 주가 흐름을 예측하기는 어렵지만, 2008년 금융위기, 2011년 유럽발 금융위기로 인한 일시 약세장 추세 등에 주식 증여하는 경우가 많았다. 이처럼 주가의 하락장에 증여를 서두르는 경향이 있어 미성년자이면서도 10억 원 이상의 주식 가치를 보유한 어린이들이 크게 증가하는 추세이다.

증여 시기가 알려주는 주식 투자 타이밍

주식 전문가는 여러 정보를 근거로 기업을 분석하고 주가를 전망한다. 기본적으로 기업의 실적과 매출, 이익 전망은 물론 기업의 내재가치와 현재 주가를 비교해 주가의 적정성을 판단한다. 이러한 현 주가의 적정성과 향후 주가 전망을 통해 그 주식에 투자 타이밍을 예측하곤 한다.

그런데 앞의 사례를 보아 알 수 있듯이 대주주나 회사 관계자가 주식을 증여한다는 공시가 주식투자의 적정시기를 알리는 시그널이 되기도 한다. 회사의 오너, 그리고 부자들은 자신들이 보유하고 있는 주식을 활용해 부를 이전하려는 근본적인 속성을 가지고 있다. 이러한 이유로 회사 오너들은 주가가 오르는 것을 막연히 기뻐하지 않는 경우도 많다. 아직 가업 승계가 완료되지 않았기 때문에 주가가 낮아지는 시기를 기다리고 있기 때문이다. 기업의 오너나 관계자도 물론 향후 주가를 정확하게 예측하는 것은 불가능하다. 주식 전문가나 투자자들과 마찬가지로 대주주 역시 주가에 대한 전망을 근거로 증여 타이밍을 정한다. 바로 소유한 회사의 주가가 하락기라고 판단되는 시점에 증여를 하는 것이다. 그래야 증여세를 줄일 수 있기 때문이다.

상장주식은 증여 전후 2개월, 즉 4개월의 주가 평균으로 증여가액이 정해지며, 비상장주식은 순자산가치와 순손익가치를 가중 평균하여 통상 증여가액이 정해진다. 이렇게 정해진 증여가액이 향후 기업가치보다 낮다고 생각되는 시점에 증여를 하는 것이다. 결국 대주주들도 이러한 분석을 통해 내재가치보다 주식가치가 낮은 시점, 그리고 향후 주가가 상승할 것이라는 나름의 확신이 있을 때 증여를 할 수밖에 없다.

물론, 기업의 CEO들은 본인의 회사에 대한 자부심이 강한 부자들이기 때문에 미래 기업 가치에 대한 전망을 높게 하는 경우도 있다. 그렇지만 외부인들보다 기업의 향후 매출, 이벤트 등에 대한 정보를 비교적 정확히 알 수 있으며 그렇기 때문에 보다 증여에 적합한 시점을 고르기 용이한 편이다.

바로 이러한 타이밍을 일반 투자자들은 주식의 매수 타이밍으로 활용해볼 수 있다. 대주주가 보여주는 절세 시그널을 투자의 적정시점으로 판단해볼 수 있다는 것이다. 기업의 대주주가 자녀에게 주식을 증여했다고 무조건 매수를 하라는 것은 아니지만, 대주주 역시 향후 기업주가에 대한 어느 정도 확신이 없다면 굳이 세금을 내가면서 증여를 할 이유는 없기 때문이다.

이러한 정보는 일반 투자자 역시 기업 전자공시시스템(dart.fss.or.kr) 등을 통해 누구나 접할 수 있다. 대주주의 주식 이동에 관한 공시를 법으로 의무화하고 있기 때문이다. 이렇게 기업의 대주주 증여 공시가 있다면, 일단 주가의 긍정적인 시그널 중 하나로 생각해볼 필요도 있다. 다만 이러한 타이밍에 무조건 주식을 매수하기보다는 기업의 재무상태와 내재가치에 대한 기본적인 분석이 필요함은 물론이다.

주식의 내재가치를 평가하는 데는 전통적인 분석 기법인 주당순이익, PER, PBR 등을 활용하는 것이 기본이다. 이렇게 내재가치를 평가하는 전통적인 기법들이 바로 비상장기업의 기업 가치를 정하는 상속세 및 증여세법상의 보충적인 평가 방법(순자산가액과 순손익가치를 가중평균)과 거의 유사하다. 개인적으로는 이러한 내재가치를 분석해보고 주가와 비교해 대주주가 증여한 증여가액이 내재가치보다 비교적 낮게 평가되어 있다면 주식 매수에 적정한 타이밍이라고 평가할 수 있다.

주식을 주는 기업의 CEO나 주식을 받는 자녀들은 주식이 일단 이동한 이후에는 기업의 가치가 내재가치 이상으로 상승하기를 원한다. 또한 주식 승계가 어느 정도 이루어졌으니 마음 놓고 회사에 투자하고 성장시키기 위해 노력하는 경향이 있다. 특히 2008년과 같은 주식 하락기에 기업의 실적 저하로 고생을 하기는 했지만, 이러한 기회를 증여의 타이밍으로 활용하고 이후에는 기업의 건전성과 성장을 위해 노력하는 경우가 많았다. 따라서 일반 투자자들도 대주주들이 주는 세테크 정보를 활용해 주식 투자 시 하나의 긍정적인 시그널로 활용해볼 수 있을 것이다.

자산별 증여가액
평가 방법

어떤 자산이든지 증여나 상속 시에는 시가로 평가해서 세금을 내는 것이 원칙이다. 다만, 앞서 살펴본 비상장주식과 같이 시가를 알기 어려운 경우에는 예외적으로 세법에서 정하고 있는 보충적인 평가 방법 등을 적용해 평가액을 산출한다.

그런데 금융상품 중에서 상장주식은 다른 자산과는 평가 방식이 약간 다르다. 상장주식은 장내에서 매일매일 거래가 활발하기 때문에 시가를 알기가 쉽다. 그런데 변동성이 심한 주식의 시가를 증여하는 날 하루만으로 결정한다면, 비정상적인 가격으로 평가가 될 수도 있다. 혹은 기업 상황을 좌우할 수 있는 특수 관계자들이 이를 악용할 여지도 있다.

따라서 상장 주식의 증여가액을 결정할 때는 증여 당일의 주가로만 따지지 않고, 증여한 날을 기준으로 앞뒤로 각각 2개월씩, 총 4개월의 주식 가격을 평균해 증여가액을 확정한다. 증여하는 날을 기준으로 과거 2개월 주가뿐만 아니라 증여한 뒤 2달 동안의 주가도 세금에 영향을 주는 것이다. 결국 증여하고 나서 적어도 2개월은 지나야 증여하는 정확한 금액을 알 수 있다.

만약 증여 이후에 주식이 예상보다 급격하게 올라서 증여세 부담이 크거나, 혹은 가격이 급격하게 떨어져서 증여자산으로 확신이 서지 않는다면, 약 3개월 이내(증여세 신고기간 내)에는 취소가 가능하다. 증여를 위해 이체했던 계좌를 다시 그대로 원위치로 돌려놓아 반환하는 것이다. 금전 이외의 자산들은 이처럼 기한 내에 취소가 가능하므로 실제 주가 흐름에 따라 증여를 하고 다시 번복했다가 다른 증여 시점을 골라 다시 증여하는 경우가 종종 발생하기도 한다.

- 기본원칙: 시가 • 예외: 보충적 평가 방법
- 시가란? 불특정 다수인 사이에 자유로이 거래가 이루어지는 경우 통상 성립되는 가액
  1. 매매 사실이 있는 경우 (증여는 3개월, 상속은 6개월) – 거래가액
  2. 2 이상의 감정가액이 있는 경우 – 평균가액
  3. 수용, 경매, 공매가 있는 경우 – 보상가액, 경매, 공매가액 평가기간 밖의 매매사례가액 등도 평가위원회의 자문을 거쳐 시가로 인정, 유사한 다른 재산의 매매가액 역시 시가로 인정

상장주식	평가 기준일 이전과 이후 각2월간에 공표된 최종 시세 가액의 평균액
부동산	시가 적용 불가 시 보충적 평가 방법으로 토지는 개별 공시지가, 건물은 기준시가(국세청장 고시가액) 등을 적용
펀드	평가 기준일 현재의 기준 가격

- 상장 시에 높은 수익을 기대할 수 있는 비상장주식을 자녀에게 증여하는 부자들도 늘고 있다. 상장이 안 될 수 있는 위험은 있지만, 상장이 된다면 적은 비용으로 큰 차익을 자녀들에게 물려줄 수도 있기 때문이다.

- 다만, 비상장주식을 증여할 때는 증여가액을 산정하는 것이 다소 복잡하다. 상장주식 등의 경우 시가를 알기 쉽지만, 거래가 활발하지 않은 비상장주식의 경우 시가를 산정하는 것이 어려울 수 있다. 통상 세법상의 보충적인 평가 방법을 준용하여 평가하는데, 이때에 평가 수수료 등이 다소 부담될 수 있다.

- 금융위기 등 일시적으로 주가가 하락한 시점에 상장주식과 펀드 등을 자녀에게 증여하는 사례가 늘고 있다. 증여가액이 낮아져 합법적으로 절세하면서 증여할 수 있는 기회가 될 수 있기 때문이다.

- 상장기업의 CEO들 역시 주식의 일시적인 하락기를 증여의 기회로 삼는 경우가 많다. 주가를 예측하는 것이 쉽지 않지만, 향후 회사의 주가가 상승할 것으로 어느 정도 확신이 있는 경우에 증여를 결정하게 된다. 따라서 주식 투자자들의 입장에서는 이러한 증여 공시가 투자에 긍정적인 시그널이 될 수도 있다.

- 자산을 증여할 때 증여가액은 시가로 평가하는 것이 원칙이다. 다만, 상장주식의 경우는 변동성이 심하여 증여당일의 평가액 하루 만을 적용하면 증여가액이 왜곡될 수 있다. 따라서 증여하는 날을 기준으로 전후 2개월, 즉 4개월간의 주가를 평균하여 증여가액으로 산정한다.

가업승계와 절세,
두 마리 토끼를 잡아라

부자들의 상당수는 사업으로 돈을 벌었다. 개인 사업이든 법인 형태로든 사업으로 자수성가한 경우도 많다. 그도 그럴 것이 지금은 부모가 자녀에게 부를 대물림하는 경우가 많지만, 현재 은퇴할 시기인 50~70세의 부자들은 70~80년대 우리나라의 경제발전과 더불어 창업을 하고 열심히 일한 대가로 부를 축적하게 된 경우가 많다.

이러한 부자들은 노후에 가장 큰 고민이 무엇일까? 바로 자녀에게 부를 이전하는 것, 특히 사업체를 운영하는 경우는 젊음을 바쳐서 키운 사업을 자녀에게 제대로 승계하는 것이다.

그런데 이렇게 가업승계를 하는 데 가장 큰 부담으로 작용하는 부분이 증여와 상속에 대한 세금이다. 적절한 시기에 맞추어 법인의 지분을 증여하려고 해도 후계자가 세금을 낼 재원이 없어서 체계적인 승계 계

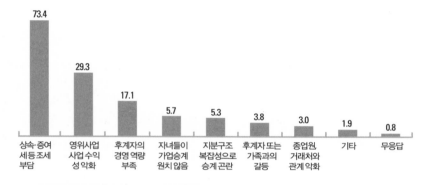

상속·증여 세등조세 부담: 73.4
영위사업 사업 수익 성 악화: 29.3
후계자의 경영 역량 부족: 17.1
자녀들이 가업승계 원치 않음: 5.7
지분구조 복잡성으로 승계 곤란: 5.3
후계자 또는 가족과의 갈등: 3.8
종업원 거래처와 관계 악화: 3.0
기타: 1.9
무응답: 0.8

CEO들의 가업승계와 관련한 주된 애로사항 조사

자료: 중소기업중앙회, < 중소기업 1, 2세대 가업승계 실태조사 보고서 >, 2010.

획을 실천하기 어렵다는 것이다.

이러한 중소기업의 어려움을 받아들여 2012년부터는 중소기업들의 가업승계에 대한 세제 혜택이 크게 늘어났다. 여러 가지 요건과 사후 관리가 다소 까다로울 수 있으나 합법적으로 절세할 수 있는 길이 열렸다고 할 수 있다. 반대로 그동안 여러 기업들이 실행하거나 관심을 가져왔던 합법적이지 못한 방법들에 대해서는 그 제재가 강화되었다.

이러한 추세로 최근 몇 년간 CEO와 그 후계자들의 승계에 대한 준비 자세와 마음가짐도 크게 달라진 것으로 보인다. 탈법적인 방법으로 기업의 존속에 위협을 받기보다는 체계적으로 수십 년간의 준비를 통해 합법적인 방법으로 기업의 영속성을 유지하고 부를 승계하려는 움직임이 증대되고 있는 것이다.

이렇게 거액 자산가들의 관심이 급증하자 여러 금융기관에서도 가업 승계 플랜에 대한 컨설팅 등을 제공하고 있다. 금융부자들이건 부동산 부자들이건 할 것 없이 거액 자산가들의 요즘 관심이 가업승계에 집중되어 있기 때문이다. 이렇게 금융기관 등에서 무료로 제공하고 있는 가업승계에 대한 서비스를 잘 활용해보는 것도 가업승계에 대한 플랜을 세우는 데 큰 도움이 될 수 있을 것이다.

2012년 확 바뀐 세제 개편, 70%는 세금 안 낸다고?

중소기업을 25년간 운영해온 A씨. 아들에게 가업을 물려주고 싶은데 상속세가 걱정된다. 과세표준이 30억 원을 넘으면 50%의 상속세율이 적용된다고 하니 세금을 내고 나면 승계가 온전히 이루어질 수 있을지 걱정된다. 혼자 고민하고 있는데 2012년부터 중소기업의 가업 승계에 대한 세제 혜택이 크게 늘었다는 기사를 보게 되었다. 실제로 승계할 때 얼마나 좋아졌는지 궁금하다.

중소기업은 가업승계 시 증여세 특례와 가업상속공제를 활용할 수 있다. 이 중 2012년부터 세제 혜택이 확대된 것은 가업상속공제이다. 증여세 특례는 지분을 생전에 미리 증여할 때 활용할 수 있는 반면, 가업상속공제는 A씨가 사망해 상속이 발생할 때 받을 수 있는 공제다.

가업을 10년 이상 영위한 중소기업의 오너가 세법에서 정하는 여러

	2011년까지		2012년
상속공제액	40%	➡	70%
상속공제한도	최대100억 원	➡	최대300억 원

가업상속공제 확대

가지 요건을 갖추었다면 가업 상속재산에 대해 70%까지 공제가 가능하다. 2012년 세법이 개정돼 공제율이 기존 40%에서 70%로 크게 확대되었다. 공제 한도 역시 최대 100억 원에서 300억 원으로 늘었다. 지분 승계 시에 약 70%에 대해 세금을 내지 않고 이전이 가능하므로 요건이 까다롭더라도 이를 적극 고려할 요인이 커진 것이다. 중소기업의 CEO라면 만일의 상황을 대비해 가업상속공제 요건은 반드시 한 번쯤 검토하고 본인과 기업, 후계자의 상황에 어떤 부분이 미비되어 있는지를 확인해서 보완해놓을 필요가 있다.

가업승계에 대한
가장 효과적인 선택

가업승계의 세제 혜택 하면 다소 복잡하고 어렵게 생각하는 측면이 있다. 그런데 이러한 혜택을 잘 활용하면 엄청나게 큰 세금을 절약할 수도 있기 때문에 어렵게 느껴지더라도 이해해둘 필요가 있다. 증여세와 상속세에서 허용하고 있는 가장 큰 혜택이 바로 중소기업의 가업승계와 관련한 조세 혜택이라고 할 수 있기 때문이다.

현행 가업승계와 관련한 지원제도는 가업승계에 대한 증여세 과세특례제도, 가업상속공제제도, 창업자금에 대한 증여세 과세특례제도 이 세 가지로 요약할 수 있다. 창업자금에 대한 증여세 과세특례제도의 경우 부모로부터 창업자금을 지원받아 창업하는 경우 조세 혜택을 주는 것으로 중소기업의 가업승계와 직접적으로는 연관되지 않으므로 여기서는 생략하기로 한다.

효과적으로 세제 혜택을 활용하는 일반적인 방법은 전체 가업승계 대상 지분 중 일부에 대하여 '가업승계에 대한 증여세 과세특례'를 적용하고 나머지 지분들은 상속 발생 시에 '가업상속공제'를 적용받는 방법이 될 수 있다. 그런데 이렇게 두 가지 세제 혜택을 활용해서 승계를 하는 것이 절대적으로 유리한 방법이 되는 것은 아니다. 기업마다의 상황을 고려하여 증여 후 상속 발생 시기(부모의 연령)가 언제인지, 기업의 가치(상승 또는 하락)가 향후 어떻게 변동될지 등에 따라 유리함과 불리함이 다를 수 있기 때문이다.

그럼에도 가업상속공제의 공제율이 70%까지 높아짐에 따라 '가업승계에 대한 증여세 과세특례'에 대한 세제 지원 역시 더 효용성이 높아졌으므로 대다수의 기업들은 이 두 가지 혜택을 잘 활용할 경우 탁월한 절세 효과를 누릴 수 있다.

가업승계에 대한

증여세 특례의 효과　　　　가업 승계에 대한 증여세 과세특례는
가업의 '사전상속'을 원활하게 하기 위한 제도이다. 쉽게 설명하면 증여
에 적절한 시기라고 생각되는 시점에 부모의 지분을 후계자에게 증여하
고 낮은 세율(10%)로 세금을 낼 수 있는 제도이다. 그런데 10%의 세금
만 내고 끝나는 것은 아니고 나중에 아버지(또는 어머니)가 사망후 상속
이 발생하면 다른 상속재산과 합산해서 다시 정산하고 추가적인 세금을
내야 하는 제도이다. 결국 세금을 깎아주는 제도라기보다는 늦게 낼 수
있도록 시기를 늦추어주는, '과세가 이연되는 특례'이다.

가업승계에 대한 증여세 과세특례 : 가업 승계를 목적으로 주식 등을 증여받
고 가업을 승계한 경우에는 증여세 과세가액에서 5억 원을 공제하고 세
율을 10%로 하여 증여세를 부과

예를 들어, 한도인 30억 원까지 가업의 주식을 증여한다고 하자. 이때 가업승계에 대한 증여세 특례(이하 '증여세 특례')를 적용받지 못하고 일반적인 증여를 한다면, 약 10억 원가량의 증여세를 내야 한다. 10억 원의 세금을 증여받은 후계자가 부담해야 하는 것이다.

반면, 만일 증여세 특례를 적용해서 세금을 계산하면, 30억 원 중에 5억 원은 공제하고 나머지 25억 원에 10%의 세율을 적용하므로 2억 5,000만 원의 세금만 납부하면 된다. 일반 증여와 비교하면 4분의 1 수준의 세금을 부담하면 되는 것이다. 이처럼 기업이 사전에 가업에 대한 준비를 하기 위해 후계자가 부담해야 하는 세금을 일단 덜어주는 것이 가업승계에 대한 증여세 특례의 취지이다.

그런데 앞서 언급한 것처럼 2억 5,000만 원의 세금만 내고 종료되는 것이 아니라 아버지가 사망했을 때 다른 상속재산과 합산해서 추가되는 세금은 더 내야 한다. 가업승계를 준비할 정도의 부자인 경우 대부분 다른 상속재산이 과세표준 기준으로 30억 원 이상이 되는 경우가 많다. 그렇다면 이미 다른 재산으로 50%의 상속세율을 적용받을 것이고 여기에 미리 증여했던 30억 원의 주식이 다시 더해진다면 더해지는 30억 원의 주식은 50%의 세율로 세금을 내야 할 가능성이 높다.

그렇다면 조삼모사로 보일 수 있는데, 결론부터 말하자면 그렇지 않다. 상속 발생 시 가업상속공제의 요건을 갖추고 있다면, 30억 원 전체에 대해서 세금을 내지 않아도 되기 때문이다. 앞서 간단히 소개한 것과 같이 가업승계의 좋은 방법은 '증여세 특례'를 적용받고 있어서 아버지 사후에 가업상속공제도 받는 것이다. 따라서 가업상속공제의 요건을 갖추고 있으면 '증여세 특례'를 적용해서 사전에 미리 증여받았던 주식 역시 가업상속공제 대상에 포함되고 70%의 공제를 받을 수 있다.

결국 위의 사례에서 상속 시 다른 상속재산과 미리 증여세 특례로 받은 30억 원의 주식이 합산되더라도 30억 원 중 70%의 공제를 받을 수 있으면, 21억 원을 제외한 9억 원에 대해서만 추가적인 세금을 납부하면 되는 것이다. 아래 그림과 같이 9억 원에 최고 세율(50%)을 적용받는다면 최대 4억 5,000만 원의 세금이 산출된다. 이 중에 증여받을 때 미리 냈었던 2억 5,000만 원은 제외하고 나머지 2억 원만 추가로 내면 되는 것이다.

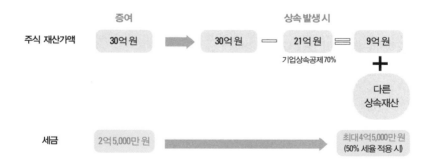

증여세 특례를 활용한 절세 프로세스

*위의 사례는 이해를 돕기 위해 단순화한 것으로 재산평가액과 세금은 증여와 상속 당시 상황에 따라 달라질 수 있음

따라서 가업상속공제를 받을 수 있다는 전제하에서 '증여세 특례'는 대부분의 기업에게 유리할 것으로 보인다. 가업상속공제의 비율이 40%에서 70%로 높아지면서 '증여세 특례'에 대한 효용성도 더불어 커졌다고 볼 수 있다.

여기에 더해 증여세 특례로 미리 사전 증여를 하면, 그 당시의 기업가치로 증여가액이 확정되므로 상속시점에 합산이 된다고 해도 유리할 수 있다. 증여 이후 상속 발생까지 기업의 가치가 늘어나도 합산되는 가치는 늘어나지 않기 때문이다. 또한 증여 당시에 적게 낸 세금을 상속 시까지 활용할 수 있으므로, 기회비용 측면에서도 유리하다. 따라서 회사의 기업가치가 일시적으로 하락하는 등의 시기를 활용해 '증여세 특례'를 적용할 경우에는 절세 효과를 톡톡히 누릴 수 있다.

증여세 특례의 요건과

사후관리

증여세 특례를 적용하기 위해서는 중소기업의 요건 및 증여자, 수증자, 증여재산 모두 세법에서 정하는 요건을 갖추어야 한다. 다소 요건이 까다롭고 적어도 10년 동안의 사후관리 역시 필요하므로 증여세 특례를 적용하여 증여를 하기 위해서는 신중한 검토가 먼저 필요하다.

요건

증여자 : 상증세법상 가업상속공제 대상인 가업을 10년 이상 계속하여 영위한 60세 이상의 부모여야 한다. 또한 증여자는 증여일 직전 연도 말 현재 조세특례제한법시행령 제2조에서 규정하는 중소기업의 최대주주로서 특수 관계에 있는 자와의 주식 등을 합하여 해당 법인의 발행주식 총수의 50%(상장법인인 경우는 30%)이상을 보유해야 한다.

수증자 : 증여를 받는 자녀의 경우에는 18세 이상인 거주자로, 2인 이상이 증여받았을 때는 수증자 중 1인에 대해서만 증여세과세특례가 적용된다.

증여재산 : 위 증여자가 보유하고 있는 중소기업의 주식 등이어야 한다. 따라서 가업상속공제와는 다르게 법인만이 특례 적용을 받을 수 있고, 개인 기업을 생전에 증여하는 경우는 특례 적용 대상에서 배제된다.

사후관리

다음에 해당하는 경우는 상증법에 따라 증여세를 부과(이자상당액을 증여세에 가산)한다.

- 수증자가 증여세 과세표준 신고 기한까지 가업에 종사하지 않거나 증여일부터 5년 이내에 대표이사에 취임하지 않는 경우
- 수증자가 증여일부터 10년 이내에 정당한 사유 없이 가업을 적절한 방법으로 영위하지 않는 경우

- 가업에 종사하지 않거나 해당 가업을 휴업하거나 폐업하는 경우
- 주식 등을 증여받은 수증자의 지분이 감소되는 경우

가업승계를 위한 주식 증여도

핵심은 타이밍이다   증여세 특례 등을 적용해서 주식을 증여할 때 가장 중요한 것은 언제 증여하는 것이 좋은지 결정하는 일이다. 기업도 영업활동을 계속하는 유기체라고 볼 수 있기 때문에 기업의 가치가 계속 변동하기 때문이다. 증여세는 기업의 가치에 따라 자연스럽게 늘어날 수도 있고 줄어들 수도 있기 때문에 절세를 위해서는 기업가치가 일시적으로라도 하락해 있는 시기를 활용하는 것이 유리하다. 다만, 가업의 주식을 증여할 때 기본적으로 전제되어야 하는 것은 향후에 기업가치가 상승하거나 적어도 증여하는 당시의 가치 정도로 유지가 될 것이라는 확신이 필요하다. 기업가치가 떨어질 것이라고 예상된다면 굳이 세금을 많이 내면서 증여를 서두를 필요가 없다. 앞서 살펴본 것과 같이 상장주식은 증여일의 전후 2개월, 즉 4개월 평균 주가로 증여가액을 산정한다. 따라서 기업의 주식을 증여할 때도 주가가 저점을 형성한 시기를 고르는 것이 유리하다.

한편, 비상장주식은 시가를 알기 어려운 경우 세법상 보충적인 평가방법으로 주식의 가치를 산정하게 된다. 이때에 순자산가치와 순손익

가치를 가중 평균하는데, 특히 순손익가치의 변동에 따라 주식가치는 크게 변동될 수 있다. 따라서 최근 3년간의 손익가치가 낮은 시점을 증여의 시기로 산정하는 것이 유리할 수 있다. 비상장기업의 경우는 CEO 플랜에서 언급한 것과 같이 중간정산을 활용하거나, 배당금을 분배하는 등의 정책으로 순자산가치를 감소시키는 것도 활용할 만한 가치가 있다.

실제 세금을 줄여주는

가업상속공제

가업상속공제는 가업을 상속받을 때 상속인의 상속세과세가액에서 피상속인의 사업영위 기간에 따라 일정액을 공제해주는 것을 말한다. 가업승계를 위한 증여세 과세 특례가 세금을 경감해주기보다는 상속 시점으로 과세를 이연해주는 효과가 있는데 비해 가업상속공제는 실제 세금을 공제하여 절감하는 효과가 있으므로 세법상 가업승계지원제도의 핵심이라고 할 수 있다.

개인적으로 중소기업을 운영하는 CEO라면 만일의 경우를 대비해 가업상속공제 요건은 항상 검토하고 대비하고 있어야 할 필요가 있다. 상속공제를 받기 위해서는 기본적으로 중소기업의 업종·규모 요건, 피상속인의 가업 영위 기간, 지분율 등에 대한 검토가 필수적이며 상속받는 후계자가 상속이 개시되기 2년 전부터 가업에 직접 종사해야 하는 등의 요건을 충족해야 한다. 따라서 이러한 요건을 충족시키기 위해서라도 중장기적인 사전 준비가 필요하다.

가업상속공제: 요건을 충족할 경우 상속세 과세가액에서 가업상속재산가액*의 (가)와 (나) 중에 큰 금액을 공제

(가) 가업상속재산가액의 70%에 상당하는 금액(다만, 한도는 피상속인의 사업영위기간에 따라 10년 이상 100억 원, 15년 이상 150억 원, 20년 이상 300억 원)

(나) 2억 원. 다만, 해당 가업상속재산가액이 2억 원에 미달하는 경우는 그 가업상속재산가액에 상당하는 금액

* 가업상속재산 범위

법인: 주식(법인의 사업용자산 비율에 상당하는 가액)

개인 사업자: 사업용 자산(기업에 직접 사용되는 토지, 건축물, 기계장치 등)

간단하게 가업상속공제의 절세 효과를 사례를 들어 살펴보자. 가업을 20년 이상 영위한 아버지가 사망하고 장남에게 가업인 법인 주식을 상속하려고 한다(모든 세법상의 요건을 갖췄다고 가정). 상속 시점에 법인의 주식 가치는 400억이고 이 중에 아버지는 75%의 주식을 보유하고 있다. 그리고 이 기업은 가업에 직접 사용하지 않는 사업무관자산이 약 20% 있다고 가정해보자. 아버지는 법인 주식 외에 개인자산도 약 100억 원 정도가 있어 개인 자산만으로도 50%의 세율 구간의 상속세

를 적용받는다.

이 경우 상속세 계산 시 가업상속공제를 받을 수 있다면 얼마나 절세 효과가 있을까? 결론부터 말하자면, 무려 약 84억 원(*)의 상속세를 절 감하는 효과를 누릴 수 있다.

아버지의 주식가치 300억 원(=400억 원×75%)에서 사업과 무관한 자산 의 비율인 20%를 뺀 나머지 240억 원에 대해서 70%의 공제가 가능하 다. 여기에 실효 상속세율이 50%라면 84억 원의 세금을 줄일 수 있다.

> 가업상속공제 :
> 400억 원×75%×(1-20%)×70% = 168억 원(300억 원 한도 이내 충족)
> 상속세 절감효과
> 168억 원×50%(상속세율)= 84억 원(*)

가업상속공제의 절세 효과는 이처럼 상당하다. 따라서 가업상속공제 는 가업을 물려주려는 중소기업 CEO에게 더 이상 선택이 아닌 필수에 가깝다. 이처럼 큰 절세 효과를 누리기 위해서는 세법상의 요건 중에 일부가 충족이 안 되었다 하더라도 최대한 조건을 충족시켜 절세 방법 을 찾는 것이 바람직하다.

가업상속공제의 요건

가업상속공제를 적용받기 위해서는 아래의 가업·피상속인·상속인 요건 등을 모두 충족해야 한다. 이 중에 한 가지 요건만이라도 충족하지 못한다면 공제를 받을 수 없으므로 꼼꼼하게 검토하는 것이 필수적이다.

	내용
가업	❶ 피상속인이 10년 이상 계속하여 경영한 중소기업의 상속일 것 (조특법상의 중소기업과 업종 요건 충족) ❷ 매출액 1,500억 원 이하의 중견기업도 포함 (2013년부터는 2,000억 원까지 확대 예정)
피상속인	❶ 피상속인이 가업의 영위 기간 중 60% 이상의 기간을 대표자로 재직하거나, 상속 개시일부터 소급하여 10년 중 8년 이상의 기간을 대표이사로 재직한 경우(2010. 2월 개정) ❷ 최대주주(친족 등 특수 관계자들의 주식을 포함하여 발행주식 총수의 50% 이상(상장법인 30%)을 보유한 자 포함)
상속인	❶ 상속 개시일 현재 18세 이상 ❷ 상속 개시일 2년 전부터 계속하여 직접 가업에 종사 ❸ 해당 가업의 전부를 상속받아 상속세 과세표준 신고기한 이내에 임원으로 취임하고, 신고기한 후 2년 내에 대표자로 취임 ❹ 상속인 1인이 당해 가업 전부를 상속받아야 함 (예를 들어 주식의 경우도 해당 주식 전부를 상속받아야 함)

가업상속이란 대통령령으로 정하는 중소기업과 규모의 확대 등으로 중소기업에 해당하지 않게 된 기업(매출액 1,500억 원 이하의 중견기업)으로서 피상속인이 10년 이상 계속하여 경영한 기업의 상속을 말한다.

중소기업은 상속세 개시일이 속하는 과세연도의 직전 과세연도 현재 조세특례제한법 시행령 제2조에서 규정하는 중소기업이다. 2011년 법 개정으로 매출액 1,500억 원 이하의 중견기업까지 확대되었으며, 세법 개정안에 따르면 2013년부터는 매출액 2,000억 원 이하의 기업으로 확대하여 중견 장수기업에 대한 지원을 넓힐 예정이다.

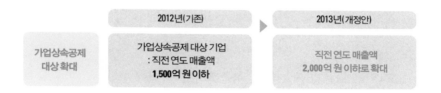

가업에는 중소기업을 영위하는 법인의 최대주주 등인 경우로서 그와 특수 관계에 있는 사람의 주식 등을 합하여 해당 법인의 발행주식 총수의 50%(상장법인의 경우에는 30%) 이상을 보유하는 경우를 포함한다. 상속일 현재 피상속인이 10년 이상 계속하여 경영한 중소기업(개인, 법인)을 상속하는 경우로 피상속인, 상속인 역시 다음의 요건들을 모두 갖추어야 한다.

가업상속공제의 적용을 받는 피상속인은 10년 이상 영위한 중소기업을 상속 개시 시점 이전 8년 이상 또는 가업의 영위 기간 중 60% 이상을 대표이사로 재직하여야 한다. 여기서 피상속인의 대표이사 재직 요건은 종전 80%에서 2010년 2월 18일 이후 60%로 그 요건이 완화된 바 있다.

한편, 피상속인의 대표이사 재직요건에 있어서 단독으로 대표이사로 재직하고 있어야 하는지 아니면 공동 대표이사로서 재직한 경우에도 그 요건을 충족하는지에 대해서는 규정되어 있지는 않다. 다만, 최근 예규와 판례를 통해 피상속인이 해당 기업의 대표이사로서의 재직이 단독인지 공동인지를 불문하고 위 재직 요건만을 충족한다면 적용된다고 해석할 수 있다.

상속인은 다음의 세 가지 요건을 모두 충족해야 한다.
① 상속인은 상속 개시일 현재 18세 이상이어야 한다.
② 상속 개시일 2년 전부터 상속인은 계속하여 직접 가업에 종사하여야 한다. 다만, 천재지변·인재 등으로 인한 피상속인의 사망으로 부득이한 사유가 있는 경우에는 예외로 한다.
③ 위의 ① 및 ②의 요건을 모두 갖춘 상속인 1명이 해당 가업의 전부를 상속받아 상속세 과세표준 신고기한까지 임원으로 취임하고 상속세 신고기한으로부터 2년 내에 대표이사 등으로 취임해야 한다.

여기서 상속인이 2년 내에 대표이사로 취임을 하는 경우란 상속인이 대표이사로 선임되어 법인등기부에 등재되고 대표이사직을 수행하는 경우를 말한다. 또한 가업이 최대주주의 주식인 경우에는 해당 주식 전부를 상속받아야 한다. 따라서 가업인 최대주주의 주식을 공동상속인

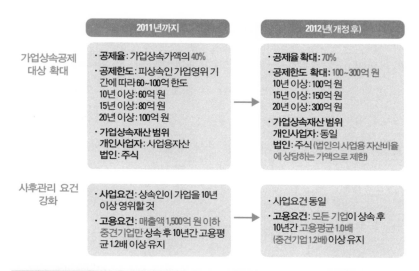

2011년까지	2012년(개정후)
가업상속공제 대상 확대 · **공제율**: 가업상속가액의 40% · **공제한도**: 피상속인 가업영위 기간에 따라 60~100억 한도 10년 이상: 60억 원 15년 이상: 80억 원 20년 이상: 100억 원 · **가업상속재산 범위** 개인사업자: 사업용자산 법인: 주식	· **공제율 확대**: 70% · **공제한도 확대**: 100~300억 원 10년 이상: 100억 원 15년 이상: 150억 원 20년 이상: 300억 원 · **가업상속재산 범위** 개인사업자: 동일 법인: 주식(법인의 사업용 자산비율에 상당하는 가액으로 제한)
사후관리 요건 강화 · **사업요건**: 상속인이 가업을 10년 이상 영위할 것 · **고용요건**: 매출액 1,500억 원 이하 중견기업만 상속 후 10년간 고용평균 1.2배 이상 유지	· 사업요건 동일 · **고용요건**: 모든 기업이 상속 후 10년간 고용평균 1.0배 (중견기업 1.2배) 이상 유지

가업상속공제에 대한 혜택 확대 및 사후관리 요건 강화

이 협의분할 등으로 나누어서 상속받는 경우에는 가업상속공제가 적용되지 않는다.

이와 같이 가업의 전부는 상속인 1명에 한하고 있으며, 다른 공동상속인과의 공동승계는 허용되지 않는다. 물론 상속인이 1명인 경우에는 가업승계에 있어서 문제가 되지 않으나, 상속인이 여러 명인 공동상속의 경우에는 앞에서 살펴본 바와 같이 민법상의 유류분제도의 제약을 받을 수도 있다. 즉, 경영자(피상속인)가 후계자 1명에게 가업을 승계시키더라도 그 밖의 상속인이 유류분 반환청구를 행사한다면 결국 경영권을 잃게 되어 가업승계를 하지 못하는 문제점을 지니고 있다.

　따라서 기업의 CEO는 가업승계 준비 시 후계자외의 상속인(배우자 및 다른 자녀)들에 대한 상속재산 분할에 대해 충분한 협의를 거쳐 상속이 발생했을 때 법인의 주식이 한 명의 후계자에게 온전히 승계될 수 있도록 미리 사전에 준비를 해두는 것이 좋다. 만일 필요하다면 법인의 일부 주식을 다른 상속인들에게 미리 사전 증여를 해서, 상속 시에는 반드시 후계자 1인에게 상속시점의 법인 주식이 모두 이전될 수 있도록 하는 면이 유리하다.

상속 후 사후관리,

이렇게 하라

이렇게 가업상속공제를 받아 세제상의 혜택을 받은 후계자는 상속 이후 10년 동안은 사후관리를 철저히 해야 한다. 만일 상속 개시일부터 10년 이내에 정당한 사유 없이 다음에 해당되는 경우에는 공제받은 금액을 상속 개시 당시의 상속세 과세가액에 산입하여 상속세를 다시 추징당하기 때문이다.

- 해당 가업용 자산의 20%(상속 개시일로부터 5년 이내에는 10%) 이상을 처분한 경우
- 해당 상속인이 가업에 종사하지 않게 된 경우(대표자로 재직하지 않거나 휴업, 폐업 또는 업종 전환 등)

- 주식 등을 상속받은 상속인의 지분이 감소된 경우(상속받은 비상장 주식의 물납으로 지분이 감소한 경우는 예외)
- 고용요건을 유지하지 못한 경우(상속 후 10년간 고용평균 1.0배(중견기업 1.2배) 이상 유지)

위의 요건 중에 중소기업의 후계자들은 상속 이후 사후관리에서 가장 염려되는 부분으로 고용요건을 유지하는 것과 주된 업종의 전환이 어렵다는 것을 꼽는다. 고용요건은 2012년부터 공제율이 70%까지 높아지고 공제한도가 확대되면서, 반대로 사후관리에서 고용요건은 강화되었다.

중소기업의 경우 규모가 큰 대기업에 비해 경영상황의 변화가 심하고 경기의 영향을 많이 받으므로 고용요건을 꾸준하게 유지하는 것이 부담이 될 수밖에 없다. 더구나 중견기업의 경우는 상속 이후 20%를 더 증가시켜야 하므로 이러한 점을 감안할 때 가업상속공제를 받기 원하는 기업의 경우 정규직 근로자들에 대한 사전 관리가 필요할 수도 있다. 게다가 가업이 실제로 승계되려면 주된 업종을 10년 동안 유지해야 하는데 이 부분 역시 경기가 불황이거나 후계자가 완전히 새로운 사업을 하기 원하는 경우 사후관리하는 데 어려움이 있을 수 있으므로 신중한 고려가 필요하다.

가업상속공제,

이것만은 주의하라

가업승계를 할 때는 특히 다음과 같은 4가지의 준비가 사전에 필요하다.

가업의 전부를 상속인 1인이 모두 상속받아야 한다

앞서 설명했듯이, 다른 상속인들과의 유류분 문제 등을 미리 준비해야 한다. 특히 2012년 1월에 발표된 예규(기획재정부)를 참고하면, 아버지가 여러 개의 가업(법인)을 영위할 때 상속인 1인이 여러 개의 가업 모두를 상속받는 경우에만 가업상속공제가 가능한 것으로 의견을 내린 바 있다. 예를 들어, 2개의 가업을 장남과 차남이 각각 한 개씩 승계하는 경우 가업상속공제를 적용받을 수 없다는 것이다. 따라서 피상속인(부모)의 재산 전체를 어떻게 상속인 간에 배분할지를 상속 개시 이전에 미리 합의해둘 필요가 있다.

피상속인(부모)의 가업 영위 요건 주의

실무상 가업상속공제 요건 적용 시 다음과 같은 피상속인의 가업 영위 요건을 충족하지 못해 공제를 받지 못하는 상황이 종종 발생한다. 2010년 2월 개정해서 요건을 다소 완화하기는 했지만, 이 요건은 상속 발생 시점까지 염두에 두고 지속적으로 관리할 필요가 있다.

'피상속인이 가업의 영위기간 중 60% 이상의 기간을 대표자로 재직

하거나 상속 개시일부터 소급하여 10년 중 8년 이상의 기간을 대표이
사로 재직해야 한다.'

가업상속재산 범위에 대한 설계가 필요

2012년부터 공제율이 70%로 높아짐에 따라 공제율이 크게 늘었다. 그
런데 오히려 더 불리해진 기업들도 있다. 공제율은 늘었지만, 가업상속
공제의 취지에 부합하도록 가업상속재산 범위를 조정했기 때문이다.
즉, 사업과 무관한 자산에 대해서는 공제를 배제하기로 한 것이다.
2011년까지는 법인 주식의 경우 공제율이 40%이지만 이 중 자산을 배
제하는 부분은 없었다. 그런데 2012년부터는 공제율이 70%로 늘었지
만 전체 자산 중에 배제하는 부분이 큰 기업의 경우는 결국 공제효과가
크게 늘지 않거나 오히려 줄어드는 경우도 발생하게 된 것이다. 따라서
상속을 준비하는 CEO는 기업 상황을 점검하여 실제 얼마나 공제 혜택

: 법인 주식평가액×(1-가업에 직접 사용하지 않는 사업무관자산* 비율)

* 사업무관자산(상속 개시일 현재 기준)

　-법인세법상 업무무관자산

　-비사업용 토지, 임대용부동산

　-대여금

　-과다보유현금(상속 개시일 직전 5개 사업연도 말 평균 현금보유액의 150% 초과)

　-법인의 영업과 무관한 주식·채권 및 금융상품

가업상속재산 범위

을 볼 수 있을지를 검토하고 향후 상속 시까지 어떻게 자산을 관리할지가 절세를 하는 데 매우 중요한 요인이 되고 있다.

'10년 유지' 고용요건에 대한 준비 필요

2012년부터는 사후관리가 더 강화되었는데 상속인에 대한 고용요건 유지다. 10년 동안 중소기업이 고용요건 유지를 통해 일자리 창출 효과를 기대하려는 것이다. 이에 따라 중소기업의 경우 상속 후 10년간 고용평균 1.0배(중견기업 1.2배) 이상 유지해야 한다. 후계자가 가업을 승계받아 원활하게 운영하기 위해서는 승계해줄 CEO가 고용요건에 대한 준비도 미리 염두에 둘 필요가 있다.

가업상속으로
세금 분납효과도 누린다
상속인이 재산을 물려받을 때 부동산이나 비상장주식 등의 자산은 유동화시키는 데 시간이 다소 걸릴 수 있으므로 세금을 내는 데 어려움을 겪을 수 있다. 따라서 상속의 경우는 세금을 일시에 납부하는 것이 아니라 몇 년간에 나누어 낼 수 있는데 이를 '연부연납제도'라고 한다.

특히 가업을 물려받는 경우에는 기업의 존속을 위해서는 상속받은 가업의 주식 및 자산을 매각하기 어려우므로 세금을 나누어 낼 수 있는 기간을 좀 더 여유 있게 연장해준다.

일반적인 상속은 연부연납을 허가받은 날로부터 최대 5년간 분납이 가능하다. 그런데 가업상속재산을 상속받는 경우는 아래와 같이 일정 기간 동안 거치한 후 더 오랫동안 분납이 가능하므로 이 기간 역시 적극 활용할 필요가 있다.

❶ 가업상속재산이 전체 상속재산의 50% 이상인 경우

→ 3년 거치 후 최대 12년간 분납 : 신고기한 후 3년이 되는 날부터 매년 1/12씩 12년간 분할납부

❷ 가업상속재산이 전체상속재산의 50% 미만인 경우

→ 2년 거치 후 최대 5년간 분납 : 신고기한 후 2년이 되는 날부터 매년 1/5씩 5년간 분할납부

가업이 없다면

가업을 만들어 승계하라　　　최근 가업승계에 대한 세제 혜택이 확대되면서, 가업을 영위하지 않는 부자 부모들의 관심이 크게 늘었다. 그 이유는 가업승계의 세제 혜택이 합법적으로 증여와 상속을 할 수 있는 큰 절세 효과를 주기 때문이다. 사실 수십억 원에서 수백억 원 이상

의 자산을 보유한 부자들의 경우 부동산이나 금융자산을 물려주는 데 절반을 세금으로 내야 한다는 사실에 고민하는 경우가 많다. 일반인들이 생각하기에는 행복한 고민일 수 있지만, 한편으로는 고생해서 모은 재산의 절반을 흔쾌히 세금으로 내는 것이 쉽지 않을 수 있다.

이런 상황에서 2012년부터 가업승계에 대한 세제혜택이 확대되면서 합법적으로 절세할 수 있는 방법 중에 70%의 세금을 깎아주는 '가업상속공제'에 눈길이 가게 되는 것이다. 물론 가업을 승계하는 데에는 앞서 살펴본 여러 요건과 사후관리를 충족해야 하기에 쉬운 일은 아니지만, 만약 사업을 해보고 싶어 하는 자녀가 있다면 당장 가업이 없더라도 가업을 만들어서 운영하다가 물려주는 것도 좋은 방법이 될 수 있다고 생각하는 것이다. 만약 부모의 나이가 10년 이상의 건강을 자신할

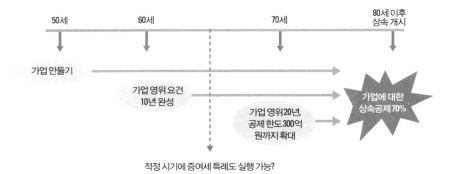

수 있다면, 다음과 같이 가업을 생각해보는 것도 상속을 대비하여 괜찮은 방법이 될 수 있다.

　물론 이러한 계획을 하기에 앞서 여러 가지 고려할 사항들이 많다. 기본적으로 다음의 사항을 충분히 검토할 필요가 있다.

　1. 부모의 나이가 10년 이상의 가업을 영위할 수 있을 정도로 여유가 있어야 한다. 가업 영위 요건이 10년 이상인 만큼 부모의 나이가 많은 경우 리스크를 감안해야 할 수 있다.

　2. 10년 이상을 부모가 가업으로 영위하다가 승계한 뒤 자녀 역시 10년간의 사후관리가 필수적이므로 전망이 밝은 업종의 가업, 후계자가 사업을 승계를 자신 있어 하고 관심 있는 업종의 가업으로 고려해야 한다. 흔히들 부동산 부자들의 경우 '부동산임대업'을 생각하는데 부동산임대업은 업종에서 제한이 되어 가업승계의 대상으로 인정되지 않는다. 제조업이나 일부 서비스업도 가능하며 요식업의 경우도 가업으로 인정된다.

　3. 일단 가업을 시작하는 경우 회수가 어려울 수 있으므로 이에 대한 사전 검토가 필요하다. 개인자산 중에 어느 정도 비중의 자산을 투자해

서 가업을 영위할 것인지를 고려해야 한다. 다만, 사업 실패 시 자산이 손실될 위험이 있어도 이러한 위험을 자녀가 아니라 부모가 지게 되는 것이므로 자녀가 직접 사업을 하는 것보다는 유리할 수 있다.

4. 자녀가 창업을 원하는 경우 부모의 자산으로 가업을 만들어서 상속으로 물려주는 것이 나은지, 사전에 증여를 통해 창업자금을 자녀에게 지원하는 것이 좋은지 검토해볼 필요가 있다. 자녀가 하려는 사업에 대한 전망이 매우 밝다면, 굳이 가업을 장기간 동안 만들기보다는 사전에 창업자금을 지원해서 자녀 앞으로 사업을 키우는 편이 나을 수도 있으므로 두 가지 방향의 고민을 해볼 필요가 있다.

5. 가업승계는 아버지나 어머니 모두 가능하므로, 아버지만이 아니라 어머니도 가업을 경영하다가 상속공제를 받을 수 있다. 어머니까지 활용하여 가업을 설계하면 보다 유연하게 설계가 가능할 수도 있고 혜택이 더 늘어날 수도 있다. 가업승계는 아버지와 어머니 모두 자녀에게 승계가 가능하고 세제 혜택도 받을 수 있다.

아버지와 어머니는 동일인이 아니므로 사망하는 시기도 다르고 상속도 각기 다른 시기에 두 번 발생한다. 따라서 아버지와 어머니가 실제 가업을 영위하는 것이 가능하다면 두 명의 자녀가 있을 때 각자의 사업을 영위하다가 각각 한 명씩에게 상속할 수도 있을 것이다. 자녀가 여러 명일 때 가업상속공제의 가장 큰 문제점은 유류분에 대한 고려가 필요하다는 점인데, 결국 한 사람의 상속인이 모든 가업상속재산을 승계받는 것이 현실적으로 어려울 수 있다. 따라서 별도로 아버지와 어머니가 가업을 영위하는 것이 가능하다면 이러한 문제는 의외로 쉽게 해결될 수 있다.

부모가 창업 등을 통해 가업을 영위하는 것은 국가적인 차원에서도 이익이 될 수 있다고 생각한다. 부자들의 자산을 음성적으로 운용하다가 편법적인 방법으로 물려주는 것보다는 법인 등을 설립한다면 일자리를 창출하고 경제적인 측면에서 긍정적인 영향을 줄 수도 있기 때문이다.

가업승계 절세 전략에서
절대로 잊지 말아야 할 것

흔히들 가업승계에 대한 플랜을 세우고 준비할 때 가장 중요한 점을 간과하기 쉽다. 바로 가업승계는 '자산을 이전하는 증여와 상속의 일부분'이라는 사실이다. 법인 CEO들 대다수에게 가업(법인의 주식이나 개인 사업체) 자산이 전체 자산에서 중요한 비중을 차지하고 있는 것은 사실이지만, 그래도 여전히 전체 자산의 한 부분이라는 것이다. 중요한 것은 CEO가 사망하고 상속이 발생했을 때 법인의 자산만이 아니라 CEO 소유의 모든 자산에 대해서 상속이 발생하고 상속세의 누진세율이 적용된다는 점이다.

가업승계의 플랜을 세울 때 더욱 확실한 플랜이 되기 위해서는 본인, 그리고 배우자 및 가족까지 고려하여, 개인자산과 법인자산 전체에 대한 플랜을 세우고 중장기적으로 관리하는 것이 중요하다. 법인 자산만이 아니라 전체 자산 내역을 총괄한 계획이 될 때 전체적인 '증여·상속 플랜'으로서 의미가 더욱 클 수 있기 때문이다.

앞서 살펴본 바와 같이 2012년에 들어서 가업상속공제의 혜택이 늘어나면서 기존에 세워졌던 증여 및 상속 계획에 다소 수정이 필요한 기업들도 있을 수 있다. 이전에는 상속에 있어서 가업에 대한 세금 부담을 많이 느꼈지만, 현재는 오히려 가업 이외의 개인자산에 대한 부담이 커서 개인자산을 먼저 증여하는 것이 오히려 유리할 수 있기 때문이다. 가업의 경우 상속 시 요건을 충족하면 70% 공제가 되지만 개인자산은 기본적인 공제들 외에는 혜택이 오히려 적을 수 있다. 특히 전체적인 자산 비중에서 개인자산의 비중이 높은 경우는 더욱 개인자산의 사전 증여 비중을 높여야 할 필요가 있다고 생각된다.

가업승계 플랜은 중장기적으로 가업을 관리하고 CEO의 사후 10년까지 사후관리가 필요한 긴 계획이다. 따라서 수시로 개정되는 세법에 맞게 계획을 조금씩 수정하고 관리하는 것이 필요할 수 있다.

세법의 개정으로 2012년부터 가업상속공제를 확대하고, 반면 일자리 요건을 강화한 세법의 큰 틀은 독일의 가업상속공제를 도입한 것이다. 그런데 독일의 경우는 공제율이 더 높고 오랜 기간 동안 상속공제제도를 운영하면서 현실을 반영하여 몇 번의 개정을 거쳐왔다. 따라서 보다 세분화된 정책을 적용하고 있다.

예를 들어, 독일의 가업상속세제 지원은 승계자가 두 가지 방식을 선택할 수 있는데, 개정안과 유사하게 세금을 공제(공제율 85% 또는 100%)해주는 대신 일정 기간(5년 또는 7년) 동안, 고용요건(누적된 총급여액이 400%, 700% 이상)을 유지하도록 하고 있다. 고용요건의 경우는 상속받은 후계자가 이를 지키는 것에 무리가 있다는 판단하에 최근 개정을 통해 더 완화한 것이다.

가업승계에 대한 지원을 현실화하고 있는 독일의 선행 사례를 통해 알 수 있듯이 우리나라 역시 가업상속제도를 우리나라 기업 상황에 맞게 준비해가는 단계인 만큼 앞으로 현실에 맞게 더 수정 보완이 있을 가능성이 크다고 생각된다. 따라서 가업승계를 준비하는 CEO들과 관심 있는 부자들은 지속적으로 관심을 갖고 본인의 플랜도 이에 맞추어 보완해가는 것이 필요하다.

- 부자들의 상당수는 개인 또는 법인 형태로 기업을 영위하고 있는데, 이들의 대표적인 고민은 가업승계에 대한 세금 부담이다. 최근 몇 년간 가업승계에 대한 세제적인 지원이 개정되어 합법적으로 절세할 수 있는 방법이 확대되었다.

- 가업승계에 대한 세제상의 지원은 '가업승계에 대한 증여세 과세특례'와 '가업상속공제', 이 두 가지로 크게 나누어볼 수 있는데, 효과적으로 절세하기 위해서 이 두 가지 방법을 모두 활용해볼 수 있다. 다만, 세제 지원을 받을 수 있는 요건이 까다롭고, 사후관리가 중요한 만큼 가업승계에 대한 계획은 중장기적인 관점에서 접근할 필요가 있다.

- '가업승계에 대한 증여세 과세특례'는 증여 당시에는 증여세를 10%만 부담하고 상속 시에 상속세로 세금을 정산하는 방식으로 과세가 이연되는 효과를 얻을 수 있다. 다만, 증여 이후 상속 시까지 기업가치에 따라 세금부담이 늘어날 수도 있으므로, 가업상속공제에 대한 요건도 미리 고려하여 상속재산 정산 시에 가업상속공제를 같이 받을 수 있도록 준비하는 것이 필요하다.

- '가업상속공제'는 기업과 관련된 상속재산에서 70%의 상속공제(최대 300억 원 한도)를 받을 수 있어 최대 70%의 상속세를 줄일 수 있는 세제 혜택이다. 다만, 세제 혜택을 받기 위해서는 중소기업(개인사업자 포함)에 해당되고, 피상속인이 10년 이상 기업을 영위, 대표자에 특정기간 재직해야 하는 등 여러 요건을 모두 충족해야 한다. 또한 1인의 상속인이 가업의 전부를 상속받아 10년 이상 근로자들의 고용요건을 유지하는 등의 사후관리가 필요하므로 후계자의 의지도 중요하다.

- 가업승계와 관련한 세제지원 요건이 까다로움에도 현존하는 증여와 상속 관련 세제 혜택 중에서 가장 절세 효과가 뛰어나므로 사업을 하지 않는 부자 부모들의 관심이 증가하고 있다. 자녀가 관심 있는 분야의 기업을 새로 만들어서 10년 이상을 영위하다가 가업 형태로 물려줄 수 있다면 세제 혜택을 받으면서 재산의 이전이 가능하기 때문이다.

- 가업승계에 대한 절세 플랜을 세울 때 가장 중요한 것은 '가업승계가 전체 자산을 이전하는 증여와 상속의 한 부분'이라는 점이다. 상속세는 가업뿐만 아니라 개인자산 등을 모두 합산하여 사망한 사람의 재산을 기준으로 매겨지는 만큼 전체적인 자산 관점에서의 계획을 세우는 것이 효과적이다.

진짜 부자는
'초장'부터
준비한다

3
SECTION

우리는 앞서 슈퍼리치들의 절세 방법에 대해 알아보았다. 대다수의 부자들도 애초부터 부자가 아니라 자수성가한 경우가 많다. 주식이나 부동산 투자로 부자가 되기도 하고 사업에 성공하거나 열심히 일해서 스톡옵션을 받아 부자가 되기도 한다. 이들처럼 부자가 되기 위해서는 우선 종자돈 만들어야 할 것이다. 그런데 종자돈을 만들 때도 애초부터 조금만 더 신경을 쓴다면 남들보다 더 빨리 좋은 수익률을 거둘 수 있을 것이다. 바로 수익에서 낼 세금들을 줄이는 것이다. 부자들뿐만 아니라 일반인들에게도 필요한 세테크, 남보다 빨리 목돈 만들 수 있는 방법들에 대해 알아보기로 한다.

'부자'의 마음으로 세금을 관리하라

우리는 앞서 부자들의 절세법에 대해 알아보았다. 대다수의 부자들도 애초부터 부자가 아니라 자수성가한 경우가 많다. 주식이나 부동산 투자로 부자가 되기도 하고 사업에 성공하거나 열심히 일해서 스톡옵션을 받아 부자가 되기도 한다. 이들처럼 부자가 되기 위해서는 우선 종자돈을 만들어야 할 것이다. 그런데 종자돈을 만들 때도 애초부터 조금만 더 신경을 쓴다면 남들보다 더 빨리 좋은 수익률을 거둘 수 있을 것이다. 바로 수익에서 낼 세금을 줄이는 것이다. 부자들뿐만 아니라 일반인들에게도 필요한 세테크, 남보다 빨리 목돈 만들 수 있는 방법들에 대해 알아보기로 하자.

CMA계좌로 단 한푼의

이자까지 모두 챙겨라   올해 신입사원이 된 A군. 9월부터 근무를 시작해서 지난 25일 세 번째 월급을 받았다. 지난 두 달 동안은 친구들에게 한 턱 내기도 하고, 그동안 뒷바라지 해주신 부모님께 선물도 사드리고 고3 동생에게 용돈도 좀 주고 하니 통장에 남겨진 돈이 얼마 없다. 월급통장으로 입금된 3번째 월급, 이대로 방치하다가는 고생해서 번 돈이 보람도 없게 모두 새어나갈 것만 같다.

앞으로 2~3년간 열심히 모아 결혼 준비도 해야 하고, 아직 신입사원이긴 하지만 은퇴 후에 안정적인 노후 생활을 하기 위해서는 미리 재테크를 제대로 시작해야겠다는 생각이 든다. 시작이 반이라고 일단 손에 쥔 250만 원의 월급 중에서 생활비 약 70만 원을 제하고 180만 원의 돈을 잘 굴리고 싶다. 그동안 재테크에는 관심을 가질 여력이 없었지만 이제부터는 정신 차리고 작은 준비부터 시작해보려고 한다.

신입사원은 우선 위험을 안고 수익률을 높게 추구하는 방식보다는 초기에는 새어나가는 세금을 줄이면서 안정적으로 월급을 모아 종자돈을 만들 수 있는 방법으로 관리하는 것이 좋다. 특히 남자 신입사원들은 돈을 벌기 시작하면 신이 나서 여기저기 위험한 투자만을 쫓다가 결국엔 빚까지 지게 되는 경우를 흔하게 볼 수 있다. 처음부터 무리한 투자를 하는 것보다는 종자돈을 만들 수 있는 작은 실천부터 챙기는 것이 좋다.

우선 월급통장이 보통예금으로 들어온다면 일단 CMA 계좌로 바꾸는 것을 추천하고 싶다. 보통예금은 이자가 0.1%에 못 미치는 수준이지만, CMA 상품은 보통예금처럼 입출금이 자유로우면서도 하루만 예치해도 2~3%대의 이자를 주기 때문에 단기적으로 유용하는 자금에는 매우 용이하다. 특히 월급이 들어와서 카드대금이 결재되고 다른 자금으로 이체되는 며칠간 불릴 수 있는 이자를 소홀히 하지 않는 것이 중요하다.

사회 초년생들뿐만 아니라 매달 꾸준히 돈이 들어오는 통장, 그리고 가정에서 예비로 남겨두고 있는 유동성 자산은 CMA 통장으로 관리하는 것을 추천한다.

누구나 혜택받을 수 있는

세금우대종합저축 활용하기

A군이 CMA에 들어온 월급으로 투자를 시작하게 된다. 통상 초기자금을 모을 때는 적립식펀드를 들거나 정기적금을 들어 한 달에 일정 금액을 꼬박꼬박 모으는 방법을 쓰는 것도 좋다. 그런데 이때도 세제 혜택이 있는 '세금우대종합저축' 상품을 활용하는 것이 좋다.

'세금우대종합저축'이라는 상품은 따로 있는 것이 아니라, 들고 싶은 정기적금이나 펀드에 세금우대 혜택을 해달라고 지정하면 되는 것이다. 정기적금이든, 적립식펀드든 1년 이상을 약정하는 상품에는 이러한 세금우대 혜택을 신청할 수 있으므로 신규 계좌를 만들 때 이러한 혜택을 적극 활용하는 것이 좋다.

그렇다면 세금우대를 지정하면 어떤 점이 좋을까? 상품에서 수익이 나면 기본적으로 15.4%를 세금으로 내야 하는데, 이를 줄여 9.5%(농어촌특별세 포함)의 세금만 내면 된다. 펀드를 가입하면 배당소득이 발생하고 정기적금을 들면 이자소득을 얻을 수 있다. 그런데 실질적으로 얻게 되는 소득은 15.4%의 세금을 뗀 나머지가 된다. 따라서 미리 가입할 때 세금우대 상품으로 지정을 해둔다면 15.4%가 아닌 9.5%만 떼기 때문에 40%가량의 세금을 줄일 수 있다. 그리고 9.5%로 원천징수한 뒤 분리과세되기 때문에 금융소득 종합과세대상에도 합산되지 않는다.

만 20세 이상이 되면 누구나 이러한 혜택을 받을 수 있다. 한도가 1인당 1,000만 원으로 크지 않은 것이 아쉽지만 일단 종자돈의 시작은 세금우대종합저축과 함께하는 것이 유리하며, 항상 내가 투자하고 있는 상품에 세금우대종합저축이 한도까지 지정되어 있는지 확인해볼 필요가 있다.

한도를 확인하는 것은 쉽다. 상품 가입 시에 금융기관에 물어보면 전 금융기관에서 쓰고 남은 한도가 얼마인지 바로 조회해서 알려준다. 따라서 지정해놓은 정기예금이 만기가 되어 다른 상품으로 갈아탈 때도 한도를 챙겨보고 남은 한도는 혜택을 지정하는 것이 좋다.

참고로 한도는 일반적으로 1,000만 원이지만, 60세 이상의 노인이나

장애인, 독립유공자, 국가유공자 등 생계형저축에 가입이 가능한 대상
자는 3,000만 원까지로 한도가 더 많다.

절세 인사이트 Insight for Saving Tax **24**

부모님에게는
생계형저축을 추천하라!

50대 후반인 A씨는 남편 B씨가 만 60세가 되는 12월 말을 기다리고 있다.
60세가 되면 생계형저축에 돈을 넣을 수 있기 때문이다. 생계형저축에 가입
하면 세금을 줄일 수 있다고 들었다. 남편이 은퇴하고 그동안 모아놓은 자금
으로 생활비를 충당하다 보니, 줄일 수 있는 비용은 최대한 줄이고 싶다.

그렇다면 A씨가 기다리는 생계형저축에는 어떠한 세제 혜택이 가능할까? 인
별로 한도 3,000만 원까지는 세금이 부과되지 않는다. 즉, 금융소득에 부과되
는 15.4%의 세금을 아낄 수 있는 것이다.

그런데 생계저축은 세금우대종합저축처럼 성인이면 누구나 가입 가능한 것이
아니라, 생계형으로 저축을 인정받을 수 있는 대상만 한정된다. 즉, 60세 이상
의 노인과 장애인, 독립유공자와 그 유족, 국가유공자 등 법률에 의거해 등록
한 상이자 등만 가입이 가능하다. 따라서 일반적으로는 만 60세 이상이 되면
한도가 생기는 것이다.

세금우대종합저축과 생계형저축의 한도는 별도로 따진다. 따라서 만 60세 이상
이 되면 생계형저축의 한도 3,000만 원, 그리고 세금우대종합저축의 한도
3,000만 원 총 6,000만 원의 한도가 생기는 셈이다. 부부 기준으로 하면 1억

2,000만 원 정도의 절세형상품에 가입 한도가 생기게 된다.

생계형저축도 세금우대종합저축처럼 별도로 상품이 정해져 있는 것이 아니라, 예금뿐 아니라 펀드나 주가연계증권(ELS), 채권 상품 등에도 대부분 지정할 수 있다. 참고로, 생계형저축과 세금우대종합저축은 2011년 말까지 혜택이 종료 될 예정이었으나 3년 더 연장되어 2014년까지 가입한 상품에 대해서는 비과 세 및 분리과세 혜택이 연장되었다.

세금우대종합저축과 생계형저축으로

더 많이 절세하는 법　　　　12월이 되어 A씨 남편의 생계형저축 한도가 생겼다. 남편은 금융자산을 여러 상품으로 나누어 투자하고 있 는데 이 중에 어떤 상품을 생계형저축으로 가입할지 고민이 된다.

일반적으로 대부분의 투자자는 생계형저축을 정기예금이나 저축과 같은 안정적인 수익을 거두는 상품으로 정하는 경우가 많다. 그런데 앞 서 설명했듯이 생계형저축은 예금뿐 아니라 펀드나 주가연계증권(ELS), 채권 상품 등에도 대부분 지정 가능하다. 생계형저축의 비과세 혜택은 수익률에 관계없이 투자 '원금 3,000만 원'을 기준으로 해 여기서 얻는 수익에 준다. 따라서 안정적이지만 낮은 수익률의 상품보다 오히려 수 익률이 높은 상품에 지정하는 것이 효과적이다.

예를 들어, A씨가 3,000만 원을 3년 동안 투자하는 경우를 보자. 3,000만 원을 4%의 정기예금에 넣으면 약 360만 원의 이자가 발생한다. 360만 원에 15.4%의 세금을 계산하면 55만 원의 세금을 내야 하지만, 생계형저축으로 가입한 경우에는 세금 부담이 없다.

만일 3,000만 원을 4%의 정기예금이 아니라 만기 상환 시 연 12%의 수익률을 지급하는 ELS에 가입했다고 가정해보자. 이 경우 만기에 약 1,080만 원의 배당소득을 거둘 수 있고 이에 해당하는 세금은 167만 원이다. 그렇지만 이 역시 생계형으로 미리 지정해놓았다면 세금 부담은 없을 것이다.

이처럼 정기예금과 ELS에 생계형저축과 각각 다르게 지정한 경우 줄일 수 있는 세금이 100만 원 이상 차이가 난다. 물론 ELS의 경우 수익률이 보장되지 않는 경우가 많지만, 투자하는 자산 중에 수익률이 높은 상품에서 수익을 거둘 수 있다면 절세 효과는 더 커지게 될 것이다. 세금우대종합저축 역시 이와 같은 논리로 수익을 많이 거둘 수 있는 상품에 가입하는 것을 고려할 필요가 있다.

1년에 한 번 목돈으로 세금 부담 줄이기,

연금저축상품　　　　　　　신입사원이 되어서 월급을 받으면 연말정산이라는 것을 처음 해보게 된다. 연말정산을 할 때 세금을 많이 돌려받는 것은 누구나 원하지만, 특별히 노력할 수 있는 방법이 많지 않은 것도 사실이다. 의료비공제 많이 받자고 일부러 아파서 병원에 갈 수도 없는 노릇이고, 신용카드공제 많이 받자고 비용을 더 지출하는 것은 오히려 자산을 줄이는 길이 된다.

그런데 거의 유일하게 소득공제 효과도 확실하면서 노후에 대한 투자도 할 수 있는 방법이 바로 연금저축상품을 불입하는 것이다. 매년 2월마다 냈던 세금을 환급 받을 수 있으니 종자돈을 만드는 데도 확실히 보탬이 된다. 불과 몇 년 전만 해도 사실 소득공제 관련 상품이 몇 가지 더 있었다. 그런데 소득공제 혜택이 커서 '연말정산 3종 세트'로 불리던 장기주택마련저축상품, 연금저축상품, 장기주식형펀드 중에서 지금 가입해서 소득공제 혜택을 받을 수 있는 상품은 연금저축상품이 유일하다(2013년부터는 장기펀드 신설 예정).

대부분의 회사원과 개인사업자들에게 연금저축상품은 세금을 줄이고 노후를 대비할 수 있는 두 마리 토끼를 다 잡을 수 있는 상품이 될 수 있다. 그런데 사실 일부 사람들에게는 '조삼모사'가 될 수 있는 상품이기도 하다. 따라서 연금저축상품의 장·단점을 파악하기 위해서는 가입요건과 본인의 나이와 소득, 세금 환급 효과 등을 꼼꼼히 살펴볼 필요가 있다.

세금 환급 효과, 생각보다 크다

일단 연금저축상품으로 인한 소득공제 효과를 살펴보자. 연금저축상품은 불입 금액(연간 400만 원, 분기 300만 원 한도 이내)에 대해 100% 소득공제가 가능하다. 기존에 가입 가능했던 장기주택마련저축상품이 불입액의 40%, 장기주식형펀드가 불입액의 5~20% 공제가 가능했던 것에 비해서도 소득공제 효과가 압도적으로 크다.

그런데 소득공제로 세금을 환급 효과는 모두 같은 것이 아니라 연간 벌어들이는 소득에 따라서 다르다. 소득이 많은 사람일수록 적용받는 세율이 높아지고 따라서 공제받는 효과도 커진다. 결국 세금 환급 효과는 적용 세율(6.6~41.8%)에 따라 달라지는 것이다. 연간 한도인 400만 원을 불입하면 과세표준 1,200만 원 이하에 해당되어 6.6% 세율을 적용받는 경우에는 26만 원을 돌려받는다. 그리고 과세표준이 올라감에 따라 66만 원, 106만 원, 154만 원으로 환급 효과가 올라가다가 최고 세율인 41.8%를 적용받는 과세표준 3억 원 초과 구간에 가면 최대 167만 원의 환급 효과가 생긴다.

소득공제라는 것은 소득에서 세금을 내지 않도록 빼주는 것이다. 따라서 세금환급 효과를 구해보려면 소득공제 받는 금액에다 자신의 소득에 따른 적용 세율을 곱해보면 된다. 예를 들어, 다음 표에서 볼 수 있듯이 과세표준 1,200만 원에 해당하는 세금 환급금액 26만 원은 소득공제금액 400만 원에 6.6%의 세율을 곱한 것이다.

그런데 정확하게 자신의 세금 환급 효과를 알아보려면 자신의 소득 기준으로 세율 구간을 찾아봐서는 안 된다. 자신의 세전소득에서 이런

과세표준	적용세율 소득세(지방소득세 포함)	세금환급금액
1,200만 원	6%(6.6%)	26만 원
1,200~4,600만 원	15%(16.5%)	66만 원
4,600~8,800만 원	24%(26.4%)	106만 원
8,800만 원~3억 원	35%(38.5%)	154만 원
3억 원초과	38%(41.8%)	167만 원

과세표준별 적용세율과 세금환급금액

소득 금액별 세금 환급 효과(단위 : 만 원, %)
* 참고 : 2012년 현행 세율(소득세+지방소득세) 적용, 최대 한도인 400만 원을 불입한 것으로 가정

저런 소득공제들을 먼저 다 공제한 뒤 과세표준을 찾아서 그 기준으로 세율을 따져봐야 진정한 세금 환급 효과를 알 수 있다.

예를 들어, 연봉이 6,000만 원 정도 되는 사람은 26.4%의 세율이 자신의 한계세율이 아니라 통상 16.5% 정도가 자신이 내는 최고 세율구간이 된다. 왜냐하면 기본적으로 근로소득공제와 본인의 인적공제 등만 감안해도 1,400만 원 이상의 공제가 가능하기 때문이다. 따라서 과세표준 1,200~4,600만 원 정도에 해당될 가능성이 높고, 결국 세금 환급 효과는 66만 원 정도이다. 만일 부양하는 가족들이 많고 공제액이 아주 많은 경우는 6.6%까지도 세율이 내려와서 환급 금액이 더 작을 수도 있다.

이렇게 따져본 세금환급 효과는 불입 당시로 보면 바로 그만큼의 수익을 얻는 것과 마찬가지이다. 400만 원을 불입하고 16.5%의 세율을 적용받아 66만 원의 환급을 받으면, 16.5%의 수익률을 바로 얻는 셈이다.

불입한 400만 원이 향후에 어떠한 수익을 추가로 거둘지와 상관없이 일단 불입한 분에 대해 다음 연도 2월에 66만 원을 환급받아 목돈에 보탤 수 있기 때문이다. 이 정도 수익률이면 웬만한 상품들 자체의 수익률을 능가하는 상당한 효과임이 분명하다.

연금저축상품의 가입요건과 주의할 점

연금저축상품은 이처럼 세금 환급 효과가 매우 큰 상품이다. 그런데 여기에 꼼꼼히 따져볼 점들이 있다. 이 상품은 10년 이상 꾸준히 불입해야 하고, 노후에 연금으로 받는 것이 유리한 장기상품이라는 점이다. 연금 형태로 나누어 받지 않거나 중도에 해지하게 되면 일시에 세금과 가산세까지 부과될 수 있으므로 오히려 기존에 소득공제를 받았던 것보다 손해가 될 수도 있다.

저축 납입 기간이 10년 이상이고 계약이 만료된 만 55세 이후에 5년 이상 연금형태로 나눠 지급받는 것을 필수 요건으로 하고 있다는 점을 충분히 고려하는 것이 좋다. 납입계약기간 만료 전에 해지하거나 계약기간이 지났더라도 일시금으로 받는 등 연금 외의 방법으로 지급받게 되면 기타소득으로 세금을 내게 된다.

기타소득(*)으로 과세가 된다는 것은 해지하면서 받는 금액 중 소득공제 받았던 금액에 해당하는 만큼(400만 원 한도까지만 계속 불입했다면 받는 금액 전체가 됨)은 일단 22%의 세율로 원천 징수된다는 뜻이다. 그리고 이러한 기타소득이 연간 300만 원을 넘는다면 이 역시 종합소득 신고 대상이 되어 근로소득이나 사업소득 등의 다른 소득과 합산된다. 이뿐만 아니라 5년 이내에 해지하면 2.2%의 해지가산세를 추가로 내야 한다.

따라서 연금저축상품은 소득공제만을 목적으로 가입하는 것보다는 소득공제 효과도 누리면서 노후 대비가 어느 정도 필요한 사람들이 노후에 연금형태로 지급받겠다는 생각으로 장기적인 안목에서 가입하는 것이 좋을 것으로 보인다. 한편, 연금저축상품은 연말정산용 상품으로 유명하지만, 직장인뿐만 아니라 자영업자도 가입할 수 있고 동일한 절세 효과를 얻을 수 있다.

(*)기타소득 = 해지 또는 연금 외의 형태로 받는 금액×'1-(실제 소득공제받은 금액을 초과하여 납입한 금액의 누계액 / 총 지급액 또는 지급예상액)'

연금저축상품, 2013년부터는 요건들이 바뀐다

연금저축상품은 2013년부터 세법에서 정하고 있는 요건에 다소 변화가 있을 예정이다. 정부가 발표한 2012년 세법개정안에 따르면 연금저축상품의 납입요건은 완화하는 반면, 수령요건은 다소 강화할 예정이다. 연금저축을 불입할 때 기존에는 10년 이상 불입 요건이 필수적이었으나, 2013년부터는 5년 이상으로 바꾸어 불입 기간을 단축하기로 한 것이다.

불입 한도도 연간 1,800만 원으로 크게 늘릴 예정이다. 노후를 대비해 개인적으로 불입하는 연금저축은 납입한도를 기존 연간 1,200만 원(분기 300만 원)에서 1,800만 원으로 상향 조정할 예정이다

반면, 수령 요건은 기존에는 만 55세 이후에 5년 이상으로 분할해서 받으면 됐었지만, 개정 이후에는 수령 기간을 15년 이상으로 바꾸어 3배가량 더 늘릴 예정이다. 결국 일할 때 연금을 더 많이 불입할 수 있도록 하면서, 노후에 수령할 때는 더 길게 나누어 수령할 수 있도록 세제를 변경하는 것이다.

다만, 아쉬운 점은 연금저축의 소득공제 한도인 기존 연간 400만 원을 그대로 유지한다는 점이다. 연금저축에 대한 불입한도가 커진 데다 노후에 연금을 받을 때의 세금 부담도 줄어들지만, 당장 연금을 불입할 때 얻는 절세 효과는 큰 변화가 없는 셈이다. 이렇게 바뀌는 조건은 2013년에 계좌를 개설하는 분부터 적용될 예정이므로 새로이 가입하려는 사람은 가입 시에 달라지는 요건을 충분히 고려해보는 것이 좋다.

이런 사람은 굳이 가입할 필요는 없다

위에서 설명한 주의사항 외에도 반드시 고려해야 할 점이 있다. 바로 연금 수령 시점에 세금이 부과되는 것도 따져봐야 한다. 연금저축상품은 불입하는 시점에 소득공제 효과가 크지만, 그것으로 끝나는 것이 아

니라 연금을 수령할 때에는 연금소득으로 세금을 낸다. 따라서 연금을 받을 때 세금을 얼마나 내게 되는지도 미리 고려할 필요가 있다.

일단 연금소득을 받을 때 5.5%의 세금을 원천징수한다. 그런데 1년 동안 받는 총 연금액이 600만 원을 넘으면 종합소득에 합산해서 종합소득세를 신고해야 한다. 단, 600만 원이 안 되면 5.5%의 세금만을 원천징수하고, 종합과세에는 포함되지 않아 더 이상 세금부담은 발생하지 않는다.

만약 은퇴한 뒤 다른 소득은 없고 국민연금과 연금저축으로 각각 월 100만 원을 받는다고 가정하면 연간 연금소득은 2,400만 원이 된다. 총 연금액이 600만 원을 넘게 되어 종합과세 대상이 된다. 그런데 종합소득세를 신고할 때는 2,400만 원에서 연금소득공제와 인적공제 등의 소득공제 사항들을 빼준다. 따라서 실제 과세표준은 1,200만 원 이하에 해당되는 경우가 많아 6.6%의 최저세율을 부담하게 된다. 종합소득세를 신고하더라도 5.5%의 원천징수한 세율과 결국 큰 차이가 없게 되는 것이다. 이처럼 노후에 고정 수입이 많지 않은 경우는 절세 효과와 안정성 측면에서 연금저축이 효과적이다. 젊어서 불입 당시에는 어느 정도 소득이 있어 세금 환급 효과가 통상 6.6%보다는 많이 받았을 것이기 때문에 연금을 받을 때 세금을 6.6% 정도 부담한다고 해도 손해는 아닌 셈이기 때문이다.

그런데 노후에도 다른 소득이 많을 것이라고 예상되는 사람은 세금 부담이 전혀 다르게 된다. 공무원연금 등 다른 연금소득이 많거나 부동산임대소득(사업소득)이나 금융소득 등 노후에도 다른 종합소득이 많은 사람은 이보다 세부담이 높아질 수 있기 때문이다. 만일 노후에 세금을 38.5~41.8%까지 낸다면 불입 당시에 받은 소득공제 효과보다 노후에 부담하는 세금이 오히려 많아 조삼모사가 될 수도 있다. 또한 이런 사람들은 사실 노후에 안정적인 소득을 목적으로 연금을 받을 필요가 없는 경우가 대부분이다.

결론적으로 연금저축상품은 가입자의 나이와 현재 소득 수준, 연금 지급 시점의 기대소득, 불입 기간에 대해 종합적으로 고려할 필요가 있다. 사실 이 상품은 자산과 소득이 많은 부자들을 위한 상품이라기보다는 젊을 때 소득이 많고 노후를 미리 준비해야 하는 사람들에게 적합한 상품이라고 생각된다.

나는 신입사원이나 회사원들을 대상으로 강의할 때 종종 우스갯소리로 이렇게 말하기도 한다. 부모님에게 받을 재산이 많아서 부동산 임대소득이나 금융소득이 꾸준히 많이 있을 것으로 생각되는 사람, 그리고 노후에 부자 될 자신이 있어 연금 받을 필요 없는 사람은 연금저축상품에 굳이 가입할 필요가 없다고. 하지만, 이러한 일부 사람들을 제외하고는 은퇴에 대한 준비가 필요한 대다수의 사람들에게 연금저축상품은 필요한 상품이다.

한 가지 추가로 고려할 점은 2013년부터는 연금소득에 대한 세금을 매길 때 공적인 연금과 사적인 연금을 따로 분리할 예정이라는 것이다. 따라서 공적 연금을 받는 사람도 노후 자금으로 충분하지 않다면 일정 부분은 사적 연금을 추가로 가입해 낮은 세율로 세금을 낼 수 있도록 할 예정이다. 이에 대해서는 뒤에서 더 자세히 설명하기로 한다.

효과적으로 연금저축상품에 가입하는 방법

1. 투자 성향에 맞는 상품을 선택

연금저축상품은 펀드와 예금, 보험 중 어떤 형태로 가입하더라도 동일한 세제 혜택을 받을 수 있다. 앞서 설명한 것처럼 연금저축상품은 장기적으로 불입하고 운용해야 하는 상품이므로 가입할 때 상품을 고르는 것도 중요하다.

일단은 자신의 투자성향과 장기운용에 적합한 상품을 고르는 것이 좋다. 30세에 가입한 사람이 10년만 불입한다고 해도 실제 연금으로 받는 것은 55세 이후이므로 적어도 25년은 운용이 된다고 봐야 할 것이다. 안정성을 매우 중시하는 사람이라면 예금이 적합할 수 있다. 그런데 좀 더 적극적인 운용을 원하는 사람은 펀드로 가입하는 것이 유용할 수 있다. 최근 나온 펀드들의 경우는 시장 상황에 따라 주식형과

채권형으로 전환이 가능한 펀드들이 많다. 그리고 투자처 역시 국내와 해외로 전환할 수 있다. 따라서 주식 시장 상황이 좋아서 주가가 상승할 것으로 예상될 때는 주식형으로 운용하다가 시장상황이 악화되는 경우는 채권형으로 전환해두는 전략도 가능하다. 그리고 젊을 때는 주식형으로 좀 더 적극적으로 운용하다가 연금을 지급받을 시기가 다가오면 채권형으로 전환하여 안정적인 수익을 확보하는 것도 유리할 수 있다.

2. 수수료 차이 고려

같은 상품이라도 비교적 수수료가 낮은 상품을 고르는 것도 중요할 수 있다. 수수료가 큰 비중이 아닐 수 있지만 장기적인 성과에는 꽤 큰 차이를 줄 수 있기 때문이다. 예를 들어, 연간 1,000만 원씩 10년간 펀드에 불입(연말 투자 가정)하고 수익률이 평균적으로 10%일 경우를 가정하고 비교해보자. 이 경우 복리효과를 고려할 때 원금은 약 1억 6,000만 원에 달하게 된다. 이때 수수료율이 2%인 경우는 10년 동안 약 300만 원의 수수료가 부과되지만 1%인 경우는 이것의 절반인 약 150만 원이 부과되어 상당한 차이를 가져온다. 따라서 장기로 투자하는 절세형상품은 처음 가입 시에 수수료까지 꼼꼼하게 따져볼 필요가 있다.

3 . '多상품 또는 多계좌 전략' 추구

상품을 나누어 가입하거나 같은 상품이라도 계좌를 나누어서 가입하는 것이 유리할 수 있다. 통상 연금저축상품은 연간 소득공제 한도인 400만 원을 채워서 가입하는 경우가 많다. 연간 400만 원이면 대략 한 달에 33만 원 정도를 불입하면 되는데, 이때 불입액을 한 상품에 가입하기보다는 2~3개로 나누는 것이 좋다. 만일의 상황에 대비하기 위한 것이다. 예를 들어, 상품을 예금과 펀드로 나누어 포트폴리오를 분산하는 것도 좋다.

만일 한 펀드에 모두 가입한다고 해도 이를 3개 정도의 계좌에 나누어 10만 원 정도씩 불입하는 것이 바람직하다. 10년 이상 유지해야 하는 장기상품인데 살다보면 불가피하게 해지해야 하는 경우가 생길 수도 있기 때문이다. 10만 원 정도씩 3개로 계좌를 나누어 불입하면 만일의 경우에도 모두 해지하는 것이 아니라 이들 중에 한 두 개의 계좌만 해지할 수 있기 때문이다.

세제형상품의 최대 단점은 투자기간이 길다는 것인데, 투자기간을 채우지 못해서 오는 불이익을 100% 해결하는 것은 현실적으로 어렵다. 이를 보완하기 위해서 동일 상품에 대해서 계좌를 여러 개로 분리하여 가입하면 중도에 해지해야 하는 사유가 발생할 때에 일부 계좌만을 해지할 수 있어서 불이익을 최소화할 수 있다. '다계좌전략' 가입 시에 미리 고려하자.

잘못 가입한 연금저축상품,

계약이전제도 활용하기   연금저축상품은 대부분 재테크에 대해서 잘 모르는 사회초년생 시절에 권유하는 대로 가입하는 경우가 많다. 그런데 가입하고 몇 년 지나 가입했던 상품의 수익률이나 운용방식이 마음에 안 들 수도 있다. 이런 때는 어떻게 해야 할까?

앞서 말했듯이 연금저축상품의 경우 해지하면 기타소득으로 과세되고 5년 이내에 해지할 경우에는 해지 가산세까지 부과되므로 울며 겨자 먹기로 그냥 계속 불입하는 경우도 상당수 있다. 그런데 이렇게 가입한 상품이 맘에 들지 않아 다른 상품으로 갈아타고 싶을 때는 '계약이전제도'를 활용할 수 있다.

연금저축의 계약이전제도는 세제상의 불이익을 받지 않고 연금계좌를 다른 금융기관으로 이전할 수 있도록 하는 제도다. 예를 들어, 보험사에서 가입했던 연금저축보험의 수익률이 마음에 들지 않아 보다 적극적으로 운용하고 싶다면 증권사의 연금저축펀드로 이전이 가능하다. 은행에서 증권사로, 증권사에서 보험사로, 보험사에서 은행으로 계약이전제도를 통해 가입기관을 자유롭게 변경할 수 있다. 이때 해지 가산세나 기타소득세가 부과되지 않고 세제상의 불이익 없이 그대로 이전된다. 다만, 세제상 불이익은 없지만 상품 계약에 따라 상품 해지 수수료나 계약 이전 수수료가 부과될 수 있으니 미리 확인하는 것이 좋다.

한편, 연금저축상품은 가입 후 매달 자동이체를 통해 불입되어 크게 신경 쓰지 않는 경우가 많다. 그러나 10년 이상을 꾸준히 불입해서 목돈이 들어가고, 이를 통해 노후를 대비하는 상품이니만큼 계약을 이전한 이후에도 상품의 성과를 꾸준히 모니터링하고 수익과 위험을 관리할 필요가 있다.

구분	생계형저축	세금우대종합저축	연금저축
세제혜택	2014년까지 가입분 비과세	2014년까지 가입분 분리과세	종합소득세 계산 시 소득공제 (퇴직연금 공제액과 합해 400만 원 한도)
세율	비과세	9.5%	연금수령 시 5.5% (연간 총 연금액 600만 원 초과 시 종합과세)
요건	60세 이상 거주자 국가유공자, 장애인 등	20세 이상 거주자 계약기간 1년 이상	만 18세 이상 거주자, 10년 이상 적립
가입한도	3,000만 원	20세 이상:1,000만 원 생계형:3,000만 원	분기 300만 원
상품	상품 가입 시 적용신청	상품 가입 시 적용신청	소득공제 가능한 여러 상품이 존재
활용전략	• 가입 한도를 기준으로 한도를 적용하므로 수익률이 높은 상품에 지정하는 것이 유리		• 근로자 및 사업자 등 종합소득신고 대상자 모두 적용 가능하며 소득이 많을수록 절세효과 큼
주의사항	세금우대의 경우 1년 이상 유지해야 함		• 만 55세 이후 5년 이상 연금형식으로 수령 • 계약 만료 전 해지 또는 연금 외의 형태 수령 시, 기타소득세 22% 과세 • 5년 이내 해지 시 해지가산세 2.2% 과세

필수 절세상품의 세제 혜택 정리

* 2012년에 적용되는 세법을 기준으로 작성

연금소득의
과세 방법을 알아보자!

연금소득에 대한 세금은 얼마나 어떻게 내는지 헷갈리기 쉽다. 지금 연금을
받는 사람들은 대부분 수십 년 전에 연금을 불입한 것이라 당시에 불입했던
소득은 과세 대상이 아니었다. 그래서 연금을 받을 때 세금을 내야 하는 건지
의아해 하는 경우도 있다. 그렇지만 지금 연금을 불입하는 경우에는 대다수가
향후 연금을 받을 때는 세금을 내야 하기 때문에 얼마나 세금을 내게 되는지
알아둘 필요가 있다.

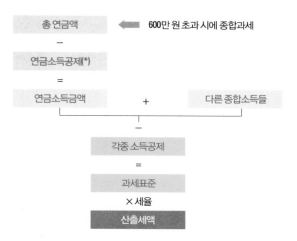

일단, 받는 연금이 과세소득인지 아닌지를 구분해야 한다. 국민연금이나 공무원연금 등의 공적연금은 2002년 1월 1일 이후에 불입했던 부분을 지급받을 경우 과세 대상이 된다. 이전 불입분은 과세 대상에서 제외된다. 개인적으로 불입했던 사적연금인 연금저축상품으로 지급받는 연금소득도 실제 소득공제를 받았던 연금 불입분만 통상 과세 대상으로 한다. 연간 한도를 초과해서 불입했던 부분을 지급받는다면 과세 대상에서 제외되는 것이다.

따라서 받는 연금이 과세 대상 소득인지 헷갈린다면 연금을 지급받은 기관의 원천징수 영수증 등을 통해 과세 대상소득인지 여부를 확인해보는 것이 좋다. 앞서 설명했듯이 이렇게 과세 대상으로 확인된 연금소득이 연간 600만 원을 넘으면 종합소득으로 다른 종합소득과 합산해서 신고하는 것이 원칙이다. 과세 대상인 국민연금과 개인적으로 불입했던 연금저축을 받는다면 당연히 두 소득은 합산해야 한다(2012년 발생 소득 기준).

그런데 이 연금소득에 대해서 다 세금을 내는 것은 아니고, 연금소득공제 등이 기본적으로 차감된다. 연금소득공제는 한도 900만 원 내에서 아래와 같이 공제된다.

총 연금액	공제액
350만 원 이하	연금액 전액
350만 원 ~ 700만 원 이하	350만 원 + 350만 원 초과액×40%
700만 원 ~ 1,400만 원 이하	490만 원 + 700만 원 초과×20%
1,400만 원 초과	630만 원 + 1,400만 원 초과×10%

연금소득공제(*)

이렇게 받은 연금소득에서 연금소득공제를 차감해서 연금소득금액을 구하고 여기에 종합소득공제(인적 공제 등)를 차감한 후에 구해진 과세표준에 세율을 곱하면 세금이 산출된다.

따라서 노후에 다른 종합소득(부동산임대소득, 종합과세되는 금융소득, 근로소득 등)이 없다면 종합소득세를 신고하더라도 세금 부담이 생각보다 크지 않을 수 있다. 다만, 다른 종합소득이 많은 경우 연금소득도 거기에 합산된다면 최고 41.8%까지 세율이 적용될 수 있다는 점은 주의해야 한다.

2013년부터 달라지는

연금소득 세제　　　　2012년 8월 8일 발표한 세법 개정안에서 크게 바뀐 부분 중 하나가 '연금과 퇴직소득'에 대한 변화이다. 따라서 앞서 설명한 2012년까지 적용되는 세제와 2013년부터 발생되는 소득에 대한 세금부담과 과세 방식에 차이가 다소 있을 것으로 생각된다.

기본적인 방향은 노후생활에 안정적으로 나누어 쓸 수 있는 연금에 대한 세금 부담은 줄이는 반면, 퇴직 시 한꺼번에 일시금으로 받는 퇴직소득에 대한 세금 부담은 늘리는 것이다. 늘어나는 평균수명에 따라 국민들이 노후를 대비할 수 있도록 하는 '100세 시대 대비 연금 퇴직세제 개편'이 이번 개정안의 소제목 중 하나이다. 퇴직금을 일시금으로 한 꺼번에 받아 쉽게 쓰면 노후에 대한 보장이 어려울 수 있으므로 국가 차 원에서 세제 지원을 바꾸어 연금을 받는 쪽으로 장려하려는 것이다. 따라서 연금상품에 대한 세제상 메리트는 앞으로 더욱 커질 것으로 생각 되며 향후 은퇴를 준비하면서 바뀌는 세제도 고려하여 설계할 필요가 있을 것으로 생각된다.

국민연금·공무원연금은 따로 계산, 사적연금 추가 가입에 대한 메리트는 상승
앞서 살펴보았듯이 현행(2012년 기준) 연금소득은 세금을 부과할 때 공적 인 연금과 사적인 연금을 따로 구분하지 않아왔다. 그런데 개정안에 따 르면 2013년에 발생하는 연금소득부터는 국민연금, 공무원연금, 군인연 금 등의 공적인 연금과 연금저축, 퇴직연금 등의 사적인 연금을 구분해 서 과세할 예정이다.

현행 세법은 이를 구분하지 않고 합쳐서 연간 과세소득금액이 600만 원을 넘어가게 되면·종합과세 대상이 된다. 그런데 600만 원이면 한 달 에 연금 수령이 50만 원 정도밖에 되지 않는 기준인 데다 개인적으로 가입했던 연금저축뿐 아니라 국민연금까지 다 포함한 기준으로 연금소 득으로 분리과세를 해서 노후를 대비하기에는 부족한 금액이라는 의견 이 많았다. 따라서 공적인 연금은 따로 분리해내고, 사적인 연금만을 기 준으로 하되, 한도도 두 배인 1,200만 원까지 늘리기로 한 것이다.

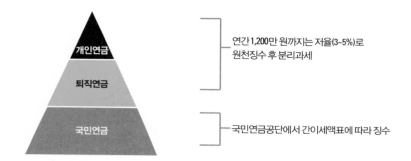

연간 1,200만 원까지는 저율(3~5%)로
원천징수 후 분리과세

국민연금공단에서 간이세액표에 따라 징수

이렇게 사적인 연금을 별도로 분리하는 만큼 기존에 공무원연금 등
이 부담되어 사적인 연금을 가입하지 않았던 사람도 사적 연금을 추가
불입할 수 있는 여지가 생긴 셈이다. 매월 받게 될 공적인 연금만으로
노후에 안정적인 생황을 하기 어렵다면 사적인 연금을 일부 가입하여
보완하는 것이 필요할 수 있다.

또한 사적인 연금에 적용되는 분리 과세세율도 현재는 5%이지만,
2013년부터는 연금을 수령하는 나이와 유형에 따라 차등해서 세율을
적용할 예정이다. 종신형으로 받거나 70세 이후에 받는 경우 등에는 세
율을 더 낮추어 3~4%의 세율을 적용하는 것이다.

2012년까지(현행)	2013년부터(개정안)	
	일반적인 경우	5%
5%	종신형으로 수령 또는 70세 이후에 수령	4%
	퇴직소득분을 수령 또는 80세 이후에 수령	3%

연금소득(사적연금)에 적용되는 원천징수세율

2013년을 달굴 절세 '신상'

재형저축 2013년부터는 서민과 중산층을 위한 두 가지 세제 혜택이 신설될 예정이다. 2012년 8월에 발표한 '2012년 세법개정안'에는 비과세 혜택이 있는 재형저축과 소득공제 혜택이 있는 장기펀드의 세제 혜택이 포함되어 있다. 그동안 서민들에게 효자 노릇을 했던 장기주택마련저축에 대한 세제 혜택은 실상 2012년 말로 종료될 예정이다. 지난 18년간 비과세와 소득공제 두 가지 혜택으로 서민들에게 인기몰이를 했었기 때문에 아쉬움이 남는다.

그런데 이러한 장기주택마련저축의 대안으로 중장기적으로 재산 형성을 도모하고 세금도 아낄 수 있는 상품이 출시될 예정이므로 가입 요건에 맞는다면 가입을 적극 고려해볼 필요가 있다. 단, 주의할 점은 총급여 5,000만 원 이하의 근로자와 종합소득금액 3,500만 원 이하의 사업자만 혜택을 받을 수 있다는 점이다.

18년 만에 부활한 재형저축, 세금 '0'

재형저축(근로자재산형성저축)은 1976년 도입됐다가 1995년에 재원 고갈로 폐지되고 다시 18년 만에 부활하는 상품이다. 과거와는 다르게 이번에는 사업자도 소득금액 요건을 충족한다면 혜택을 받을 수 있다.

재형저축은 모든 금융회사가 취급하는 적립식 저축에 혜택을 줄 예정인데, 발생하는 이자·배당소득에 대해서 세금을 한 푼도 내지 않아도 된다. 7년 이내에 중도 인출하거나 해지를 하게 되면 감면받은 세액이 추징되기 때문에 7년 이상 장기 투자용으로 가입하는 것이 좋다. 만기 도래 시에 1회에 한해서 3년 이내의 범위에서 기간을 연장하는 것이 가능하므로 최장 10년 동안 혜택을 받을 수 있다.

한도는 분기 300만 원, 연간 1,200만 원이다. 만약 1,200만 원씩 10년 동안 불입한다면 최고 1억 2,000만 원까지 불입이 가능하다. 매월 100만 원씩 불입하는 것으로 해서 10년 동안의 이자를 계산하면 약 2,800만 원(4%, 복리)이 된다. 여기에 세금을 15.4%로 계산하면 430만 원가량의 세금을 줄일 수 있는 셈이다. 반대로 재형저축이 아닌 일반 저축으로 적립식에 가입했다면 430만 원의 세금을 더 내야 한다.

재형저축은 7년 이상의 불입이 필요하므로 중장기적인 측면에서 수익률이 좋은 상품을 가입하는 것이 좋다. 또한 재형저축에는 예금만이 아니라 펀드, 보험 등 모든 적립식저축이 가능할 예정이므로, 본인의 투자성향에 맞는 상품을 고르는 것이 좋다.

한 가지 절세할 수 있는 방법으로 국내펀드와 해외펀드를 모두 가입할 생각이 있다면, 해외펀드를 재형저축으로 우선으로 가입하는 것이 유리할 수 있다. 국내펀드의 경우 주식매매(평가)차익이 어차피 비과세되어 세금 부담이 거의 없다. 따라서 발생한 수익 전체에 대해서 과세가 되는 해외펀드를 재형저축으로 가입하는 것이 더 의미가 있을 수 있는 것이다. 국내펀드의 경우 재형저축으로 가입 시 큰 절세 효과를 볼 수 없으며 오히려 투자 기간만 장기로 묶이게 될 수도 있다.

안타깝게 도입이 무산된 장기펀드

세법개정안에서는 2013년부터 근로자들이 연말정산 시 세제 혜택을 톡톡히 볼 수 있는 소득공제 상품, 장기적립식펀드도 신설될 예정이었다. 연금저축 외에는 특별히 소득공제 혜택을 받기 어려우므로 장기펀드를 활용하면 세금환급 효과가 클 것으로 기대를 모았었다. 그런데 안타깝게도 2012년 12월 말에 장기펀드의 신설 도입이 무산되었다. 장기펀드에 대한 도입은 2012년 이전에도 추진되었던 바 있으므로 향후 도입 가능성을 염두에 두고 개정안의 내용을 소개해본다.

장기펀드는 총급여 5,000만 원 이하의 근로자와 소득금액 3,500만 원 이하의 사업자만 가입이 가능하지만, 가입 이후에는 급여 상승을 고려해서 근로자는 총급여 8,000만 원 이하, 사업자는 소득금액 6,000만 원 이하인 경우에 소득공제 혜택을 계속 유지할 수 있을 예정이었다.

장기펀드는 자산총액의 40% 이상을 주식에 투자하는 장기적립식펀드에 혜택을 줄 예정이었다. 주식형 펀드에만 세제 혜택이 부여되므로 재형저축에 비해서 상품의 선택이 제한되는 편이다. 연간 600만 원을 한도로 불입이 가능한데, 10년간 납입액의 40%를 공제받을 수 있다. 따라서 연간 최대 금액인 600만 원을 불입하면 소득공제받는 금액은 240만 원(600만 원×40%)이 된다.

절세 효과를 먼저 살펴보자. 실제 세율은 소득세와 지방세를 합해서 6.6~41.8%의 5단계 세율을 적용받는다. 만일 소득공제금액인 240만 원에 대해서 6.6%의 최저세율을 적용받는다면 15.8만 원의 세금을 줄이게 된다. 그리고 최고 세율인 41.8%를 적용받는다면 무려 매년 100만 원가량의 세금을 줄일 수 있다.

다만, 현실적으로 생각하면 이런 경우는 거의 없을 것으로 생각된다. 일단 가입 대상 자체가 총급여 5,000만 원 이하의 근로자나 종합소득금액 3,500만 원 이하의 사업자이므로 3억 원 이상의 과세표준에 대해서 적용되는 41.8%의 세율을 적용받는 경우는 거의 없을 것이기 때문이다. 물론 근로자이면서 다른 종합소득이 많은 경우가 예외적으로 있

	재형저축	장기펀드(2013년 도입 무산)
가입 대상	총급여 5,000만 원 이하 근로자, 종합소득금액 3,500만 원 이하 사업자	
세제 혜택	이자, 배당소득 비과세	연 납입액의 40% 소득공제
납입 한도	연 1,200만 원(분기별 300만 원)	연 600만 원
운용 대상	모든 금융회사가 취급하는 적립식 저축 (펀드, 보험도 포함)	자산총액 40% 이상을 주식에 투자하는 장기적립식 펀드
사후관리	7년 이내 중도인출·해지 시, 이자·배당소득 감면세액 추징	의무 보유기간(5년)을 부여하고, 동 기간 내 중도인출, 해지 시 총 납입액의 5% 추징 5년 이후 중도인출·해지 시 기소득공제액은 추징하지 않고, 중도인출·해지 이후부터 소득공제 불인정
적용 기한	2013.1.1 이후 설정된 상품 가입 분부터	(2015. 12. 31까지, 장기펀드는 신설되지 못해 가입 불가)

재형저축 vs. 장기펀드

을 수 있긴 하다.

따라서 가입대상자의 요건을 감안했을 때 대부분은 6.6~16.5%(과세표준 4,600만 원 이하)의 세율을 적용받을 것으로 생각된다. 그렇다면 15.8~39.6만 원의 절세 효과를 받을 수 있는 셈이다. 대체로 16.5%의 세율을 적용받는 근로자가 많을 것으로 생각되며 이들이 연간 얻게 되는 절세 효과는 39.6만 원이 될 것이다.

장기펀드가 도입되었다면 근로자들의 연말정산 시 세금 환급 효과를 더 기대할 수 있었을 텐데 아쉬움이 남는다. 다만 2008년에 금융위기를 겪은 이후 적립식 펀드에 소득공제 혜택을 부여했던 것처럼 향후에도 이러한 세제 혜택이 새롭게 도입될 수 있으므로 지속적인 관심은 필요할 수 있다.

- 자산을 불리기 위해서는 시작 단계부터 세금까지 고려한 투자가 중요하다. 세금우대저축과 생계형저축 등을 지정해서 불필요한 세금을 줄일 수 있으면 목돈을 보다 빨리 만들 수 있기 때문이다. 세금우대종합저축은 15.4%의 세금을 9.5%로 줄일 수 있으며, 정기적금, 펀드 등 1년 이상 약정의 다양한 상품에 지정할 수 있다.

- 연금저축상품은 소득공제와 노후 대비를 위해 많이 가입하는데, 현재 가입 가능한 절세상품 중에 세금환급 효과가 가장 큰 편이다. 연간 한도인 400만 원을 불입했을 때 최대 167만 원의 절세 효과를 얻을 수 있으나, 가입자의 소득과 적용세율에 따라 환급 효과는 달라진다.

- 연금저축상품은 절세 효과는 크지만, 10년 이상 불입해야 하고 만 55세 이후에 5년 이상 연금으로 나누어 지급받아야 하는 장기상품이다. 따라서 절세 효과만이 아니라 장기간 유지와 노후에 연금으로 지급받을 당시의 세금까지 모두 고려할 필요가 있다. 또한, 장기간 불입하는 만큼 본인의 투자 성향과 수수료 등을 고려하여 상품을 선택하고, 이후 상품의 운용 등이 마음에 들지 않는다면 계약이전제도를 고려해볼 수 있다.

- 연금저축은 연금을 지급받을 때 연금소득으로 세금을 내야 하므로, 연금을 지급받는 노후에 다른 종합소득이 많은 사람은 세금 부담이 생각보다 클 수 있다. 다만, 2013년부터는 연금 세제 개편을 통해 연금저축 등의 사적연금을 공적연금과 분리하고, 수령방식에 따라 차등해서 세율을 적용하는 등 세금 부담을 낮출 예정이다.

- 2013년에는 재산 형성을 돕는 절세상품인 재형저축이 출시될 예정이다. 재형저축은 10년 이상 유지 시에 연간 1,200만 원 불입 한도 내에서 발생하는 소득에 대해 세금을 전혀 내지 않을 수 있다. 다만, 총급여 5,000만 원 이하의 근로자와 종합소득금액 3,500만 원 이하의 사업자만 가입이 가능하며, 중장기적인 상품이라는 점을 고려할 필요가 있다.

펀드, 절세를 고려한 가장 똑똑한 투자처

주식보다 안정적인 목돈 모으기

절세상품, ETF　　　　　ETF(상장지수펀드)는 인덱스펀드를 거래소에 상장시킨 금융 상품이다. 따라서 ETF도 주식을 거래하듯이 한 종목처럼 자유롭게 시장에서 사고팔면서 거래를 할 수 있다. KOSPI 등의 지수에 연동되어 가격이 변하므로 통상 주식 한 종목을 거래하는 것보다 안정적인 편이고, 일반펀드보다 수수료도 저렴한 편이라 투자자들에게 인기를 끌고 있다.

　국내에는 약 120여개의 ETF가 거래되고 있는데, KOSPI 200에 연동되는 KODEX 200을 비롯하여 여러 지수와 종목들에 연동되는 상품이 있다. 또한 주가가 하락하면 오히려 반대로 수익을 거둘 수 있는 KODEX 인버스, 주가 지수의 2배 추종하는 KODEX 레버리지 등이 있다. 따라서 주식에 투자하고 싶지만 특정 종목에 자신이 없어 주식을 시작하는 초보들에게도 유리할 수 있다. 또한 수수료도 일반 펀드가 1~3% 정도를 부과하는 것에 비해 인덱스펀드는 0.5% 정도만 부과해서 저렴한 편이고, 주식과 같이 거래되어 환매수수료도 없다.

그리고 여기에 한 가지 더, 세금을 적게 낼 수 있다는 메리트도 크다. 그렇다면 ETF는 세금을 얼마나 낼까? 2010년 7월 이전에는 ETF를 거래해서 얻은 차익에 대해서 모든 종목의 ETF가 세금을 전혀 내지 않았다. 그런데 2010년 7월 1일부터는 ETF를 거래해서 얻는 양도차익에 대해서도 배당소득세로 세금을 내도록 세법이 개정되었다. 그렇지만 여전히 가장 많이 거래되는 국내주식형 ETF에 대해서는 세금을 내지 않아도 되도록 예외조항을 두었기 때문에 세제상의 메리트가 모두 사라진 것은 아니다. ETF를 거래했을 때 세금을 얼마나 내게 되는지, 세금을 안내는 종목은 무엇인지 자세하게 알아보기로 하자.

ETF 거래차익, KODEX 200은 세금 안 낸다

2010년에 세법이 개정되면서 ETF의 거래차익에 대해 배당소득세를 부과하기로 결정했다. 다만, 국내 주식형 ETF는 과세 대상에서 제외하기로 했다.

세금을 안 내도 되는 국내 주식형 ETF는 시장에서 거래되는 국내 주

종목명	표적지수	비고
KODEX China H	HSCEI	해외주식형
KODEX Japan	TOPIX100	
TIGER 브릭스	BNY BRIC Select ADR	
TIGER 차이나	Hang Seng Mainland 25	
HiShares Gold	LBMA PM FIX - Gold	상품
KODEX 국고채	MKF 국고채지수(총수익)	채권형
KINDEX 국고채	KTB index(시장가격)	
KOSEF 국고채	KTB index(시장가격)	
KOSEF 통안채	MK 통안채지수(총수익)	
KODEX 레버리지	KOSPI200	국내지수 추종, 그렇지만 과세 대상
KODEX 인버스	K200선물지수	
TIGER200 레버리지	KOSPI200	
TIGER200 인버스	K200선물지수	

과세 대상 주요 ETF 종목들

식 가격을 '그대로' 추종하는 ETF여야 한다. 주의할 점은 국내주식 가격에 연동되더라도 시장 대비 변동성이 큰 레버리지 ETF나 인버스 ETF는 비과세 대상인 국내 주식 ETF에 해당되지 않는다는 것이다. 주식 가격을 그대로 추종하는 것이 아니라 2배 또는 반대로 추종하기 때문이다.

KODEX China H와 KODEX Japan 등 해외주식형 ETF, 채권형 ETF, 금 ETF 등 상품 ETF도 모두 매매차익에 대해 배당소득세를 내는 ETF에 해당된다. 이러한 ETF에 부과되는 세금이 배당소득세인 만큼 특히 금융소득 종합 대상자는 자신이 보유하고 있는 ETF가 세금을 내는 종목인지 아닌지 거래 시 확인해볼 필요가 있다.

레버리지와 인버스 ETF 배당소득세 과세, 실제 과세되는 부분은 작다

ETF를 많이 거래하는 A씨, 지수 변동 상황에 따라 레버리지와 인버스 ETF도 적극적으로 매매한다. KODEX 레버리지와 인버스는 KODEX 200과는 다르게 차익이 생기면 배당소득세로 세금을 내야 한다고 들었다. 그런데 막상 매매하고 보면 매매차익보다 과세표준은 상대적으로 적게 잡히는 것 같다. 따져보면 수익의 100%가 아니라 10~20% 정도만 과세표준으로 잡혀 세금을 내게 되는 것이다. A씨는 왜 이렇게 세금을 낼 때 차이가 생기는지 궁금하다.

A씨가 알고 있듯이 시장 대비 변동성이 큰 레버리지 ETF나 인버스 ETF는 비과세 대상인 국내 주식 ETF에 해당되지 않아 세금을 내야 한다. 그렇지만 ETF 내에서 비과세되는 부분이 있기 때문에 발생하는 이익 모두에 대해서 세금을 내지는 않는다. 기본적으로 과세 대상 ETF는 실제 얻은 매매차익과 과세표준의 차이를 비교하여 둘 중에 작은 차이분에 대해서 세금을 매기게 된다.

레버리지와 인버스 ETF 안에서 비과세되는 이익은 국내주식의 매매평가차익, 장내파생상품 및 상장 ETF의 매매평가차익 등이다. 반대로, 과세되는 부분은 ETF 안에서 장외파생상품을 운용 했을 경우의 매매평가차익이나, 채권이나 예금에 일부 운용 시에 발생하는 이자, 혹은 주식과 상장 ETF에서 분배받는 배당금 등이다. 따라서 운용방식과 수익에 따라 과세표준은 매매한 차익과 다를 수 있는 것이다.

ETF를 운용하고 있는 운용사에서는 ETF의 절세 효과를 높이기 위해서 주로 세금을 내지 않아도 되는 장내파생상품 등으로 ETF를 운용하고 있다. 현재 매매되는 대부분의 레버리지 & 인버스 ETF 들은 장외파생상품을 거의 편입하지 않고 있다는 것이다. 또한 일부 발생하는 이자와 분배받은 배당금은 과세가 되긴 하지만 비중이 그리 크지 않고, 수수료나 보수 등의 비용으로 차감되는 부분도 있다.

결과적으로 현재 레버리지와 인버스 ETF의 경우 과세 대상은 맞지만, 이익 발생 부분 중에서 과세되는 부분은 그리 크지는 않아 절세 상품으로서의 효과를 상당부분 유지하고 있는 것이다.

거래차익 외에 분배금과 거래세

ETF에 투자하면 통상 거래 시에 발생하는 매매차익 외에도 주식처럼 1년에 한 번 정도 분배금을 지급받아 수익을 얻을 수 있다. 인덱스 펀드가 보유하고 있는 종목들에서 배당금이 발생하면 이를 분배하는 것이다(일부 상품의 경우 분배금이 없는 경우도 있음). 이렇게 분배받은 소득은 배당소득에 해당되어 15.4% 세금을 낸다.

한 가지 더 ETF가 유리한 것은 상장되어 거래가 되는 종목이지만, 증권거래세를 내지 않는다는 것이다. 상장주식 거래 시 0.3% 증권거래세를 내는 것과 비교해서도 유리하다.

다만, 국내 주식형 ETF의 경우 매매차익에 대한 배당소득세는 내지 않도록 배제되어, 2012년부터는 증권거래세 0.1%를 부과할 예정이었으나 연기되어 현재도 증권거래세를 부과하지 않고 있다. 2013년 세법 개정 시에도 ETF의 거래세 도입이 논란이 된 바 있으나 개정안에는 포함되지 않았으므로 2013년에도 거래세 없이 매매가 가능할 것으로 생각된다.

해외상장 ETF 양도세 신고

앞에서는 국내에 상장된 ETF를 거래 했을 때 세금에 대해서 알아보았다. 그렇다면 해외에 상장된 역외 ETF를 거래하는 경우 세금을 어떻게 내야 할까?

해외주식에 대한 거래가 증가하고 있듯이 해외 상장된 ETF에 대한 관심도 증가하고 있다. 역외 ETF들은 대부분 투자회사형인 경우가 많은데 사실 그 동안 역외 ETF의 세금에 대해서 논란이 있어 왔다. 운용사와 증권사마다 해석을 달리해서 세금을 다르게 처리하기도 했기 때문이다. 몇몇 금융기관에서는 해외주식과 유사하게 보아 양도소득세를 신고하는 대상으로 판단했지만, 다른 몇몇 금융기관에서는 배당소득을 내는 대상으로 판단해서 15.4%의 세율로 원천징수를 하기도 했다.

양도소득에 해당한다면 판매사에서는 세금을 떼지 않고 매매차익을 100% 지급한다. 그리고 투자자가 개별적으로 양도소득세를 자진신고하고 납부해야 한다. 이때 세율은 해외주식과 마찬가지로 22%의 단일

세율이 적용된다. 그런데, 배당소득으로 처리해서 보유기간 과세를 하면 15.4%의 세금을 원천징수기관인 판매사에서 떼고, 연간 금융소득이 4,000만 원이 넘는 경우 종합소득에 합산한다.

이에 대하여 2011년 12월 국세청에서는 역외투자회사형 ETF에서 얻는 매매차익은 배당소득이 아닌 양도소득에 해당된다는 의견을 내린 바 있다. 이에 따르면 해외에 상장된 ETF의 매매차익에 대해서는 양도소득세로 22% 세율을 적용받고 투자자가 직접 자진해서 신고 및 납부를 해야 하는 것이다.

적립식펀드로 절세와 종자돈

두 마리 토끼를 잡자   사회생활을 시작해 월급을 받으면 정기적금 또는 적립식펀드에 많이 가입한다. 목돈을 차곡차곡 모으기 위해서 매월 얼마씩 불입하는 일은 특히 회사원들에게 필수적인 재테크 방법 중 하나이다. 적립식으로 불입하면서 코스트 에버리징 효과(Cost Averaging Effect)를 기대할 수 있어 위험은 줄이면서 안정적으로 수익을 높일 수 있기 때문이다. 그런데 이렇게 적립식 상품을 가입하고 관리함에 있어서도 선택과 관리에 지속적인 관심을 기울일 필요가 있다. 적립식 상품은 비교적 중장기로 불입하는 것이기 때문에 투자한 상품에 세금을 얼마나 내는지 역시 수익률에 큰 차이를 줄 수 있다. 따라서 처음 가입 시점부터 신중한 검토가 필요하다.

우상향 곡선의 마력, 적립식 방법은 이래서 좋다

꾸준히 불입하는 적립식에 펀드만 한 상품이 드물다. 통상 월급을 받아서 일부는 정기적금에 넣지만 저금리 시대에 높아서 4%대를 넘지 못하는 수익률이 목돈을 모으려는 회사원들에게 답답하게 느껴질 수밖에 없다. 그렇다고 주식에 특정 종목을 골라서 '몰빵'하는 것은 너무 위험하다. 이럴 때 어느 정도 위험을 분산하면서 주가 상승의 이익도 가져갈 수 있는 것이 바로 주식형펀드에 꾸준히 불입하는 것이다.

우여곡절이 있더라도 어찌 되었든 주가지수는 장기적으로는 '우상향'

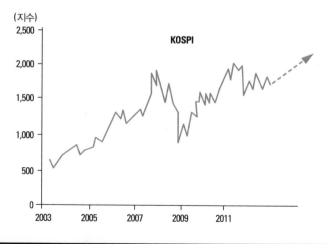

우상향 방향으로 이동하는 장기적인 주가 추이(KOSPI 지수)

곡선으로 이동해왔다. 경제가 발전하면서 기업들의 가치는 올라갈 수밖에 없기 때문이다. 그렇지만 단기적으로 보면 호재와 악재가 반복되면서 주가지수는 상승과 하락을 반복하게 마련이다. 주식 시장에서 상승과 하락을 정확하게 맞추는 사람은 단연코 없다. 주가의 흐름을 100% 정확하게 맞추는 것은 현실적으로 어려운 일이다. 따라서 중장기적으로는 우상향하는 추세 곡선을 믿으면서, 매달 일정한 시기에 불입한다면 수익을 얻을 가능성이 높다. 이것이 바로 적립식의 힘이다.

코스트 에버리징 효과(Cost Averaging Effect)

'코스트 에버리징(Cost Averaging)'은 구매비용을 평균화하는 투자법으로 '정액 분할 투자법', '평균 매입 단가 인하'라고도 한다. 구매비용을 여러 번에 걸쳐 나누어 평균화하는 것이다. 이를 펀드에 활용하면 주가에 상관없이 꾸준히 펀드를 불입해서 전체 펀드의 평균 매입 단가를 낮추어 변동성을 줄이고 안정적으로 운용할 수 있는 효과이다. 펀드를 매번 다른 가격에 정기적으로 매입하게 되면 자신이 보유한 펀드의 가격이 자동으로 평균화되는 것이다.

다음 그래프와 같이 거치식과 적립식으로 펀드에 투자하는 경우 어떤 수익률을 얻을 수 있는지 나누어 비교해보자. 거치식은 1회에 투자금을

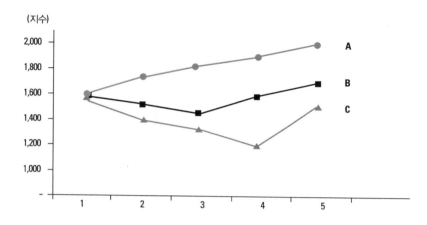

수익률(%)	거치식	적립식
A	25%	11%
B	0%	5%
C	-13%	1%

주가흐름에 따른 펀드 투자 예시

(단위 : 주)

모두 투자해서 5회차까지 유지하여 환매하는 경우이고 적립식은 1~5회
까지 5번에 나누어 일정 금액을 적립식으로 투자한 경우로 가정하였다.

이때 주가는 A, B, C와 같은 세 가지 방향으로 움직였다. A의 경우
는 주가지수가 1,600포인트에서 2,000포인트까지 꾸준히 상승했다.
반면 B의 경우는 1,600포인트에 투자를 시작해서 1,400포인트까지 지
수가 하락했다가 다시 원점인 1,600포인트로 회복되었다. 그리고 C는
1,600포인트에 투자를 시작했는데 지속적으로 하락하다가 반등하지만

환매하는 시점에도 1,600포인트를 결국 회복하지 못하고 1,400포인트로 투자를 마무리하는 경우이다.

이 세 가지 경우 수익률을 비교해보면 거치식으로 한 번에 투자하는 경우보다 적립식은 안정적이고 꾸준한 수익률을 얻게되는 것을 알 수 있다. C의 경우와 같이 최초 투자 대비 주가가 하락한 시점에 펀드를 환매하더라도 손해를 보지 않고 오히려 수익을 얻을 수 있다.

이처럼 적립식 투자는 그때그때 매입 단가가 달라서 폭발적인 수익률을 기대하기는 어려울 수 있지만 하락장과 상승장을 반복하면서 코스트 에버리징 효과로 꾸준히 수익률을 기대할 수 있다는 장점이 있는 것이다.

이처럼 펀드를 불입하다 보면 주가가 하락하는 시기에 직면할 수도 있다. 2008년~2009년 금융위기가 왔던 시절 많은 사람들이 주가의 폭락을 경험하면서 겁이 나서 적립식 펀드의 불입을 중단하기도 했다. 그런데 적립식펀드의 장점을 제대로 누리려면 이러한 하락 장에서 꾸준히 불입하는 것은 물론이고 오히려 상승장에서보다 더 많은 금액을 불입하는 것이 유리할 수 있다. 특정 기간 동안 주가가 하락해 손실이 발생하더라도 장기적으로 보면 오히려 좋은 매입 시점이 되기 때문이다. 장기적으로는 지수가 상승할 것이라면 이러한 기회는 펀드의 전체 매입단가를 낮출 수 있는 좋은 기회로 작용할 수 있다. 적립식펀드, 위기를 오히려 기회로 활용할 때 수익을 제대로 누릴 수 있다는 점을 기억하자.

코스트 에버리징 효과,
제대로 관리해야 누릴 수 있다!

장점이 많은 펀드라 할지라도 관리를 제대로 하지 못하면 시간이 지나면서 수익률이 오히려 하락할 수 있다. 그 이유는 적립식을 불입만 계속하고 방치하게 되면 코스트 에버리징 효과가 오히려 독으로 작용할 수 있기 때문이다. 코스트 에버리징 효과는 지수가 우상향한다고 가정했을 때 특정 기간이 지나면 오히려 평균단가가 평균적으로 높아져 있게 되어 수익률에 방해가 될 수도 있다.

따라서 가입 당시 목표 수익률을 정하고 지수가 상승해 그 수익률에 가까워 오면 그동안 불입했던 적립식펀드를 환매해서 이익을 실현하는 것이 좋다. 평균적으로 높은 수익률은 확정을 해놓고 펀드를 가볍게 한 뒤에 다시 지수 변동성에 대비해 적립식을 시작하는 것이다.

사례를 통해 알아보자. 2009년 3월에 취직한 회사원 A씨가 3월에 월급을 받아 국내주식형 펀드에 투자했다. 당시에 KOSPI 지수는 1,400이었다. 그리고 3년 동안 꾸준히 불입해서 2012년 3월이 되고 보니 지수가 2,000을 가리키고 있다. 당초 A씨가 목표했던 수익률은 3년에 20% 정도의 수익을 거두는 것. 연 수익률 7% 정도면 상당한 좋은 수익률이라고 생각했다. 정산해보니 평균 매입단가가 약 1,700 이하라서 수익률이 20%에 가까워졌다. 고민하던 A씨는 여태까지 수익률이 괜찮으니 계속 불입하기로 했다. 몇 개월이 지난 7월 말이 되자 A씨는 후회막급이다. 지수가 1,800까지 내려왔기 때문이다. 일단 목표 수익률에 도달했을 때 환매해 수익률을 확정해서 안정적인 상품으로 갈아타고 새로운 펀드의 적립을 시작할 걸 하는 후회가 된다. 7월 말 현재도 수익률이 플러스이긴 하지만 지난 3월과 비교해 전체 펀드의 수익률이 크게 하락했다.

이처럼 적립식펀드도 관리가 중요하다. 정확한 환매시점을 맞추는 것은 어렵겠지만, 가입 당시 목표 수익률을 정해놓고 환매하거나, 단기적으로 지수가 급등해서 만족할 만한 수준이라고 판단될 때 한 번 정도 환매를 해서 안전자산으로 갈아타는 것이 필요하다. 통상 3년 정도 지나면 적립식 효과가 상쇄되는 경향이 있다. 이 점을 기억하면서 적립식 펀드 관리를 소홀히 하지 말자.

펀드세금에 대한

오해와 진실   적립식펀드에 꾸준히 불입하다 보면 자신의 자산 중 상당 부분을 차치하게 될 수도 있다. 더구나 중장기 상품이므로 수익률에 세금이 미치는 영향이 상당할 수 있다. 펀드에 대해서 투자자들이 세금을 전혀 내지 않는 비과세 상품으로 오해하는 경우가 많은데, 과연 펀드에 투자해서 수익을 얻으면 세금은 얼마나 어떻게 내야 할까? 펀드의 세금에 대해 자세히 알아보자.

국내펀드 VS 해외펀드, 절세형 상품의 승자는?

결론부터 말하면 펀드는 비과세 상품이 아니다. 즉, 수익을 얻으면 배당소득으로 세금을 내야 한다. 그런데 왜 많은 사람들이 펀드를 세금을 안 내도 되는 상품이라고 말할까? 펀드의 수익 중에서 세금을 내지 않아도 되는 수익의 종류가 있는데, 이 수익의 비중이 크게 되면 전체적으로 투자자가 얻는 수익 대비 세금을 내는 부분은 작아져 비과세 상품으로 여길 수 있는 것이다. 또 다른 이유는 한동안 많이 투자했던 해외펀드의 경우 2007년 6월~2009년 말까지 세금을 내지 않아도 되는 펀드 내의 수익이(주식 매매 및 평가차익) 있어 왔기 때문에 이러한 이미지가 굳어진 것이다.

현재도 국내주식형펀드의 경우에는 전체 수익 대비 세금을 내는 비중은 매우 적은 편이다. 그렇지만 그 외에 해외주식형이나 채권형펀드 등은 얻는 수익 전체를 배당소득으로 보아 세금을 부담해야 한다.

세금을 언제, 얼마나 내야 하는지 자세히 알아보자. 먼저 말해 두고 싶은 것은 펀드가 다른 상품에 비해 다소 이해하기에 복잡할 수 있다는 점이다. 펀드 안에서 여러 상품들이 다양하게 운용되고 있기 때문이다. 일단 펀드의 세금을 이해하기 위해서 펀드의 운용 플로우(flow)를 살펴보자.

펀드 투자 시의 실질적 자본 흐름을 이해하라

펀드에 투자하는 투자자들은 펀드를 겉에서만 보지만, 실제로 펀드를 운용하는 사람은 펀드 안에 여러 자산을 편입해서 사고팔고를 계속 되풀이한다. 아래 그림과 같이 투자자는 펀드에 돈을 넣고 펀드매니저는 그 돈으로 펀드의 성격에 맞게 주식이나 채권 등으로 사고파는 것이다. 그리고 거기서 얻은 운용수익을 투자자들에게 배분하는 구조로 펀드의 자금은 흘러간다.

이렇게 펀드를 운용하다 보면 펀드 안에서는 다양한 소득이 발생하기에 마련이다. 주식을 사고팔면 주식에 대한 매매차익(차손)이 발생하고 보유한 주식에서는 배당금을 받을 수도 있고, 채권에 투자하면 이자소득도 얻을 수 있고, 심지어 부동산펀드의 경우는 부동산을 살고 팔거

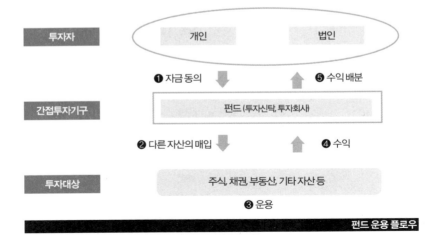

펀드 운용 플로우

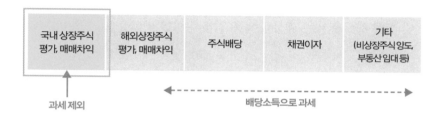

나 임대소득을 얻을 수도 있다. 이렇게 펀드가 얻은 수익을 투자자들에게 배분하게 되는데, 배분받은 수익은 펀드 내의 소득별로 따로 구분하는 것이 아니라 모두 합산(상계)해서 세법상 배당소득으로 규정한다.

따라서 투자자 입장에서는 펀드가 어떤 자산으로 운용되고 어떤 소득들이 발생되었는지 알기 어려우며, 펀드로 얻은 소득은 모두 배당소득으로 인식하게 되는 것이다. 참고로 2007년 이전에는 채권형펀드의 수익은 이자소득으로 주식형펀드의 수익은 배당소득으로 구분했었지만, 지금은 펀드의 종류에 관계없이 모두 배당소득으로 세금을 낸다.

그런데 이렇게 펀드 내에서 얻은 소득은 기본적으로 과세 대상이지만, 이 중에 예외사항이 있다. 펀드 내에 국내 주식을 사고팔아서 얻는 매매(평가)차익은 과세 대상에서 제외된다.

예를 들어, 국내주식으로 자산이 대부분 운용되는 국내주식형펀드가 있다고 하자. 이 펀드에 투자한 투자자가 500만 원의 수익을 거두었지만 실제 세금을 내는 대상 수익은 전체 수익의 10%인 50만 원이었다고 가정하자.

만일 투자해서 얻은 소득에 대해서 세금을 다 내야 한다면 500만 원의 15.4%인 77만 원가량을 세금으로 내야 한다. 그렇지만 실제로는 과세표준 50만 원에 대한 7.7만 원 정도만 세금을 내게 된다. 이렇게 세금을 적게 낼 수 있는 이유는 국내주식형펀드가 운용해서 얻는 수익의 대부분이 국내상장주식의 매매(평가)차익이기 때문이다.

이러한 이유로 국내주식형펀드는 통상 비과세 상품으로 인식이 되고 실제로 절세 효과가 굉장히 뛰어난 편이다.

한편, 글로벌 시장에 대한 불안감이 커져 금융위기 이전과는 다르게 해외시장에 투자에 대한 매력이 다소 감소했다. 오히려 국내증시를 안전한 투자처로 인식하는 경향이 있다. 게다가 국내주식형펀드의 경우는 해외주식형펀드에 비해 절세 효과도 뛰어나기 때문에 적립식 펀드의 경우에도 국내펀드를 선택하는 투자가 늘고 있다.

해외펀드는 얻는 수익, 100% 세금 다 낸다

국내주식형펀드는 비과세상품이라고 여길 만큼 세금을 조금 낸다. 그렇다면 해외주식형펀드도 그럴까? 해외주식형펀드에 지금 투자한다면 얻는 수익에 대해 고스란히 세금을 내야 한다. 해외주식형펀드는 대부분 과세되는 자산의 소득으로 운용이 되기 때문이다. 500만 원의 수익을 얻었다면 이 중 15.4%인 77만 원은 세금으로 고스란히 반납해야 하는 것이다.

그런데 해외펀드 역시 국내주식형펀드처럼 비과세 상품으로 인식되던 시기가 있었다. 앞서 잠깐 언급했듯이 2007년 6월 1일부터 2009년 12월 31일까지 약 2년 7개월 동안 한시적으로 해외펀드 내의 해외상장주식의 매매(평가)차익이 과세되지 않았기 때문이다. 주식형펀드의 수익이 대부분 주식의 매매(평가)차익인 만큼 절세 효과가 뛰어나 이 기간 동안은 비과세 상품으로 인기를 얻어 차이나펀드, 브릭스펀드를 비롯한 글로벌 펀드들에 대한 투자가 급증하기도 했다.

그렇지만 지금 가입한 투자자들은 비과세 혜택이 종료되었으므로 국내주식형펀드와는 다르게 해외펀드는 얻은 수익을 모두 배당소득으로 15.4%의 세금을 부담해야 한다. 또한, 금융소득이 많아 금융소득 종합과세된다면 세금부담이 더욱 날 수 있다는 점을 감안하는 것이 좋다.

때로는 비과세 혜택이 투자자들에게 재앙이 되어 돌아온다

과거 해외펀드에 비과세 혜택을 주었던 것이 일부 투자자들에게는 재앙이 되기도 했다. 비과세 기간 동안에 글로벌 금융위기가 발생하면서 주가는 폭락한 반면 환차익은 크게 발생하여 펀드 전체에서 큰 손실을 보았음에도 불구하고 세금을 내야 하는 상황이 발생한 것이다.

언뜻 봐서는 이해가 가지 않는 상황인데, 간단히 설명하자면 이렇다.

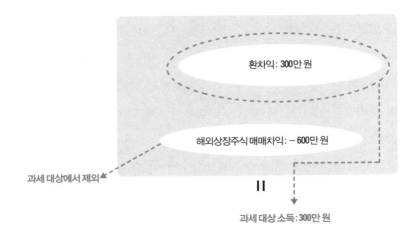

환차익: 300만 원

해외상장주식 매매차익: −600만 원

과세 대상에서 제외◄

||

과세 대상 소득: 300만 원

재앙이 되어 돌아온 비과세 혜택

2007년 7월에 차이나펀드에 1,000만 원을 가입했던 A씨가 2년 후인 2009년 7월에 펀드를 해지했다. 그런데 손에 쥔 것은 고작 700만 원으로 −30%의 손실을 보고 말았다. 어렵게 만든 목돈에서 손실이 나서 속상했는데 더욱 어처구니가 없었던 것은 세금을 50만 원이나 내게 되었다는 것이다. 이해가 가지 않는 상황이라 담당 PB에게 문의를 했더니 이런 답변이 돌아왔다.

펀드는 전체적으로 손실을 보았는데 그 원인은 주식 자체의 매매 손실로 약 −600만 원이 발생하였지만 환차익이 300만 원 발생했다는 것이다. 결국 전체적으로는 '−600만 원+300만 원=−300만 원'의 손실이 발생했다.

그런데 세금을 내는 기준은 전체 수익 중에서 비과세하기로 한 −600만 원 부분은 제외되기 때문에 300만 원만 과세표준으로 잡혔다는 것이다. 결국 −600만 원이 과세표준에는 '0'으로 반영되어 환차익에 대해서만 세금을 내는 결과가 되었다.

만일 주식 매매차익(손실)에 대해서 비과세 혜택이 없었다면 과세표준도 −300만 원으로 인식되어 세금을 안 내었겠지만, 이 혜택 때문에 오히려 세금을 내는 상황이 발생하게 된 것이다.

사실 당초에 비과세 혜택을 주었던 취지는 국내주식형펀드와 형평성을 주는 의미에서 주가가 올라가 수익이 발생할 것을 가정하고 혜택을 주기로 한 것이었다. 주식에서 수익이 나면 그 부분에 대해서 과세 제외해서 '0'으로 처리하면 당연히 투자자들에게 비과세 효과가 발생할 것으로 생각했다.

그런데 예기치 못하게 글로벌 금융위기가 발생하면서 주가는 크게 손실이 나고 반대로 환차익만 발생하여 이런 결과가 발생하게 되었다.

글로벌 금융위기가 발생하면서 특정 국가만이 아니라 전 세계 주가지수가 폭락했다. 따라서 해외펀드에 투자했던 투자자 대부분이 이런 상황에 놓이게 되었고 이는 소송으로 이어지게 되었다. 손실을 보았음에도 세금을 내게 되었던 거액 투자자들 중 일부가 세무당국을 상대로 소송을 제기한 것이다.

이 소송에 대해 2012년 1월 말경 서울행정법원의 1심 판결이 나왔다. 판결문에서 법원은 손해를 보았는데도 세금을 징수하는 것은 부당하다는 조세원칙을 들어 원고 승소 판결을 해서 투자자 편을 들어주었다. 이 판결은 많은 투자자들에게 의미있는 판결로 유사한 소송들이 줄을 잇게 되었고, 투자자들을 대신해서 세금을 원천징수했던 증권사와 은행들도 투자자 편에서 소송을 준비하고 있는 것으로 알려지고 있다. 금융투자협회와 은행연합회가 중심이 되어 과세당국인 정부를 상대로 원천 징수해 납부한 세액을 돌려달라는 과오납금 환급청구 소송 제기하려는 것이다.

반면, 세무당국의 입장은 다르다. 손실을 보았음에도 세금을 거두게 된 상황이 아이러니할 수 있지만, 현행법에 입각하면 정당한 세금 징수였으므로 법치주의에 입각해서 1심 판결에 항소할 방침을 밝히고 있는 것이다.

과거 엔화스왑예금 등 다른 금융권의 소송들을 미루어 볼 때 세무당국이 항소하여 대법원 판결까지 소송이 진행된다면 최종 판결까지 2~3년 정도의 시간이 소요될 수도 있을 것으로 생각된다. 따라서 이에 해당하는 해외펀드에 투자했던 투자자들은 지속적인 관심이 필요할 수 있다.

과거에 가입한 해외펀드에 비과세 혜택이 남아 있다

해외펀드에 대한 주식 매매(평가)차익의 비과세 혜택은 2009년 말로 종료되었다. 주가의 폭락으로 비과세 혜택으로 오히려 피해를 보게 된 투자자들도 많았지만, 2010년도 이후에는 다시 전체 수익에 대해 과세를 하는 방식으로 돌아가게 되었다. 그런데 이때에도 문제는 비과세 기간 동안 주가가 빠져 손실이 난 투자자에게 발생했다. 애초에 투자했던 취득가액이 아니라 2009년 말을 기준가로 하여 이후에 발생한 이익에 대해 세금을 과도하게 내는 상황이 발생했기 때문이다.

예를 들어, 2008년 초 과표기준가로 1,200에 투자한 A씨가 해외 주가가 하락하며 2009년 말 기준가가 800이 됐고, 2010년 환매 시에 해외 주가가 조금 올라 기준가는 1,000이 됐다고 가정해보자.

원래부터 비과세 혜택이 없었다면 펀드 취득 당시 기준가인 1,200으로 따지기 때문에 주가가 올라 2009년 말 기준가인 800을 넘었더라도 이익이 났다고 볼 수 없어 세금을 내지 않아도 됐다. 그런데 비과세 혜택이 있다가 종료되면서 세금을 내는 기준이 2009년 말로 일괄적으로 다시 정해져 A씨는 비과세혜택이 없어진 뒤 거둔 수익 200(=1000 − 800)에 대해 소득세를 내야 하는 상황이 된 것이다.

따라서 이렇게 펀드에서 손해가 났는데도 세금을 내야 하는 불합리한 점을 개선하기 위해 '해외펀드 손실 상계'에 대한 법이 제정되어 2010년부터 적용해오고 있다. 2010년도 한 해 동안 펀드에서 이익이 나더라도 투자자의 손실분, A씨의 경우는 1,200과 800의 차이인 400을 한도로 해서 세금을 내지 않도록 과거에 손실분을 상계하기로 정한 것이다. 그런데 2010년에도 주가 회복이 더디어 대부분의 해외펀드에서 수익이 크게 나아지지 않았다. 따라서 이러한 혜택을 1년씩 두 차례 더 연장해서 2012년 말까지 적용해오고 있다. 이 같은 해외펀드 손실상계 처리 혜택은 과거의 손실이 주식 매매(평가)차익에 의해 발생했지만 상계되는 이익은 매매(평가)차익뿐만 아니라 환차익과 이자소득 등 펀드 내에서 발생한 모든 소득과 상계할 수 있다는 것이 장점이다.

결국 비과세 기간 동안에 손실분이 있었던 투자자들은 2009년 말 이후 이익분에 대해서는 과거 손실분과 상계한다면 세금을 내지 않아도 되는 효과가 있으므로 이를 확인해볼 필요가 있다. 또한 2012년 세제 개정안에는 이 손실상계 혜택이 2013년까지 1년 더 연장되는 것으로 반영되어 있으므로 2013년에도 손실상계 혜택을 이어갈 수 있게 되었다.

보유하고 있는 펀드에도 세금을 뗀다

펀드 투자자는 생각지도 못하게 떼어진 세금에 당황할 때가 있을 수 있다. 본인은 펀드를 환매하지 않고 쭉 들고 있었는데, 통상 1년에 한 번은 발생한 소득에 대해 세금을 원천징수하기 때문이다. 채권이나 ELS 등 기타 대부분의 상품들은 소득이 실현되어 지급받는 시기에 통상 세금을 내지만, 펀드는 본인이 환매를 하지 않더라도 1년에 한 번 이상 펀드 자체가 결산을 해야 하며, 이때 수익에 대해서 세금을 떼고 이익금을 분배하고 재투자 하는 방식으로 운용된다.

펀드에서 세금을 내는 시기는 다음과 같다.

❶ **펀드를 환매할 때** : 일반적인 경우로 펀드를 환매해서 투자자에게 이익이 발생하면 과세

❷ **펀드가 결산될 때** : 펀드는 통상 1년에 한 번씩 결산해서 이익이 있으면 그 이익을 투자자들에게 분배하고 재투자하는데 이때 분배금에 대해서 과세

❸ **펀드를 양도하거나 증여할 때** : 펀드를 다른 사람에게 유상으로 양도하거나, 자녀들에게 증여하는 경우에도 본인이 보유했던 기간에 대한 수익은 본인에게 과세하고 이전

현재 판매하는 역내펀드(국내법에 의해 설립된 펀드)들은 대부분 최초 설정된 날을 기준으로 1년에 한 번씩 결산을 하고 있다. 따라서 가입한 펀드마다 설정된 날짜가 달라 결산일도 다르므로 투자자 입장에서는 언제 배당소득으로 세금을 내는지 인지하지 못하는 경우도 많다.

간단히 사례를 들어보면, A씨가 펀드를 100만 원 가입해서 3년 동안 아래와 같이 총 30만 원의 이익을 벌었다고 가정해보자.

> **2010년 3월 A씨 펀드 가입** : 100만 원
>
> **2010년 6월 펀드의 결산일** : 5만 원 수익 → 5만 원에 대해서 과세 : 2010년 소득

> **2011년 6월 펀드의 결산일**: 10만 원 수익 → 10만 원에 대해서 과세: 2011년 소득
> **2012년 6월 펀드의 결산일**: 10만 원 수익 → 10만 원에 대해서 과세: 2012년 소득
> **2013년 3월 펀드의 해지**: 5만 원 수익 → 5만 원에 대해서 과세: 2013년 소득

위와 같이 A씨는 3년 만에 펀드를 환매하지만, 펀드는 결산일에 자동으로 세금을 원천징수하므로 발생한 소득은 자연스럽게 4개 연도로 나누어진다. 2013년 해지 시에 30만 원의 소득이 한꺼번에 발생하는 것이 아니다.

이러한 점이 투자자들에게 유리하게 작용할 수도 불리하게 작용할 수도 있다. 본인이 원하지 않았는데도 자동으로 세금이 떼어져서 싫어하는 투자자들도 있고 반대로, 3년 치 배당소득이 환매하는 한 연도에 다 잡혀서 금융소득 종합과세가 되는 것을 싫어하는 투자자도 있다. 이러한 투자자들은 자연스럽게 연도마다 소득이 분산되는 것을 더 선호하기도 한다.

결국 투자자는 펀드에 가입할 때 소득이 언제 발생할 수 있는지를 미리 알아두는 것이 좋다. 특히 금융소득 종합과세에 해당되는 투자자라면 이러한 관리가 더욱 중요할 수 있다.

'금융소득 원천징수명세서'는 어떤 의미를 담고 있을까?

상품마다 소득이 발생 시기는 다를 수 있다. 투자자 입장에서 이를 확인하려면 각 금융기관에 본인이 가입한 상품의 소득을 확인해보아야 한다. 그런데 금융회사에서 1년에 한 번씩은 연도별 소득 내역을 자동으로 통보받을 수 있다. 세법상 금융회사는 계좌별로 연간 금융소득에 해당하는 이자와 배당소득이 100만 원을 넘으면 3월 말까지 이 명세서를 고객에게 통보하도록 되어 있기 때문이다(금융소득이 100만 원 이하인 경우라도 투자자가 신청하면 명세서를 받아볼 수 있다). 전년도 소득의 합계를 그 다음해 3월 말까지 안내한다.

투자자 입장에서는 연간 얼마만큼의 소득에 대해 세금을 냈는지 크게 신경쓰지 않는 경우가 많다. 그런데 명세서를 통해 소득 내역들을 1년에 한 번 정도는 꼼꼼히 점검해보는 것이 좋다. 금융소득 중 종합과세 되는 소득을 합산해 개인별로 4,000만 원(2013년부터는 2,000만 원 적용)이 넘으면 5월에 별도로 종합소득세 신고를 해야 하기 때문이다.

'금융소득 원천징수명세서'는 각 금융회사에서 발생한 금융소득에 대한 상세 내역이다. 금융소득이 발생하면 대부분의 금융기관에서 세금 부분을 알아서 원천징수하고 나머지 금액만을 투자자에게 돌려준다. 금융소득에 해당하는 이자소득은 주로 예금과 종합자산관리계좌(CMA), 채권 등에서 발생한 소득이다. 주식의 배당금과 펀드, ELS, 주가연계펀드(ELF), 주가연계신탁(ELT) 등의 금융상품에서 발생하는 소득은 배당소득으로 구분된다.

원천징수 명세서는 세금을 내는 방식에 따라 세 가지로, 즉 ❶비과세 ❷분리
과세 ❸종합과세되는 소득으로 나뉜다.

❶ 비과세 소득은 말 그대로 세금을 내지 않아도 되는 소득으로 생계형 저축
과 요건을 채운 장기주택마련저축의 이자, 배당소득, 10년 이상 장기저축
성 보험차익 등이 해당된다.

❷ 분리과세 소득은 정해진 일정한 세율에 따라 세금을 내고 종합과세 시에
는 포함되지 않는 소득이다. 분리과세 소득에는 10년 이상의 장기채권 이
자나 세금우대 종합상품에서 발생한 소득, 요건을 갖춘 인프라펀드나 선
박펀드의 배당소득 등이 포함된다. 금융소득 종합과세에서 4,000만 원을
초과하는지 여부를 따질 때 비과세소득이나 분리과세 소득은 포함하지 않
는다.

❸ 종합과세소득은 비과세나 분리과세 소득을 제외한 과세되는 일반적인 금융
소득으로 연간 4,000만 원(2013년부터 2,000만 원 적용)을 넘으면 종합
과세 대상이 될 수 있는 소득들이다.

명세서에서 눈에 띄는 것은 배당소득이 그로스업(Gross-up·배당가산) 대상
배당과 일반배당으로 나뉜다는 점이다. 펀드나 ELS에서 발생하는 소득은 일
반배당에 해당한다. 반면, 주식에 직접 투자해 받는 배당금은 그로스업 대상
으로 그로스업에 해당하는 배당소득은 이중과세 조정 대상 소득이다.

일반적으로 투자자가 주식투자를 하는 회사는 이익에 대해 법인세를 낸다. 때

문에 개인에게 지급한 배당금에 세금을 물리는 것은 이미 세금을 낸 이익에 이중으로 과세하는 것이 된다. 따라서 종합과세 때 이 부분을 조정해 세금을 줄여준다. 그로스업이라는 용어나 계산하는 방식이 좀 어려운데, 금융소득종합과세 대상이 아닌 투자자라면 크게 신경 쓸 필요는 없다.

이렇게 금융기관마다 지급받는 소득내역을 합산해보는 것도 필요하지만, 소액계좌에서 발생하는 소득은 인지하지 못할 수도 있다. 따라서 전체 금융소득내역을 정확하게 확인하고 싶으면 종합소득세 확정신고 기간인 5월에 국세청에서 제공하는 내역을 살펴보면 된다. 세무서를 직접 방문해도 되고 공인인증서를 이용해 국세청 '홈택스' 사이트에 로그인하면 전년도의 종합적인 금융소득 내역을 편리하게 확인할 수 있다.

- 펀드도 국내펀드와 해외펀드, 그리고 ETF 등 다양한 종류가 있는데 세금을 내는 방식이 모두 동일하지는 않다. 목돈을 모으기 위해 적립식펀드 등을 투자할 때도 절세를 위해서는 어떤 종류의 펀드를 어떻게 투자하는 것이 좋을지 고려해볼 필요가 있다.

- KODEX 200 등 국내주식형 ETF는 수수료도 비교적 저렴하고, 매매해서 얻는 차익에 대해서 세금을 내지 않아도 되는 대표적인 절세상품이다. 다만, 같은 ETF라도 국내주식형으로 인정되지 않는 레버리지나 인버스 ETF, 그리고 채권형, 해외주식형 ETF는 배당소득으로 세금을 부담해야 할 수 있다.

- 펀드를 적립식으로 불입하면 '코스트 에버리징 효과(Cost Averaging Effect)'를 얻을 수 있어 주가 변동에 크게 구애받지 않고 비교적 안정적인 투자가 가능하다. 다만, 이러한 효과를 제대로 누리기 위해서는 펀드를 장기간 방치하는 것이 아니라 목표수익률을 정해 적절한 시기에 환매하는 등 꾸준한 관리가 필요하다.

- 국내주식형펀드는 비과세 상품은 아니지만, 수익 대비 과세표준이 적게 발생해 세금을 거의 내지 않는 편이다. 반면, 해외펀드에 투자하는 경우 얻는 수익의 대부분이 과세표준에 반영되어 세금을 내야 하므로 상대적으로 절세 효과가 낮다.

- 펀드는 환매를 해서 수익을 얻지 않더라도 보유하는 기간 동안 이익(과세표준)이 발생하면 1년에 1회가량 결산을 하고 세금이 발생할 수 있다. 따라서 특히 금융소득종합과세에 해당되어 금융소득 관리에 민감한 투자자들은 투자한 펀드의 수입시기를 미리 확인해둘 필요가 있다.

13월의 월급 연말정산,
준비한 만큼 되돌려 받는다

매년 설 무렵 직장인들은 또 한 번의 월급을 기다린다. 통상 2월 월급과 함께 연말정산에서 환급되는 세금이 통장으로 들어오기 때문이다. 이래저래 지출이 많은 달인데 연말정산으로라도 13번째 월급을 받을 수 있으면 큰 도움이 된다. 그런데 아직 결혼 전인 미혼들은 울상을 짓는 경우도 많다. 오히려 세금을 더 떼어가서 2월에 입금되는 월급이 확 줄어 있기 때문이다.

이렇게 차이가 나는 이유는 무엇일까? 월급 금액적인 차이도 있겠지만, 소득공제를 얼마나 받을 수 있는지가 다르기 때문이다. '소득공제'라는 것은 쉽게 설명하면 번 소득에서 일정 금액을 빼주어서(공제해서) 세금을 내지 않도록 해주는 것이다.

맞벌이를 안 하는 40대 가장들은 대부분 환급을 많이 받는다. 부양가족도 많고 아내가 별도로 소득공제를 받지 않기 때문에 본인이 받을 수 있는 소득공제가 많기 때문이다. 여기에 부모님까지 부양하고 있다면 부모님 몫의 소득공제까지 더해진다.

공제를 더 받기 위해서 억지로 부양가족을 늘리거나 더 소비를 할 수는 없지만, 조금만 더 신경을 쓰면 세금 환급을 톡톡히 받을 수 있는 방법들이 있다. 연말정산에서 효율적으로 꼼꼼하게 실천할 수 있는 세테크 전략들을 살펴보자.

연말정산은 왜

회사원들만 하나? 연말정산은 통상 회사원들만 한다. 왜 회사원들만 하는 것일까? 사업자들은 5월에 종합소득세 신고를 한다. 근로자들도 만약 회사를 통해서 연말정산을 하지 않는다면 매년 5월마다 전년도 소득을 정산해서 다시 신고해야 한다. 그런데 그렇게 하면 근로자들의 부담이 너무 크고 국가 입장에서도 행정력의 낭비가 된다. 따라서 일하고 있는 직장을 통해서 일괄적으로 신고를 하고 세금을 환급이나 추징하는 역할까지 한꺼번에 맡기는 것이다. 결국 누구나 소득이 있다면 1년에 한 번씩은 전체소득에 맞는 세율을 적용해서 세금을 정산하는 셈이다. 물론 분리과세되는 소득만 있는 경우는 예외이다.

그런데 이렇게 연말정산을 하는 소득은 월급 및 보너스로 받는 상여,

즉 일해서 근로의 대가로 받는 근로소득을 회사에서 정산하는 것이다. 따라서 회사원이라도 월급 외에 다른 종류의 소득들이 일정 금액을 넘는 경우에는 5월 달에 종합소득세 신고를 다시 한 번 해야 한다. 연말정산했던 근로소득과 다른 종합소득(사업소득, 금융소득 종합과세 대상 소득, 기타소득 등)을 더해서 다시 소득세율을 적용하고 총 소득에 대한 세금의 정산을 다시 한 번 하는 것이다.

소득공제,
가능한 한 많이 받아라

왜 소득공제를 많이 받아야 할까? 연말정산을 할 때 세금을 계산하는 구조를 보면 답이 나온다. 먼저 연간 회사에서 받은 소득에서 근로소득공제를 차감하는데 이 근로소득공제는 일괄적으로 누구나 소득에 따라 차감되는 것이다. 그리고 나서 다시 빼주는 '소득공제', 이것이 바로 사람마다 각기 다르게 적용받는 것이 연말정산의 핵심이다.

사업자들은 사업소득 신고할 때 이런저런 비용 항목을 많이 차감받을 수 있다. 반면, 근로소득자들은 소득이 그대로 노출되어 있음은 물론이고 비용도 차감되는 것이 거의 없으므로 소득공제를 통해 차감해주는 항목들을 두고 있는 것이다. 소득에서 일정 부분은 소득공제를 통해 차감해주고 국가에서 정책적으로 지원해주는 분야에 대해서는 소득공제를 추가해서 받을 수 있기도 하다.

　이렇게 소득공제를 다 차감하고 난 뒤 과세표준에 대해서 세율을 적용하고 세금을 계산한다. 그런데 이렇게 계산된 세금에서 미리 냈던 세금은 차감하여 세금을 미리 더 많이 낸 사람들은 다시 환급해서 돌려주고 모자라는 사람들은 더 세금을 추징하는 것이다. 매월 월급을 받을 때도 세금으로 일정 부분 떼어가는 것을 인지할 수 있는데, 이 세금은

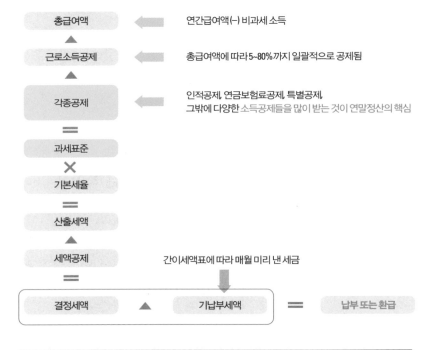

연말정산 세액 계산 흐름도

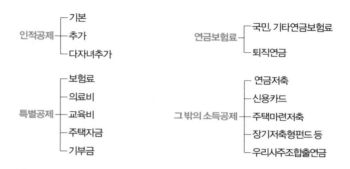

```
인적공제 ┬ 기본                 연금보험료 ┬ 국민, 기타연금보험료
         ├ 추가                          └ 퇴직연금
         └ 다자녀추가

         ┌ 보험료                        ┌ 연금저축
         ├ 의료비                        ├ 신용카드
특별공제 ┼ 교육비       그 밖의 소득공제 ┼ 주택마련저축
         ├ 주택자금                      ├ 장기저축형펀드 등
         └ 기부금                        └ 우리사주조합출연금
```

주요 소득공제 항목들

'간이 세액표'에 따라서 대략적으로 세금을 떼었던 것이다. 이렇게 미리 뗀 세금과 연말정산에 제대로 정산한 세금을 비교해서 환급 또는 추징이 되는 것이다.

인적공제와 각종 공제,
빠짐없이 챙겨라
인적공제는 소득공제 중 가장 기본적인 공제항목이다. 부양가족에 대해서 1인당 150만 원의 공제가 가능하며 요건을 갖출 경우 추가적인 공제도 받을 수 있다. 단, 공제를 받기 위해서는 부양가족의 소득이 연간소득금액으로 100만 원 이하에 해당되어야 하고 연령 요건도 갖추어야 한다. 부양가족에 대한 인적공제 중 헷갈리기 쉬운 항목을 꼼꼼히 챙겨보자.

구분	공제한도	공제요건
기본공제	1명당 150만 원	본인, 배우자 및 생계를 같이하는 부양가족 (연간소득금액 100만 원 이하) · 직계존속: 60세 이상 · 직계비속: 20세 이하 · 형제자매: 60세 이상, 20세 이하
추가공제	대상별로 차이 (50~200만 원)	· 경로우대(70세 이상): 100만 원 · 장애인: 200만 원 · 자녀양육비: 1인당 100만 원(6세 이하) · 부녀자: 50만 원 · 출생 및 입양: 200만 원
다자녀추가공제	· 2명: 100만 원 · 3명: 300만 원 · 4명: 500만 원	· 기본공제대상자 자녀가 2명 이상인 경우 · 100만 원 + (기본공제대상 자녀 수-2) × 200만 원

인적공제 내역

부양가족 중에 부모님에 대한 기본공제(인당 연 150만 원)는 부모님과 같이 살지 않아도 받을 수 있다. 또한 본가와 처가를 불문하고 실제 부양을 하고 있다면 공제가 가능하다. 반드시 동거할 필요는 없지만 연간소득금액이 100만 원을 넘는 경우에는 공제를 받을 수 없다.

그렇다면 금융소득이 2,000만 원 있는 아버지는 공제 대상에서 배제될까? 그렇지 않다. 금융소득은 연간 합계액이 4,000만 원 이하인 경우 분리 과세되기 때문에 종합소득금액에 해당되지 않는다. 따라서 금융소득은 4,000만 원까지는 소득금액으로 보면 '0'이 되어 공제 대상에 포함될 수 있다.

연금을 받는 부모님은 좀 더 따져볼 필요가 있다. 2002년 이전에 불입했던 국민연금이나 공무원연금을 받는 경우는 과세대상 소득이 아니므로 공제 대상에 해당된다. 반면에 2001년 이후 불입했던 과세대상 연금을 받는다면 배제될 수도 있다. 소득종류별로 '소득금액'에 대한 기준이 다르므로 100만 원 초과 여부를 신중하게 살펴볼 필요가 있다.

연령 요건으로는 부모님이 만 60세 이상에 해당되어야 한다. 그러므로 2012에 대한 연말정산(2013년 초 제출)에는 1952년 12월 31일 이전 출생한 분이 대상이다. 만일 올해 부모님이 사망했어도 올해까지는 공제를 받을 수 있다.

주의할 점은 간혹 장남과 차남이 모두 부모님을 본인의 공제 대상으로 올려서 중복공제로 인해 세금이 추징되는 사례가 있다. 따라서 부양하는 자녀 간에 미리 상의를 해서 가급적이면 소득이 높은 자녀가 공제받는 것이 세금 환급 효과가 크다. 더불어 의료비도 기본공제를 신청한 자녀만 받을 수 있다는 점도 주의할 필요가 있다. 예를 들어, 장남이 기본공제를 받는데 차남이 병원비를 지출한 경우는 장남과 차남 모두 의료비공제를 받을 수 없게 된다.

올해 결혼한 커플의 경우 배우자의 소득이 100만 원 이하이면 배우자도 부양가족에 해당되어 역시 150만 원을 공제받을 수 있다. 주의할 점은 12월 31일까지 연내에 혼인신고를 한 경우에만 공제가 가능하다는 것이다.

맞벌이의 경우 아내가 별도로 직장에서 연말정산을 하게 되지만 결혼으로 인해 얻을 수 있는 추가공제가 있다. 바로 부녀자 공제이다. 배우자가 있고 소득이 있는 여성은 결혼하는 해부터는 부녀자공제로 50만 원의 추가공제를 받을 수 있다.

　2011년 소득분부터는 다자녀공제의 혜택이 늘어났다. 자녀가 많을수록 공제금액이 더 커진다. 자녀가 2인일 때 100만 원, 3인이면 300만 원, 4인면 500만 원으로 1인당 200만 원씩 추가된다. 맞벌이 부부의 경우에는 누가 자녀에 대한 공제를 받을 것인지에 따라 세금 환급 효과가 달라질 수 있으니 부부의 소득에 따라 공제 대상을 정하는 것이 좋다.

보험료공제와 의료비공제, 그리고 교육비공제 절세 방법

보험료공제는 국민건강보험료와 고용보험료 등의 공제가 가능한데, 이 부분은 대체로 회사에서 월급을 받을 때 지출하고 자동집계가 된다. 추가적으로 받을 수 있는 보험은 보장성보험이다. 생명보험, 의료실비보험 등 불의의 사고를 대비해서 보장 목적으로 드는 보장성보험이 여기에 해당된다. 연간 100만 원 한도로 공제가 가능하므로 월 보험료 금액으로 약 8만 원 정도까지는 세금환급 효과가 생기는 셈이다. 따라서 만일의 경우를 대비하고, 세금환급 효과까지 감안하면 소득공제 범위 내의 보장성보험 정도는 들어두어도 괜찮다는 생각이다.

　한편, 근로자가 기본공제 대상자인 장애인을 위하여 지출한 장애인전용 보장성보험이 있다면 추가로 100만 원까지 보험료공제가 가능하다.

의료비는 지출한 비용 중에서 총 급여액의 3%를 넘는 금액에 대해서만 공제받을 수 있다. 예를 들어, 총 급여액이 6,000만 원이라면 180만 원 넘게 쓴 비용에 대해서만 공제된다. 따라서 부양가족이 많은 근로자는 의료비는 공제받기 쉽지만 부양가족이 없는 미혼 근로자는 크게 아픈 적이 없다면 이 금액을 넘기 어려울 수 있다.

주의할 점은 소득이 높거나 나이 요건에 해당되지 않아 인적공제를 받지 못한 부양가족도 의료비공제는 모두 가능하다는 것이다. 예를 들어, 맞벌이 부부의 경우도 소득이 100만 원을 넘는 배우자를 위해 지출한 의료비를 공제받을 수 있다. 총급여액 3%를 초과한 비용에 대해서만 공제가 가능하므로 부부 중 어느 한 명이 의료비를 몰아서 지출하는 것이 유리할 수 있다.

교육비는 대상자에 따라 한도가 다르다. 근로자 본인의 교육비는 한도가 없지만 고등학생 이하 자녀는 인당 300만 원, 대학생은 900만 원까지 공제가 가능하다. 본인이 대학원에 다닌다면 한도 없이 전액 공제된다.

요즘은 직장에 다니면서 야간에 대학원에 다니는 직장인들이 많다. 대학원 학비가 비싸지만, 소득공제 효과가 크므로 이를 감안하면 교육에 투자하는 비용이 더 아깝지 않을 것이다. 예를 들어, 연봉이 약 6,000만 원정도 되는 회사원이 대학원비를 연간 900만 원 지출했다고 하자. 이런저런 소득공제를 받고도 세율구간은 16.5%에 해당될 확률이 높다. 이렇게 계산하면 150만 원은 연말정산 시에 세금으로 돌려받을 수 있다. 실제로는 학비를 750만 원 정도만 지출하는 셈이 된다. 물론 소득이 많아서 적용받는 세율이 더 높다면 이러한 절세 효과는 더 클 것이다.

반면, 자녀의 대학원 학비는 공제되지 않으며 부모님(직계존속)이 지출한 교육비도 공제 대상이 아니다. 중·고등학생의 교복비용은 공제 대상이지만, 학원비는 해당되지 않는다. 유학 자녀가 있는 경우는 국외에 제출한 교육비가 공제 대상인지 꼼꼼히 따져볼 필요가 있다. 유치원이나 중·고등 학교 및 대학에 준하는 외국의 교육기관도 기본적으로 공제 대상이지만 요건이 국내보다는 까다롭기 때문이다. 따라서 자녀

구분	공제요건 및 공제한도액
보험료공제	• 국민건강보험료, 고용보험료, 노인장기요양보험료 전액 • 기타 보장성보험료 : 연 100만 원 한도 • 장애인 전용 보장성보험료 : 연 100만 원 한도
의료비공제	• 기본공제대상 : 총급여액의 3%를 초과하는 의료비 중 700만 원한도(본인, 장애인, 65세 이상자의 의료비는 한도가 없음)
교육비공제	• 취학 전 아동, 초·중·고등학생 : 1인당 300만 원 한도 • 대학생 : 1인당 900만 원 한도 • 장애인특수교육비 : 전액 • 근로자 본인 : 전액(대학원 포함)

공제요건 및 공제한도액

가 있는 경우에는 교육비에 대한 공제를 특히 신경 쓸 필요가 있다.

기부도 하고

소득공제 혜택도 받아라　　　소득공제 항목 중 기부금 공제에 대해 궁금해하는 사람이 많다. 개인이 기부를 하면 일반적으로 소득공제를 받을 수 있는데, 근로자뿐 아니라 사업소득(부동산 임대소득 포함) 등 종합소득세를 내는 경우에도 공제를 받을 수 있다.

공제의 세금 효과는 개인의 소득 정도에 따라 다르지만 누진세율이 적용되는 만큼 소득이 높을수록 커진다. 만약 과세표준이 3억 원 이상인 최고 세율 적용자일 경우 100만 원을 기부하면 최대 41.8만 원의 세금을 줄일 수 있다.

기부금 공제 한도는 세법에서 정하는 기부금의 종류에 따라 다르다. 2011. 7. 1 이후 지급분부터는 종전에 법정·특례·지정기부금 구분체계를 법정·지정기부금 구분체계로 간소화했다.

법정기부금은 국가나 지자체, 공공기관 등에 기부한 것으로 소득금액의 100% 한도 내에서 공제받을 수 있다. 각종 협회나 사회복지법인 등 비영리법인에 대한 기부는 지정기부금에 해당된다. 지정기부금은 소득금액의 30% 한도 내에서 공제받을 수 있지만, 종교단체에 대한 지정기부금 한도는 소득금액의 10%이다. 자신이 내는 기부금의 종류를 정확하게 확인하고 싶으면 기획재정부나 국세청 홈페이지에서 확인해 보는 것이 좋다.

2010년 소득에 대한 세금 정산부터는 개인의 기부금도 1년에서 5년까지 이월공제를 할 수 있게 됐다. 한도를 넘어 공제를 다 받지 못한 기부금이 있으면 그 다음 해 연말정산 때 추가 공제를 받을 수 있으므로 챙겨둘 필요가 있다.

특별재난구역에서 자원봉사를 한 경우에도 용역의 가액을 따져 공제를 신청할 수 있다. 1일당 8시간으로 따져 5만 원씩 공제가 가능하다. 만약 30시간을 일했다면 약 4일에 해당되므로(소수점 이하는 올림) 20만 원의 공제를 받을 수 있다. 자원봉사에 대한 기부금 공제를 신청하기 위해서는 특별재난지역 자원봉사활동센터 등에서 '특별재난지역 자원봉사용역 등에 대한 기부금 확인서'를 발급받아 제출해야 한다. 다만 공무원이 근무시간 중 특별재난지역 복구작업 등에 동원되어 일한 경우에는 공제를 신청할 수 없다.

기부금 중에 정치자금 기부는 10만 원까지 세액공제를 받을 수 있다. 세액공제는 정산된 세금에서 차감해주는 것으로 환급 효과가 크다. 10만 원을 기부하면 10만 원의 세금을 돌려받는 구조로 자산을 전혀 줄이지 않고 기부를 할 수 있는 셈이다.

단, 기부금을 허위 신고할 경우에는 최대 40%까지 부당 신고 가산세가 부과될 수 있으니 유의해야 한다. 기부금 영수증을 사실과 다르게 발급해준 기관 역시 최대 2%까지 가산세가 부과될 수 있다. 사실 기부금은 과거에 교회나 절 등의 종교단체를 통해 허위로 증빙을 제출하는 경우도 많았다. 그런데 국세청에서는 2008~2010년 연말정산에 대한 적정성 여부를 검토하면서 허위 영수증으로 기부금을 과다하게 공제받는 대상자 5만 1,000명을 적발해서 300억 원가량의 세금을 추가 징수한 바 있다. 중점 관리 대상인 만큼 무리해서 공제를 받는 일은 자제하는 것이 좋다.

막강 환급 효과, 금융상품으로

연말정산을 준비한다　　　　　사실 소득공제를 많이 받겠다고 자녀를 더 낳을 수도 없는 노릇이고, 세금을 환급받을 수 있다고 위안받으면서 신용카드로 쇼핑을 더 하는 것은 바람직하지 못한 방법이다. 물론 공제 사항을 꼼꼼하게 체크하고 누가 공제를 받는 것이 유리한지 분명히 따져볼 필요가 있다.

그런데 좀 더 적극적으로 연말정산을 하려면 금융상품을 활용할 수 있다. 소비가 아니라 투자를 하면서 세테크로 세금도 환급받는 것이다. 소득공제가 가능한 상품들을 살펴보고 중장기로 투자를 할 준비가 되어 있다면 이를 적극 활용하는 것이 좋다.

앞서 연금저축상품에 대해서 자세하게 살펴본 바 있다. 한도 내에서 불입액의 100% 소득공제가 가능하니 현존하는 금융상품 중에 세금 환급 효과도 단연 최고이다. 장기주택마련저축 상품도 그동안 절세상품으로 인기가 높았지만, 2012년 말로 소득공제 효과가 사라진다. 여기에 대안으로 생기는 장기펀드의 소득공제(40%)를 추가해서 2013년부터는 '연금저축＋장기펀드' 이 두 가지를 연말정산 패키지로 활용하는 것을 고려해보자. 단, 두 가지 상품 모두 불입기간이 5~10년 이상이므로 이 기간을 충분하게 고려해서 계획하는 것이 좋다.

신용카드 등 소득공제

신용카드 등에 대한 소득공제는 다른 공제 사항에 비해 생각만큼 크지 않을 수 있다. 총 급여액의 25%를 초과해서 사용한 부분에 대해 20%(직불카드는 30%)만 300만 원 한도 내에서 공제되기 때문이다. 총 급여액이 4,000만 원인 근로자가 신용카드를 1,500만 원 사용했다면, 1,000만 원(＝4,000만 원×25%)을 초과한 500만 원만 공제 대상이 된다. 여기에 20%를 곱한 100만 원이 실제 소득공제 금액이다. 세금 환급 효과를 따져보면, 100만 원에 세율을 16.5%(과세표준 1,200만 원~4,600만 원) 적용한다고 하면 결국 16만 5,000원의 환급 효과가 생기는 것이다. 결국 총급여의 25%를 넘는 금액에 대해서 그것도 20%를 다시 곱한 금액만큼만 공제가 가능하므로 다른 소득공제 항목보다 절세 효과는 크지 않은

	2012년 소득분까지	2013년 소득분(세법 개정안)
신용카드	20%	15%(대중교통비 사용분은 30%)
체크카드(직불형카드)	30%	30%
현금영수증	20%	30%

신용카드 등 공제율

편이다. 만일 맞벌이 부부가 각자 명의의 카드를 나누어 쓴다면 총 급여의 25%를 넘지 못해 두 사람 모두 공제받기 어려울 수 있다. 그러므로 카드 사용을 한 사람의 명의로 몰아서 사용하는 것이 유리할 수 있다.

소득공제의 공제비율은 사용방식에 따라 다르다. 따라서 이 부분도 염두에 두고 공제율이 높은 쪽으로 활용하는 것이 유리하다. 2012년 소득까지는 신용카드와 현금영수증의 공제율은 20%인데 반해 직불형 카드(체크카드 등)에 대한 공제율은 30%이다.

2013년 소득부터는 공제율이 다소 조정될 예정인데, 개정안에 따르면 신용카드의 공제율은 15%로 낮추는 반면, 현금영수증의 공제율은 30%로 높일 예정이다.

주택 관련 소득공제,
생각보다 크다
주택과 관련한 소득공제도 항목별로 꼼꼼하게 챙겨보는 것이 좋다. 월세로 지급한 비용, 그리고 주택 임차를 위해 돈을 빌리는 경우, 주택을 사면서 받은 차입금에 대한 이자 상환액, 주택 마련을 위해서 저축을 불입하는 경우 등에 소득공제를 받을 수 있는 다양한 항목들이 숨어 있다.

월세로 지급한 비용에 대한 소득공제

월세 소득공제는 본인의 주택을 보유하지 않은 무주택의 세대주가, 국민주택규모(주거 전용면적이 85 ㎡ 이하 주택)에 해당하는 주택을 임차하기 위해서 지출한 월세 지급액에 대해서 받을 수 있다. 월세액의 40% 공제에 대해서 연간 300만 원의 한도 내에서 공제 받을 수 있다. 다만, 연간 한도 300만 원은 주택마련저축과 주택임차차입금 소득공제금액을 모두 포함해서 적용한다는 점을 유의해야 한다.

또한 총 급여액이 5,000만 원 이하인 근로자만 공제가 가능한데, 이는 2011년까지 3,000만 원이었다가 2,000만 원 더 높게 상향 조정된 것이다. 따라서 2012년도에 해당하는 소득을 연말정산하는 2013년 초에는 월세에 대해 소득공제를 받는 대상자가 늘어날 것으로 생각된다. 공제율도 2013년부터는 더욱 늘어날 예정이다. 현재 40%에서 50%로 높이는 방안이 2012년 세제개편안에 포함되어 있기 때문이다.

2011년 소득분부터는 월세 근로자의 소득공제가 간편해졌다. 기존에는 집주인에게 확인을 받아야 했지만 이제는 확인 절차가 없어도 임대계약서 사본과 월세를 낸 증빙을 제출하면 소득공제를 간편하게 받을 수 있다.

한편, 이렇게 월세소득공제에 대한 총급여액 기준이 낮아지면서 주택을 소유한 사람들에게는 반대로 주의가 필요할 수 있다. 월세로 지출한 금액에 대한 소득공제를 받기 위해서 임차인이 연말정산 시 자료를 제출하는 경우, 반대로 주택 소유자들의 월세소득이 세무당국에 통보될 수 있기 때문이다.

원칙적으로 세대별로 주택을 2채 이상 보유한 경우나 주택가격 9억 원 이상의 고가 주택을 소유한 경우에는 주택임대로 받는 월세를 소득으로 신고하고 세금을 내야 한다. 그런데 아직까지는 주택 월세 임대에 대해서 신고를 하지 않거나 낮추어서 신고하는 사람들이 많은 편이다. 월세의 경우 개인 간의 계약으로 월세 금액이 잘 드러나지 않기 때문이다.

그런데 이렇게 소득공제를 받을 수 있는 대상이 확대되고 공제율도 높아진다면 기존에 공제 대상이 아니었던 임차인들도 공제가 가능하고 기존보다 더 적극적으로 소득공제를 받으려고 할 것이다.

따라서 월세에 대해서 정확하게 신고하지 않아 대해 문제될 소지가 있다면 임차인과의 관계를 통해 미리 확인해볼 필요도 있을 것이다. 월세 소득도 점점 소득세를 정상적으로 신고하는 숫자가 늘고 있는 데다 세무당국 역시 예의주시하고 있으므로 이에 해당하는 사람들은 투명하게 부동산 임대소득을 신고하는 편이 좋다.

주택을 임차하기 위해서 빌린 차입금에 대한 원리금 상환 소득공제

주택 임차차입금에 대한 소득공제는 무주택 세대의 근로자가 국민주택 규모의 주택을 임차하기 위해 차입한 경우에 적용된다. 차입했던 원리금을 상환하는 경우 상환액의 40%를, 연간 300만 원 한도(이 한도 역시 위에서 본 월세와 주택마련저축공제의 합한 한도 적용)까지 공제받을 수 있다

2011년 연말정산부터는 금융회사에서 빌린 돈 뿐만 아니라 개인에게서 빌린 돈도 소득공제 대상이 된다. 다만 입주나 전입한 날의 전후 1개월 이내에 차입한 금액만 해당되고, 입주와 무관한 자금은 공제되지 않는다. 또한 개인에게 돈을 빌린 경우는 법정 이자율보다 낮은 이자율로 차입했다면 이는 공제 대상에서 제외된다.

주택을 사면서 빌린 돈에 대한 이자를 상환 시 소득공제

이 소득공제 항목은 요건이 매우 까다로운 편이라 이에 해당되는지 여부를 꼼꼼하게 체크해볼 필요가 있다. 우선 무주택자가 취득하는 주택이면서 기준시가 3억 원 이하인 국민주택 규모의 주택에 해당되어야 한다. 해당 주택에 저당권을 설정하고 금융회사나 국민주택기금으로부터 빌린 돈에 대해서 이자를 갚을 때 그 이자상환액에 대해서 공제를 받는 것이다. 연간 소득공제 한도는 고정금리나 비거치식 대출인 경우는 연간 1,500만 원, 그 외의 대출인 경우는 500만 원이다.

그리고 중요한 요건 세 가지는 1〉 차입금의 상환 기간이 15년 이상이어야 하고(일부 주택은 5년 이상) 2〉 주택소유권이전등기 또는 보존 등기일부터 3월 이내에 차입을 해야 하며 3〉 장기주택저당차입금의 채무자가 해당 저당권이 설정된 주택의 소유자여야 한다. 이처럼 요건이 다소 까다로우므로 무주택자가 집을 첫 구입하면서 자금 상환에 대한 계획을 세울 때는 소득공제 효과도 같이 고려해보는 것이 좋다.

'장기마련저축'과 '주택청약종합저축'도 소득공제 대상

주택마련저축의 경우 소득공제 혜택이 2012년도 불입분으로 종료될 예정이므로 자세한 설명은 생략하기로 한다. 주택청약종합저축은 2009년 5월부터 가입이 시작되었는데(기존 청약저축은 변경) 나이나 주택 소유, 세대주 여부에 관계없이 누구나 가입이 가능하다. 다만 소득공제는 무주택 세대주만 받을 수 있고 가입한 금융기관에 '무주택 확인서'를 제출해야 한다. 또한 한 해 납입금액(120만 원 한도)의 40%(48만 원)까지 공제를 받을 수 있어 다른 소득공제들에 비해 공제금액이 크지 않은 편이다.

우리사주조합을 통해 받은 주식,
소득공제 효과 탁월

기업들이 유상증자를 할 때 원하는 직원들에게 우리사주조합을 통해 우선 배정 방식으로 주식을 취득할 수 있는 기회를 주는 경우가 종종 있다. 이러한 경우 다니는 회사의 미래 가치에 대해 어느 정도 확신이 있다면 자사주를 받는 것도 고려해볼 필요가 있다. 우리사주로 주식을 사면 연말정산 시에 소득공제도 받을 수 있고 배당소득에 대한 세제 혜택도 있기 때문이다.

먼저 우리사주 출연금은 연간 400만 원 한도로 소득공제를 받을 수 있다. 자사주를 약 1,000만 원어치 사는 경우를 보자. 1,000만 원을 출연하면 이 중 400만 원은 소득공제가 된다. 만일 연봉이 5,000만 원 정도라고 가정하면 다른 소득공제들을 제외하고 과세표준 구간은 1,200만~4,600만 원에 해당될 가능성이 크다. 그렇다면 실제 한계세율은 16.5%이고 400만 원에 대한 소득공제 효과는 66만 원이다. 올해 안에 출연하면 내년 초 연말정산 시 66만 원을 돌려받는 효과가 생긴다. 소득이 많아 세율이 높으면 소득공제 효과가 더 크다. 드물겠지만 만일 최고 세율(41.8%)을 적용받는다면 최대 167만 원의 세금을 줄일 수 있다.

다만 주식을 살 때 받은 소득공제는 순수한 공제라기보다 과세 이연 효과라는 데 주의해야 한다. 우리사주 출연금에 대한 소득공제를 받았다면 인출(매도)할 때는 근로소득세가 과세된다. 하지만 전체에 대해서 과세가 되는 것이 아니라 우리사주 보유기간에 따라 비과세 혜택이 있으므로 인출 시기도 잘 따져보아야 한다.

2년 이내에 팔면 과세 특례가 없다. 하지만 2~4년을 보유한 뒤 인출하면 인출금의 50%, 5년 이상 보유하면 인출금의 75%에 대해서 세금을 내지 않아도 된다.

따라서 우리사주조합을 통해 자사주를 취득하면서 소득이 어느 정도 있는 경우 소득공제를 신청하고 소득공제에 해당되는 주식 수만큼은 향후에 관리를 해서 매도시기를 조절하는 것이 필요하다. 단, 소득이 적은 데다 다른 소득공제를 많이 받아 실제 과세표준이 '0'인 사람은 굳이 우리사주 소득공제 신청을 할 필요는 없을 것이다.

한편, 소득공제 외에 주식 배당금에 대한 비과세 특례도 누릴 수 있다. 배당지급일 현재 한국증권금융에 예탁하고 액면가 기준으로 1,800만 원 이하의 주식에서 발생한 배당소득에 대해서는 세금을 내지 않는다. 액면가 기준이기 때문에 주식가치로 계산할 경우 꽤 많은 주식에 대해서 배당소득세 비과세 효과가 있는 셈이다.

깜빡 놓친 과거 소득공제,
다시 환급받을 수 있다

매년 소득공제에 별 신경 안 쓰다가 제대로 꼼꼼하게 챙겨보게 되면 의외로 본인이 공제항목을 놓쳐서 아깝게 세금을 더 냈던 과거 연말정산 내역이 눈에 띄게 될 수 있다. 이런 경우에는 시간이 다소 지났더라도 조금만 신경 쓰면 더 냈던 세금을 돌려받을 수 있다.

예를 들어, 부모님에 대한 경로우대공제 항목을 체크하지 않은 경우에는 100만 원의 소득공제를 받지 않은 셈이다. 이에 대한 환급 효과는 최저 6.6만 원에서 최고 41.8만 원. 대략 16.5%의 세율(과세표준 1,200만 원~4,600만 원)을 적용받는 근로자라면 16.5만 원의 세금을 더 냈던 것이다.

이런 경우 1월에 제출하지 않았던 공제 항목을 5월 안에 빨리 발견했다면, 5월에 종합소득세 신고 시 확정신고를 해서 돌려받을 수 있다. 이 기간이 지난 경우에도 통상 3년 동안은 '경정청구'라는 제도를 통해 돌려받을 수 있다. 또한 3년이 지났지만 5년 이내의 소득에 대한 것도 고충신청을 통해 환급이 가능하다. 결국 기간이 지났더라도 5년 이내의 연말정산분에 대해서는 돌려받을 수 있다는 것이다.

경정청구나 고충민원신청을 위해서는 관할세무서를 방문해서 기존에 제출했던 서류와 추가 공제에 대해 증명할 수 있는 서류, 그리고 신고서 등을 작성해서 제출하는 절차가 필요하다. 만일 직접 방문이 어려운 경우에는 세무전문가의 도움을 받는 것도 방법이 될 수 있고, 한국납세자연맹이라는 기관에서 지원하는 환급도우미서비스를 활용해볼 수도 있다.

맞벌이 부부의
연말정산 Tip

맞벌이 부부의 경우는 연말정산 시 좀 더 신경을 쓸 필요가 있다. 동일 항목에 대해 남편과 아내가 중복 공제를 받을 수 없기 때문에 누가 공제받는 것이 유리한지 따져보아야 절세 혜택을 많이 누릴 수 있기 때문이다.

기본적으로 부부 중 소득이 높은 사람이 소득공제를 많이 받을 수 있는 방향으로 선택하는 것이 좋다. 소득세의 경우 6.6~41.8%(지방소득세포함)의 누진세율이 적용되는 것을 감안하면 높은 세율을 적용 받는 부분을 줄여야 환급 효과가 커지기 때문이다.

남편의 연간 소득금액이 6,000만 원이고 아내가 3,000만 원인 경우를 가정해보자. 스스로 부양이 가능한 만큼 인적 공제 중 본인에 대한 공제는 각자 150만 원씩 받을 수밖에 없다. 자녀와 부모, 형제자매 등 부양가족 기본 공제는 소득이 높은 사람을 우선적으로 하는 것이 좋다. 생계를 같이 하면서 실제 부양을 한다면 장인과 장모, 시부모를 구분하지 않고 모두 공제받을 수 있는 셈이다. 부양 가족당 150만 원씩 공제가 가능한데 소득이 적은 아내가 자녀 1명을 공제받으면 25만 원 정도의 세금 환급 효과가 있다. 반면 소득이 많은 남편의 경우 약 40만 원의 세금 환급 효과가 있어 15만 원을 추가로 받을 수 있다.

자녀가 2명인 경우에는 일반적으로 남편과 아내가 한 명씩 나눠 기본공제를 받는 경우가 많다. 소득수준이 비슷하면 각자 받는 것이 세율 측면에서 유리해서다. 하지만 이런 경우에는 다자녀 추가공제를 받을 수 없다. 다자녀 추가

공제는 자녀가 2명인 경우 연 100만 원, 2명을 초과하는 경우에는 100만 원과 2명을 초과하는 1명당 연 200만 원을 합한 금액을 추가로 공제해준다. 따라서 자녀가 많을수록 공제액이 크게 늘어나 소득이 많은 배우자에게 몰아주는 것이 유리할 수 있다.

6세 이하의 자녀가 있을 경우 자녀 한 명당 100만 원의 공제가 가능한 자녀양육비 추가공제는 기본공제를 신청하지 않았더라도 별도로 선택해 받을 수 있다. 앞서 언급한 사례처럼 남편이 자녀 2명에 대해 기본공제와 다자녀 추가공제를 받았더라도 이와 별도로 아내가 양육비 추가공제를 받을 수 있다.

맞벌이 부부는 기본적으로 상대방의 소득에 대한 공제를 받을 수 없다. 그렇지만 의료비 공제는 예외적으로 배우자를 위해 지출한 의료비 중 연 700만 원 한도로 공제가 가능하다. 따라서 특별하게 의료비 지출이 많지 않은 경우라면 한 사람이 병원비를 몰아서 지출하고 합산해서 공제를 받는 것이 유리하다.

맞벌이 부부 중 남편이 아내의 보험을 계약해 보험료를 내고 피보험자가 아내인 경우 이 보험에 대한 보험료는 두 사람 모두 공제받을 수 없다. 보험료 공제는 기본공제 대상자와 지출한 사람이 일치해야 하기 때문이다. 자녀에 대한 보험료도 마찬가지다. 자녀에 대한 기본공제를 남편이 받았다면 남편이 자녀를 피보험자로 해 보험료를 지급한 경우에만 남편이 보험료 공제를 받을 수 있다. 따라서 보험비용 지출에 있어서 세금까지 고려해서 맞벌이의 경우 본인의 보험료는 본인이 부담하는 것이 좋다. 소득공제도 받을 수 있고 배우자 간에 증여세 문제도 발생하지 않기 때문이다.

- 직장인들은 1년에 한 번씩 연말정산을 하고 13번째 월급을 받게 된다. 그런데 사람에 따라서 세금을 적게 환급받거나 오히려 추징을 당하는 경우도 있다. 인위적으로 소득공제를 만드는 것은 어렵겠지만, 가능한 한 받을 수 있는 공제사항들을 정확하게 알고 꼼꼼하게 챙겨볼 필요가 있다.

- 부양가족에 대해서는 기본적으로 1인당 150만 원씩 공제가 가능하다. 만 60세 이상의 부모님이 연간 100만 원 이하의 소득이 있다면 부양가족으로 공제가 가능한데, 부양하는 자녀 중 소득이 높은 사람이 공제를 신청하는 것이 환급 효과가 크다. 의료비공제는 인적공제를 받지 못한 부양가족의 의료비도 공제가 가능하다. 따라서 의료비 지출이 많지 않은 가족의 경우는 한 사람이 의료비를 지출하고 공제도 몰아서 받는 편이 유리할 수 있다.

- 기부금공제는 근로자뿐만 아니라 사업자도 종합소득세 신고 시에 공제를 받을 수 있다. 기부하는 단체에 따라 기부금의 종류가 다르고 공제율 또한 10~100%까지 다양하다. 2010년 소득 분부터 개인 기부금도 이월공제가 가능하므로 한도를 넘은 경우에는 그 다음 연도에 추가로 공제를 받을 수 있다.

- 투자와 소득공제 효과를 같이 누릴 수 있는 대표적인 상품은 연금저축상품인데, 2013년부터는 장기적립식펀드가 추가 될 예정이다. 신용카드의 소득공제는 총급여의 25%를 넘는 금액에 대하여 20%만 공제가 가능하여 실질적인 환급 효과는 크지 않은 편이다. 또한 공제율이 2013년부터는 15%로 더 하향 조정될 예정이므로 30% 공제가 가능한 현금영수증이나 체크카드를 사용하는 편이 더 유리할 수 있다.

- 무주택자의 월세에 대한 소득공제, 주택을 임차하기 위해 빌린 차입금에 대한 원리금 상환 소득공제, 그리고 주택마련저축과 주택청약저축에 대한 소득공제 등 주택과 관련한 소득공제도 꼼꼼히 챙겨볼 필요가 있다. 특히 월세에 대한 소득공제는 2012년 소득분부터 공제를 받을 수 있는 임차인의 대상이 크게 확대되었다.

- 맞벌이 부부의 연말정산은 기본적으로 소득이 높은 사람이 공제를 많이 받도록 하는 것이 유리하다. 또한 과거 놓쳤던 소득공제 항목을 발견했다면 5년 이내의 소득분에 대해서는 환급이 가능하다.

100세 시대 은퇴와 절세, 20대부터 준비하라

젊어서 열심히 일을 하는 이유는 대부분 편안한 노후를 보내기 위해서 일 것이다. 그런데 평균 수명은 늘어가는 반면, 은퇴 시기는 점점 짧아지고, 직장인들에게는 한숨이 늘어가고 있다. 앞선 선진국들의 사례를 보아도 과다한 재정지출로 인해 결국 심각한 재정 위기에 놓이게 된 상황에서 볼 수 있듯이 국가가 노후를 보장해주기를 기대하는 것은 위험해 보인다. 또한 많아야 1~2명 낳는 자녀들에게 기댈 수도 없는 노릇이다.

이러한 시대에 살고 있는 사람들은 일을 하기 시작하면서부터 스스로의 노후를 준비하는 것이 필수적일 수 있다. 사실 본인이 원하든 그렇지 않든 소득의 일정 부분은 국민연금으로 납부해야 하고, 회사에서 쌓이는 퇴직금도 퇴직연금으로 바뀌는 추세이므로 일정 부분의 노후 준비는 하게 되는 셈이다.

어차피 일하는 목적이 편안한 노후를 위한 것이라면, 노후 준비를 수동적으로 하기보다는 제대로 알아보고 직접 선택해서 적극적으로 운용지시도 하고, 세금도 줄일 수 있는 방법을 찾는 것이 어떨까?

월급의 일정 부분만 조금씩 노후 대비용으로 투자하더라도 중장기적으로 불입하고 투자되는 과정이기 때문에 본인의 노력에 따라 수익과 세금 측면에서 큰 차이가 있을 수 있다. 은퇴 후 노후를 대비하면서 절세 효과도 누리는 방법에는 어떤 것들이 있을지 알아보자.

2013년 연금 세제 개편을

주목하라 2012년 8월 8일 정부는 2013년에 적용될 세제에 대한 세법 개정안을 발표했다. 그런데 눈에 띄는 부분 중에 하나가 바로 연금 및 퇴직 세제에 대한 전면적인 개편이었다. 고령화 시대에 대비하여 연금소득을 기반으로 노후생활에 안정을 도모하기 위해 연금세제를 전면 개편하기로 한 것이다.

세제 개편의 주요한 내용을 쉽게 설명하면, 국민들의 노후 생활에 대한 보장을 위해서 단기적인 상품보다는 중장기로 투자하는 상품에 세제 혜택을 주고, 특히 일시에 받는 것보다는 연금형태로 지급받는 연금소득에 대해서는 세율을 더 낮추어 세금 부담을 줄여주는 것이다. 결국

일시에 받아서 한번에 쓰는 것보다는 장기간 나누어 지급받는 연금형
태의 수령을 권고해서 국민들의 노후를 스스로 보장할 수 있도록 세제
개편을 하는 것이다. 따라서 향후 세테크 전략도 개정될 세제를 고려해
서 설계할 필요가 있다.

은퇴 준비를 철저하게 하되, 연금에 투자하면서 당장 받을 수 있는
소득공제 효과는 확실하게 챙기고, 노후에 발생하는 소득에 대한 세금
은 가능한 늦게, 조금 낼 수 있는 방법을 찾아볼 필요가 있는 것이다.

당신에게 필요한

3단계 연금 체계

국민연금, 개인연금, 퇴직연금. 이
세 가지가 일반적으로 은퇴를 준비하기 위해 국가에서 권고하고 있는
3층 연금 보장체계라고 할 수 있다.

국민연금은 기본적인 노후 보장을 위해 국가에서 운용하고 지원하는
공적인 연금이다. 반면, 퇴직연금과 개인연금은 사적연금에 해당되고
근로자의 선택에 따라 연금 불입액과 운용 방식 등을 어느 정도 조절하
는 것이 가능하다.

2013년부터 적용될 세법 개정안에서도 기존의 연금소득 유형을 재
분류할 예정이다. 기존에는 연금소득의 유형을 국민연금, 공무원연금
등, 퇴직보험에 따른 연금, 연금저축에 따른 연금, 근퇴법에 따른 연금

등으로 나열식으로 정의했다. 그런데 개정안에서는 다양한 연금을 크게 공적연금(국민연금, 공무원 연금 등), 사적연금(퇴직연금, 연금저축 등)의 두 가지로 분류할 예정이다. 또한 세금을 부과하는 방식도 이 두 가지로 나누어 각기 다르게 적용할 예정이다. 앞으로는 세제 변화에 따라 특히 사적인 연금에 해당하는 퇴직연금과 개인연금의 장단점을 살려 본인의 노후에 필요한 자금을 설계하는 것이 중요할 것으로 생각된다.

퇴직금과 퇴직연금

근로자는 일을 하면서 매년 통상 한 달 치에 해당되는 금액을 퇴직금으로 쌓아두게 된다. 이렇게 쌓인 퇴직금은 목돈으로 퇴직 시점에 받을 수 있는데 여기에는 몇 가지 불안한 요소들이 있다. 근로자가 열심히 일을 했음에도 회사가 갑자기 문을 닫는 경우등에는 퇴직금을 받지 못하는 안타까운 일들도 발생할 수 있다. 그리고 회사를 이직하면서 받은 퇴직금을 노후를 위해 장기적으로 투자하기보다는 이래저래 사용해서 흔적도 없이 사라지는 경우도 허다하다. 은퇴 이후에 노후를 위한 진정한 의미의 퇴직금 역할을 하지 못하게 되는 것이다.

　이러한 문제점들을 보완하고자 퇴직연금제도가 도입되었다. 퇴직금에 해당하는 돈을 회사와는 분리해서 별도의 기관에 예치해서 근로자들이 회사의 흥망과는 상관없이 안전하게 퇴직금을 받을 수 있도록 안전장치를 달아두는 것이다. 또한 퇴직할 당시 무조건 일시금으로 받는 것이 아니라 노후에 연금으로도 퇴직금을 나누어 받을 수 있도록 해서 노후생활에 실질적인 도움을 주려는 취지이다.

몇 해 전 필자가 다니는 회사도 퇴직연금을 도입했다. 그 시기에 퇴직연금에 DC형과 DB형이 있다는 이야기는 들었었는데 사실 구체적으로 무엇이 좋은지 잘 모르고 무심코 동의했던 기억이 있다. 후에 연금세제에 대해서 연구하면서 구체적으로 알게 되었는데 미리 알았다면 좋았을 것이라는 후회도 조금 들었다. DC형과 DB형이 어떤 차이점이 있는지 기본적인 사항들은 알아두어야 본인의 퇴직연금 관리도 효율적으로 할 수 있을 것이다. 다만, 다니고 있는 회사가 DC형과 DB형의 퇴직연금제도를 모두 도입한 경우에만 근로자가 둘 중에 본인의 퇴직연금방식을 선택할 수 있기는 하다.

DB형(Defined Benefit Retirement Pension:DB):확정급여형 퇴직연금제도

DB형은 쉽게 생각해서 기존의 퇴직금 제도와 동일한 방식으로 퇴직금

3년× 평균임금=363

2년× 평균임금=220

1년× 평균임금 =100

퇴직 시 평균임금× 근속연수 =121만 원× 3년=363만 원

DB형 퇴직연금 산정 방식

(*) 1년차 평균임금을 100으로 가정, 매년 10%씩 평균임금이 상승하는 것으로 가정함

이 산정되는 제도이다. 근로자가 퇴직 시 수령할 퇴직급여가 근무기간과 평균임금에 의해 사전적으로 확정되어 있다. 따라서 근로자는 운용 결과에 상관없이 정해진 퇴직금을 받게 된다. 반면 회사가 납입해야 할 부담금 수준은 변동될 수 있다. 왜냐하면 회사가 적립금을 운용하므로 운용결과 좋으면 회사가 직접 부담하는 금액이 적을 수 있지만, 운용 결과가 나쁘다면 부담 금액이 커지게 된다.

DC형(Defined Contribution Retirement Pension: DC)
: 확정기여형 퇴직연금제도

DC형은 회사가 매년 근로자 연간 임금의 1/12 이상을 부담금으로 납부하고, 근로자가 적립금의 운용방법을 결정하는 제도이다. 따라서 운용성과에 따라 퇴직 후 수령액이 증가할 수도 있고 감소할 수 있게 된다. 수령액에 대한 운용의 책임을 근로자 본인이 지게 되는 것이다. DB형은 운용의 결과가 회사 자체에 미치지만, DC형의 경우 회사는 매년 정해진 금액만큼만 부담하고, 그 부담금의 운용 결과는 근로자가 지는 것이다.

그렇다면 DB형과 DC형 어떤 제도가 좋을까? DB형과 DC형은 운용결과에 따라 유리할 수도 불리할 수도 있기 때문에 본인의 성향과 회사의 임금 상승률등을 고려해서 유불리를 따져보는 것이 좋다.

먼저 안전을 중시하는 근로자는 DB형이 안심될 수 있다. 운용성과와 상관없이 회사가 책임지고 고정된 금액의 퇴직금을 지급하게 되기 때문이다. 또한 일반적으로 임금상승률이 높은 회사에 다니는 경우도 DB형이 유리할 수 있다. 앞의 그림에서는 임금상승률을 매년 10% 상승하는 것으로 가정했다. 결국 3년 동안 근무하고 퇴사할 경우의 363만 원을 지급받을 수 있었다. 3년차의 평균임금인 121만 원에 3년의 근속연수를 곱해서 확정된 금액을 지급받는 것이다.

그런데 동일한 금액을 DB형으로 가입한 근로자가 받으려면 1년차와 2년차에 불입해놓은 투자에 대해서 10%의 운용 수익을 거둘 수 있어야 한다. 그래야만 363만 원을 얻을 수 있다. 그런데 사실 요즘처럼 금리가 낮은 시대에 연간 10%의 수익률을 올리는 것은 쉬운 일이 아닐 것이다. 따라서 이처럼 임금상승률이 높은 회사에 근무하면서, 본인이 투자해서 임금상승률만큼의 운용수익을 거둘 자신이 없는 경우는 DB형이 유리할 수 있는 것이다.

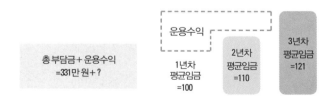

DC형 퇴직연금 산정 방식

* 1년차 평균임금을 100으로 가정, 매년 10%씩 평균임금이 상승하는 것으로 가정함

임금상승률과 운용 수익률에 따른 DB형과 DC형 선택하기

반면, 임금상승률이 높지 않다고 생각되고, 근로자 본인이 투자에 자신 있는 경우는 DC형의 퇴직연금제도가 나을 수 있다. 임금상승률은 2%인데 본인이 투자해서 4% 이상의 수익을 낼 수 있다면 2%대로 확정되어 지급받는 DB형이 아니라 DC형으로 운용하는 것이 더 많은 퇴직연금을 수령할 수 있는 방법이기 때문이다.

그렇다면, 실제로 우리나라 근로자들은 어떤 형태로 퇴직연금에 가입하고 있을까? 대기업을 기준으로 보았을 때 아직까지는 압도적으로 DB제도를 도입한 회사들이 많다고 한다. 아무래도 도입 초기에 기존 퇴직금과 같은 방식이라 근로자들이 이해하기도 쉬웠던 이유도 있고, 근로자들이 퇴직금은 안정적으로 운용되기를 원하는 경향이 있어 퇴직금을 투자해서 손실을 볼 수 있는 위험을 본인이 지고 싶지 않은 이유도 있을 것으로 해석되고 있다.

DB형과 DC형을 동시에 도입한 회사들도 생각보다 많지 않다. 300인 이상의 근로자를 고용한 중견기업과 대기업의 경우 약 20%(2012년 4월 퇴직연금 노동부 통계 참고)의 회사가 두 제도를 모두 도입해서 근로자에게 선택권을 주고 있다고 한다. 따라서 두 가지 제도를 모두 도입한 회사에 다니고 있다면 회사의 임금상승률 등을 적극적으로 고려하여 본인의 성향에 맞는 제도를 신중하게 검토해볼 필요가 있다고 생각된다.

한편, 임금상승률이 비교적 높은 사회초년생 시절에는 DB형으로 가입했다가 승진이 어느 정도 반영되고 임금상승률이 둔화되는 40대 이후에 DC형으로 전환하는 것도 방법이 될 수 있다.

2012년 7월 26일,
혜성같이 등장한 IRP(Individual Retirement Pension, 개인형퇴직연금)

'IRP' 하면 생소한 사람들이 대부분일 것이다. 그도 그럴 것이 2012년 하반기에 개정된 근퇴법(근로자퇴직급여보장법)의 시행으로 적용되는 제도이기 때문에 2012년 하반기 이후에 퇴직해본 사람이 아니라면 잘 모를 수 있다.

IRA(Individual Retirement Account, 개인퇴직계좌)라고 하면 들어본 적이 있을 수 있다. 쉽게 이야기 하면, IRP는 IRA가 보다 폭넓게 업그레이드된 것이고 여기에 약간의 강제성이 더해졌다고 생각하면 된다. 강제성이라는 것은 2012년 7월 26일 이후에 퇴직하는, 퇴직연금에 가입했던 근로자라면 퇴직금을 받기 위해서 IRP에 의무적으로 가입해야 한다는 것이다.

좀 더 쉽게 설명하자면, 근로자는 회사를 그만두게 되면 퇴직금을 받게 된다. 요즘은 조건이 좋은 곳으로 이직하는 것도 능력으로 여기어 평균 근속연수가 5년을 넘지 않는 경우도 많다. 그런데 이렇게 이직을 할 때마다 받은 퇴직금을 별도로 관리하지 않는다면 노후대비용으로 사용하기 어렵다. 기존에는 이렇게 받은 퇴직금을 별도로 관리하려면 IRA라는 개인퇴직계좌에 넣어서 운용을 하다가 나중에 이직한 회사에서 받은 퇴직금도 합산해서 운용할 수 있었다. 이렇게 하면 퇴직금도 별도로 관리되어 노후 대비도 가능하고 퇴직소득세도 나중에 IRA에서 돈을 인출하는 시점으로 미루었다가 낼 수 있는 등 여러 가지 장점이 있었다.

그런데 문제는 퇴직하고 60일 이내에 받은 퇴직금을 IRA에 이체해야만 이러한 혜택을 누릴 수 있는데, IRA의 존재에 대해서 잘 모르는 근로자가 대부분이라는 것이다. 실제로 퇴직연금제도 전체 적립금 중 개인퇴직계좌의 적립금 비율은 8%에 불과하다고 한다.

이러한 단점을 보완하고 개인들이 퇴직금을 효과적으로 활용할 수 있도록 하기 위해서 도입한 제도가 IRP이다. 퇴직연금 가입자가 퇴직을 하게 되면 일단 퇴직금을 무조건 IRP 계좌에 지급을 하도록 의무화하는 것이다.

일반 월급 통장이 아니라 IRP계좌로 지급해서 세제 혜택을 받고 더 장기간 운영을 할 사람은 할 수 있도록 하고 목돈이 필요한 사람은 이를 해지해서 사용하도록 하는 것이다. 결국 퇴직연금에 가입한 근로자에게 퇴직 시에 IRP 계좌를 개설해야 하고 여기에 퇴직연금이 자동이전 되는 것이다.

여기에 한 가지 더, 퇴직연금에 가입한 근로자는 퇴직까지 기다리지 않더라도 재직 중에도 IRP 계좌를 만들 수 있다. 재직하는 중에도 계좌를 개설하고 개인적으로 자금을 불입하면 노후생활을 대비하면서 소득공제도 받을 수 있게 된다. 다만, 소득공제의 한도는 연간 400만 원인데 여기에는 연금저축 불입액과 퇴직연금 DC형 가입자가 추가 불입한 금액을 모두 합산한 한도라는 것이다. 따라서 연금저축 등을 이미한도까지 불입하고 있는 근로자라면 추가적인 소득공제 효과는 얻기어려울 수 있다.

IRP로 지급된 퇴직연금은 퇴직소득세의 과세가 이연되어 나중에 연금을 인출할 때 세금을 내게 된다. 따라서 근로자는 세전금액 기준으로 운용방법을 선택할 수 있어 과세 이연 효과를 누릴 수 있다.

IRP계좌의 금액은 55세 이후에는 다양한 연금지급방법을 선택할 수 있으며, 금융자산으로 운용해서 얻은 수익도 금융소득이 아니라 연금소득 또는 퇴직소득(2013년부터는 기타소득) 등으로 과세되어 더 낮은 세율로 세금을 낼 수 있어 절세 효과가 상당하다. 또한 55세 이전이라도 근로자가 원할 때에는 언제든지 계좌를 해지해서 일시금으로 인출이가능하다.

IRP 가입할 때
이것만은 주의해라!

IRP 계좌는 장점이 많지만, 비교적 장기간 유지하고 퇴직연금 형태로 지급받을 때 세제상의 혜택이 커지므로 효과적으로 활용하기 위해서는 미리 고려해 두어야 할 사항들이 있다.

우선 계좌를 만들 때 한 개 이상의 계좌를 만드는 것도 고려해보라는 것이다. 앞서서 연금저축에 대해서 알아볼 때도 '다계좌 전략'에 대해서 설명한 바 있다. 중장기 상품의 경우는 중도에 급한 일이 생겨서 목돈이 필요한 경우를 대비해서 하나의 계좌가 아니라 2개 이상의 계좌로 나누어서 유지하는 것도 방법이 될 수 있다는 것이다. 퇴직금 전체가 아니라 일부의 자금이 급하게 필요하다면 계좌 중에 한두 개의 계좌만 해지해서 사용하고 나머지 계좌는 그대로 유지해서 세제상의 혜택을 그대로 가져갈 수 있기 때문이다.

한편, 퇴직 이전에 IRP 계좌를 만들어서 미리 은퇴자산으로 운용하다가 퇴직하면서 퇴직금을 받는 경우에도 각기 다른 계좌로 운용해볼 수도 있을 것이다. 각기 다른 상품으로 포트폴리오를 분할해서 관리하기에 더 적합할 수 있다. 다만, 너무 많은 계좌를 운용할 경우 번거롭고 수수료만 비싸게 지급하는 결과를 낳을 수도 있으니, 적정한 계좌 수(1~3개)를 유지하는 것을 추천하고 싶다.

두 번째로는 금융기관마다 수수료를 따져보라는 것이다. 재직하는 동안 회사가 부담하는 퇴직연금을 관리하는 데 필요한 수수료는 대부분 일하는 회사에서 부담한다. 그런데 IRP계좌는 개인이 계약하는 별도의 퇴직연금 계좌이므로 수수료도 본인이 부담해야 하는 것이다. 중장기로 해야 하고 목돈이 운용된다는 점을 생각할 때 수수료의 작은 차이도 길게 보면 수익률에 큰 차이를 줄 수 있다. 따라서 금융기관의 운용 능력과 안정성도 중요할 수 있지만, 수수료 역시 비교해볼 필요가 있다.

그리고 마지막으로는 IRP 계좌에 추가적인 입금을 한다면 소득공제 효과를 실제 누릴 수 있는지 따져보고 불입 금액을 정하는 것이 좋다. 앞서서 언급했던 것과 같이 연간 400만 원의 한도는 개인연금과 퇴직연금 추가 불입금액을 모두 합한 한도이므로 본인이 불입하고 있는 두 가지 연금의 금액을 먼저 확인해보는 것이 좋다. 물론 소득공제 한도를 벗어나더라도 노후를 위해 미리 은퇴자산관리 계좌로 만들어 운용해두고 연금으로 받을 때 세제 혜택을 받을 수 있으므로 여전히 의미가 있을 수 있다.

IRP 계좌는 통상 퇴직금과 운용수익을 연금 형태로 지급받아 낮은 세율로 세금을 내면서 노후 생활에 활용할 수 있다. 그런데 재산이 많아 노후에도 유동성 자금이 필요하지 않은 경우는 이를 상속재원으로 활용하는 것이 유리할 수 있다.
금융자산이 많은 부자들은 퇴직금을 받거나 연금으로 돈을 수령하면 그 자금을 다시 금융자산으로 운용하게 된다. 그리고 거기서 얻은 수익은 금융소득으로 세금을 내야 한다. 그런데 금융소득종합과세에 대상자이면서 소득이 많은 사람들은 발생한 수익에 대해 38.5~41.8%까지 세금을 부담하게 된다. 따라서 수익이 발생해도 세금을 많이 내게 되어 결국 세후수익률이 낮게 되는 것이다.

이럴 때는 IRP 계좌를 계속 보유하고 운용해서 세금을 내지 않고 운용하다가 (과세 이연) 사망했을 때 세금을 내면서 상속인들에게 물려주는 것이 나을 수 있다. 사망 시에 IRP 계좌를 인출하게 되면 원래 퇴직금 해당 분은 퇴직소득세로 낮은 세율로(2013년 이후는 3% 세율 적용 예상) 세금을 내고 운용수익도 15%로 분리 과세할 수 있어서 유리하기 때문이다. 세금도 늦게 내면서 낮은 세율로 세금을 내는 이 중 절세 효과를 누릴 수 있다. 재산이 많아 굳이 은퇴자금이 필요 없는 자산가라도 IRP 계좌를 유지해서 절세 효과를 활용할 수 있는 것이다.

퇴직연금, IRP, 연금저축을 활용해
절세 효과를 키우자

국민연금만으로 편안한 노후생활을 장담하기는 어려운 시대이다. 이렇다 보니 앞서 설명한 사적인 연금들을 스스로 가입하여 노후의 생활비를 만들어두는 것이 필요하다. 노후생활도 준비하면서 절세 효과도 큰 퇴직연금과 IRP, 그리고 연금저축. 실제 어떠한 절세 효과들이 있는지 간단하게 정리해보자.

과세 이연으로 세금을 은퇴 후로 밀어내자

기본적으로 사적인 연금들은 아래 그림과 같이 연금 또는 일시금 수령 시까지 과세를 미루는 'E-E-T형' 체계를 취하고 있다. 연금이 불입되는 시점에는 세금을 내지 않고(Exempt), 불입된 자금이 운용될 때도 세금을 내지 않고(Exempt), 나중에 돈을 실제로 받을 때 받은 형태와 요건에 따라 세금을 내게 된다. 적게는 수년에서 수십 년까지 과세가 이연되는 것이다.

예를 들어, 퇴직연금의 경우 아래 그림과 같은 과정에 따라 세금을 내지 않다가 퇴직금 수령 시에 세금을 낸다. 또한 연금소득과 퇴직소득은 다른 소득에 비해 비교적 낮은 실효세율을 부담하게 되어 큰 절세효과를 얻을 수도 있다.

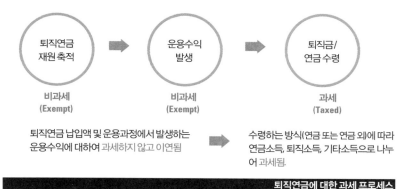

퇴직연금에 대한 과세 프로세스

불입할 때는 소득공제로 절세 효과를 키우자

사적인 연금 세 가지는 불입하는 시점에 소득공제 효과가 크다. 연간 한도인 400만 원까지 불입 했을 때 소득에 따라서 적게는 26만 원에서 최대 167만 원까지 세금 환급 효과를 누릴 수 있다.

사실 사적인 연금을 노후 생활까지 길게 보기보다는 당장 연말정산 시 환급 효과가 크므로 가입하는 경우도 많다. 그런데 연간 한도는 이 세 가지 연금을 모두 합쳐서 400만 원까지만 적용된다. 따라서 소득공제 효과에 대한 기대가 커서 한도까지만 불입하는 경우라면, 세 가지 중에 자신의 성향에 따라 어떤 연금에 불입을 할지를 고민해보는 것이 좋다. 또는 400만 원을 나누어 불입할 수도 있다.

예를 들어, 퇴직연금 DC형에 가입해서 추가 불입이 가능하고 퇴직 연금과 같이 운용하기를 원하는 경우는 퇴직연금 추가 불입을 선택해 볼 수 있다. 그렇지만 아직까지 퇴직연금에 추가 불입을 하는 경우가 많지는 않다.

일반적으로 연금저축에 가입하여 소득공제를 받는 사람이 많다. 다만, IRP 제도가 도입되어 연금저축에 비해 여러 가지 자산으로 운용을 자유롭게 할 수 있으므로 연금저축의 상품이 마음에 들지 않는 경우는 이에 대한 불입을 줄이고 IRP 계좌를 만들어 불입하고 소득공제를 받을 수도 있을 것이다.

연금소득으로 전환해서 세금을 확 줄여라

　사적인 연금들은 55세 이후에 연금형태로 나누어 수령하게 되면 연금소득으로 세금을 낼 수 있다. 금융자산을 불입하고 운용하면서 발생하는 수익이 금융소득이 아니라 연금소득으로 전환되는 것이다. 그런데 연금소득의 경우는 기본적으로 원천징수하는 세율이 금융소득보다 낮고 연간 일정금액은 종합과세에 합산되지 않는다. 따라서 금융소득이 많아 금융소득 종합과세에 해당되고 높은 세율로 세금을 내는 사람은 일정 금액은 연금소득으로 받는 것이 유리할 수 있다. 금융소득이 연금소득으로 전환되면서 절세 효과를 누릴 수 있는 것이다.

- 고령화 사회로 진입할수록 은퇴 이후의 노후 생활을 보장받기 어려워지고 있다. 이를 효과적으로 대비하기 위해서는 일을 시작하는 20대부터 노후에 대한 준비를 동시에 하는 것이 필요하다. 정부도 이에 대한 지원을 강화하고자, 국민들의 노후 생활을 보장할 수 있는 중장기 투자상품과 연금소득에 대한 세제지원을 강화하고 있다.

- 국민연금, 개인연금과 퇴직연금. 이 세 가지는 국가에서 권고하고 있는 3층 연금보장체계이다. 이 중 개인연금과 퇴직연금은 특히 개인의 노력에 따라 다른 수익률과 절세 효과를 얻게된다. 퇴직연금도 회사가 DC형과 DB형을 모두 도입했다면, 근로자가 본인의 임금상승률과 투자성향에 따라 적합한 유형을 선택하고 관리할 필요가 있다.

- IRP는 2012년 하반기에 도입된 제도로, 퇴직연금에 가입했던 근로자라면 퇴직금을 받기 위해서 IRP에 의무적으로 가입해야 한다. 퇴직연금에 가입한 근로자는 재직 중에도 IRP 계좌를 개설해서 운용할 수 있는데, 연간 400만 원(연금저축과 퇴직연금 추가 불입분 합산 한도)까지 소득공제도 받을 수 있다.

- IRP계좌에 가입 시에는 금융기관마다 다른 수수료를 고려해서 두 개 이상의 다계좌를 운용하는 것이 유리할 수 있다. 또한 소득공제 효과를 기대한다면, 기존에 불입하고 있는 개인연금과 퇴직연금의 소득공제 한도를 먼저 체크해볼 필요가 있다.

- 퇴직연금, IRP, 그리고 연금저축의 절세 효과는 다음과 같이 정리해볼 수 있다.
  ❶ 불입하여 운용하고 있는 동안에 세금을 내지 않고 연금을 받는 시점으로 과세가 이연되는 효과를 누릴 수 있다.
  ❷ 불입할 때는 소득공제 혜택도 받을 수 있어 절세 효과가 크다.
  ❸ 연금 수령 시에는 금융자산의 운용 수익이 연금소득 등으로 전환되어 금융소득보다 세금을 적게 낼 수 있다.